AGROCANTÓN MURCIANO:

TÓXICO, REBELDE, INSOSTENIBLE

PEDRO COSTA MORATA

AGROCANTÓN MURCIANO:
TÓXICO, REBELDE, INSOSTENIBLE

escritos de agitación **01**

Gens ediciones. Madrid

© Gens ediciones.

Primera edición: septiembre 2022

© Pedro Costa Morata

© Diseño de cubiertas e ilustración: Miriam Tello

ISBN: 9798351106816

CONTRA UNA AGRICULTURA ANTISOCIAL

En primer lugar, debo decir que es un honor para mí, a la vez que una gran responsabilidad, prologar la nueva obra de Pedro Costa Morata: *Escritos de Agitación, vol. 1: Agrocantón murciano: tóxico, rebelde, insostenible.*

Autor de una brillante obra bibliográfica, entre la que destacan *Nuclearizar España, Energía: el fraude y el debate, Hacia la destrucción ecológica de España, Electromagnetismo (silencioso, ubicuo, inquietante), Guía Natural de las Costas Españolas, Guía Natural de las Montañas Españolas, Guía de la Costa de la Región de Murcia, Ecologíada (100 batallas). Medio ambiente y sociedad en la España reciente, Ciencia, Tecnología y Sociedad en los estudios de ingeniería,* y el aplaudido *Manual crítico de cultura ambiental,* recientemente publicado. Además, el autor es colaborador de diversos medios de comunicación españoles, tanto regionales, como nacionales.

Luchador tenaz e incansable desde los años 1970 del pasado siglo, ya en las postrimerías del franquismo (años 1973-74) se estrenó defendiendo con gran éxito el litoral de su patria chica, Águilas, de la seria amenaza de un proyecto de central nuclear en Marina de Cope (a cargo entonces de la compañía Hidroeléctrica Española). Sin duda aquella batalla ganada marcó un hito histórico muy importante en su haber. A partir de entonces, Pedro se convirtió en un viajero infatigable y perseverante, en uno de los más claros referentes en la defensa del medio ambiente por toda la geografía nacional. Siempre, allí donde se le reclama, no ha dejado de acudir, sin faltar a la cita. Doy fe de ello.

La vida de Pedro Costa es la demostración palpable de que merece la pena luchar todas las batallas contra los destructores de la naturaleza, sin tener miedo a las confrontaciones y las consecuencias que puedan derivarse de ello y siempre con el coraje necesario para mantener la dignidad en toda circunstancia. Según sus propias palabras, frente a los agresores y sus consentidores, "la confrontación es necesaria, por eso hay que provocar permanentemente el conflicto, sin conflicto no hay solución".

Pedro es fuerte y es valiente, en el más noble sentido de la palabra, una valentía inteligente que enfrenta los riesgos con la estrategia del que se sabe un "corredor de fondo". Aquí podemos citar un antiguo proverbio: "El valiente muere una sola vez, pero el cobarde muere todos los días". Mientras el miedo nos paraliza, la valentía nos pone en marcha y, desde su primera juventud, Pedro está en marcha, sin retroceder, en lucha permanente contra la injusticia ambiental y social.

La filosofía de su vida, la que impregna y da impulso a sus batallas, tal vez algo tenga que ver con la poderosa influencia del pensamiento de los pueblos originarios de América, a los que conoce y reconoce, debido a sus numerosos viajes a ese continente y que consiste en observar "Respeto y Gratitud por el Orden del Universo", es decir, por el gran misterio que poseen cada uno de los seres y de las cosas que nos rodean.

La falta de escrúpulos que conduce a la progresiva destrucción de nuestra madre naturaleza, puede que sea minoritaria, pero es poderosa, por lo que las numerosas luchas de Pedro Costa defendiendo nuestras fuentes, ríos, lagos y costas, nuestros paisajes naturales y el aire que respiramos, contra sus destructores, al final se convierten en infranqueable dique de contención, siquiera moral, a base de persistencia, con la convicción muchas veces visionaria, casi profética, de sus argumentos.

Pedro fue capaz de anticiparse al desastre de la laguna salada del Mar Menor en el año 1978, poco antes de la llegada del Trasvase: "La inminencia de los cultivos que pondrá en producción el Trasvase Tajo-Segura hace pensar en que estos contaminantes pronto pueden ser importantes".

Lo mismo podría decirse con ocasión de uno de tantos disparates a los que hemos asistido en esta región, lo que pudo ser el complejo turístico más grande de Europa, que se pretendía desarrollar en Marina de Cope (Águilas-Lorca). En una de las marchas de protesta allá por 2004 o 2005 (para librar esa hermosa franja litoral, aún virgen, de tamaño megaproyecto), con punto de encuentro en la Torre de Cope, a la que asistí cuando entre Pedro y yo mediaban bastantes años para conocernos y forjar una autentica amistad (compartiendo luchas), me quedé bastante sorprendido cuando entonces nuestro autor, subido a una de las tapias anexas a la base de la Torre (que también sirvió de defensa de la misma costa de otros ataques en el pasado), sentenció: "Castillos más grandes han caído". Y efectivamente, tras la de la nuclear, se ganó totalmente la segunda gran batalla por la Marina de Cope.

En la obra de Pedro Costa que tienes entre tus manos, amable lector, el autor ejerce de periodista de investigación, de cronista, analista y, en muchas ocasiones, es protagonista de los hechos que narra, exponiendo a la luz pública los más salvajes atropellos en contra de la naturaleza de nuestra región y, en algún caso, de fuera de la misma, como es el caso de la macro vaquería de Noviercas (Soria).

Escritor con estilo y sello propio, de verbo fluido y ágil, absolutamente original y reconocible, practica el sarcasmo y la fina ironía, vislumbrando todos los desastres ambientales y las ilegalidades que los provocan, con la visión amplia del águila campeadora; pero no deja de "bajar a la arena" y entonces tira de su agudo olfato para desvelar sin tapujos los hechos y los actores de los desmanes a los que señala, sin miedo, con nombre propio. Poco escapa a su visión, ya que considera que la maldad y la injusticia no tienen derecho al anonimato.

En los cinco capítulos del libro, el autor desgrana los graves atentados ecológicos que provoca el modelo de la agricultura agroindustrial, "pirata", "canalla": una agricultura química y destructiva que se nos pretende vender como la única rentable (al margen de los costes medioambientales), mientras envenena la tierra, las aguas superficiales y subterráneas y el mismo aire, expulsando de los paisajes devastados a sus moradores e impidiendo la supervivencia de los agricultores tradicionales.

Pone su foco en los graves problemas ambientales que se vienen provocando en la Región de Murcia ya que, una vez destruido el Mar Menor, punta del iceberg y máximo exponente de las agresiones a esta cuenca esquilmada, el *agropoder* avanza inexorablemente hacia el Noroeste de nuestra región, en busca de sus aguas subterráneas, con las mismas prácticas perniciosas que provocaron el colapso de la laguna salada. A ello se añade la ganadería intensiva, una actividad que califica "contra natura", con todos los elementos de un modelo depredador.

Nada escapa a la mirada del autor: el Trasvase Tajo-Segura y las guerras del agua en la Cuenca del río Segura, el descontrol y saqueo en la gestión municipal del agua, los destrozos de la ribera del Segura y las prácticas anti heladas en Cieza, la apropiación del río Turrilla por un empresario ante la inacción de la Confederación Hidrográfica del Segura (CHS), la devastación física, política y moral de las Pedanías Altas de Lorca o la finca del Chopillo (Moratalla), dando este último caso, en palabras del autor, "para un grueso volumen de contenidos multidisciplinares, ya que ahí tienen lugar muy llamativos hechos que afectan a lo hidrológico, agronómico, económico, ecológico, legal y ético".

Estas actividades, ilegales y consentidas, están dejando sin futuro a la Región de Murcia. Como hemos dicho, la comarca del Noroeste y el Mar Menor son probablemente los escenarios más evidentes de la destrucción imparable, que podríamos decir que empezó (por fijar un hecho relevante) cuando unos empresarios aguatenientes se aprovecharon, sin ningún escrúpulo, del mayor incendio registrado en la historia forestal de España y que arrasó más de 35 000 has en julio del año 1994, en su mayor parte en la comarca del Noroeste murciano. Poco tardaron en empezar las grandes transformaciones y el saqueo del agua.

Ahora muchas de las empresas señaladas por la Fiscalía como responsables de la destrucción del Mar Menor campan a sus anchas por la comarca del Noroeste, por lo que, tras el desastre medioambiental del Mar Menor, podemos decir que "el Noroeste es ya el nuevo Campo de Cartagena"; de hecho, la comarca viene sufriendo ya la sobreexplotación y contaminación de sus aguas, con salvajes transformaciones del relieve y del paisaje.

A este respecto, el autor expresa: "Es imposible no encontrar la relación entre ambos procesos: degradación ambiental máxima, con agotamiento de recursos e inevitable entrada en acción de los Tribunales en el espacio agrario del Mar Menor, y multiplicación de inversiones —casi todas ellas altamente depredadoras del medio ambiente y los recursos naturales— en el Noroeste, donde los inversores, algunos presentes y señalados en el entorno de la albufera, consideran que, además de agua prometedora, se cuenta con alcaldes dóciles. Y en nuestras primeras reuniones ya supimos de un hecho alarmante, directa y aviesamente relacionado con la práctica de pozos de gran caudal para los nuevos regadíos: la caída de las aportaciones del rico sistema de fuentes y manantiales de los términos de Caravaca y Moratalla, base de la agricultura tradicional comarcal, sin la menor reacción oficial de protección".

También observa críticamente el mal llamado proceso de "modernización de regadíos" en el artículo sobre Calasparra y los regantes del río

Argos, cuya consecuencia es la eliminación de los pequeños regantes, que se ven obligados a dejar sus tierras, expoliados de sus aguas y derechos tradicionales. Y eso no sucede solamente en Calasparra: la práctica desaparición del regadío tradicional, acequias y cursos de agua, sistemas hidráulicos ancestrales, sangradores, ribazos y olmas, con sus característicos paisajes asociados, es uno de los mayores atentados a nuestro patrimonio natural y cultural.

Por todo ello, el autor señala una decena de subsistemas responsables de la catastrófica situación ambiental que prosigue impunemente, pese a haber responsables identificados y que han ido definiéndose a lo largo del tiempo: La visión de las superficies forestales roturadas y convertidas en nuevos regadíos en la región de Murcia y el colapso del Mar Menor, con las espeluznantes imágenes de miles de peces y crustáceos muertos en la orilla en busca de oxígeno, se han convertido en la imagen acusadora de la ilegalidad impune.

No deja Pedro de remarcar, como una parte importante de esta situación tan dramática, la inacción de la Justicia, ante el descaro con que actúan los grandes empresarios gracias a la permisividad de todas las administraciones con responsabilidad en todo este proceso, empezando por la CHS. Concretamente, nos recuerda como antecedente que "lo que hubo cuando el fiscal Valerio (con su denuncia por la trama del agua en la Cuenca del Segura del año 2004), fue un escandaloso cúmulo de decisiones judiciales incomprensibles, con el resultado de impunidad para ciertos grandes empresarios regantes de la zona".

Este desolador panorama lleva al autor a solicitar la aplicación del artículo 155 de la Constitución Española para despojar a la administración regional de sus competencias en materia de medio ambiente, "hasta sanear la región con una revisión radical del sistema administrativo e institucional relacionado con el agua (y el campo, en alguna medida)".

También se refiere el autor al proyecto de apertura de la mina de hierro de Gilico, entre Cehegín y Calasparra, con los graves y previsibles episodios de contaminación y toxicidad que conllevaría esta actividad ("típicamente tercermundista, de economía de saqueo, sin que le sea de aplicación lo del valor añadido"), y que afectaría gravemente a un tramo importante del río Quípar y aguas abajo.

Pedro anima a sus lectores, a los actuales y a los de las generaciones venideras, diciendo: "Por eso es importante que todo esto se recuerde, es decir, que queden escritos y documentados los rechazos fundamentados, las luchas enconadas y las advertencias proféticas". Y añade: "No queda más alternativa positiva que el rechazo, la protesta y... la agitación en todas las formas posibles, tratando de corregir esta evolución desdichada." Y, asimismo, en la postdata nos sigue interpelando: "Queda, en este panorama tan crudo, la luminosa lucha sin cuartel de la ciudadanía más inquieta y menos dispuesta a ser arrastrada hacia el desastre o a comulgar con ruedas de molino".

Después de todo cuanto antecede, nuestros descendientes nos podrían decir, muy duramente: ¿Por qué no luchasteis por la supervivencia de nuestra tierra, de nuestras aguas, ríos, fuentes y costas, que en realidad no eran vuestras, por cuanto las teníais prestadas y se las debíais a las generaciones venideras? Por eso, la ciudadanía más inquieta, ahora tan necesaria, está dispuesta a entrar en conflicto y unir sus manos, para no tener que lamentarse sin remedio ante ese interrogante.

Para terminar, se ha de poner de manifiesto que los valores insobornables de Pedro Costa están ampliamente demostrados, siendo oportuno a este respecto, reproducir sus propias palabras, en el último párrafo de su obra de 2011, *Ecologíada (100 batallas). Medio ambiente y sociedad en la España reciente*: "Y si, llegado al final, se espera que resuma, resumiré. Lo que hace que me sienta cómodo con mi historia y tener tan pocas cosas de qué lamentarme lo explicaré así: perdí, voluntariamente y para siempre, mi tranquilidad, y en sus sustitutos (la tensión y la necesidad), me instalé y me reafirmo cada día, sin entender que haya de dar por concluidas, y menos superadas, las grandes tareas que han orientado mi vida. Esa diferencia, esa especificidad, que en definitiva se miden por mi escaso nivel de confort, es todo cuanto creo que me ha correspondido ofrecer a mi conciencia, mi país y mi familia".

Pedro Costa Morata es presidente del Consejo para la Defensa del Noroeste, del que ocupo el cargo de vicepresidente, siendo su principal impulsor y miembro fundador. Quiero dejar aquí constancia del inmenso agradecimiento que, sin duda, le debemos.

Alfonso Sánchez Marín
Vicepresidente del Consejo para la Defensa del Noroeste
(Caravaca)

Introducción General

ENTRE EL PASMO Y LA INDIGNACIÓN

Se inician estos Escritos de Agitación *con un primer volumen que pretende describir —sobre la base de mis textos, esencialmente periodísticos— la estructura funcional de la Región de Murcia como un* agropoder, *es decir, una entidad socio-político-económica en la que las fuerzas dominantes se enraízan y medran en y desde el campo, definiendo en consecuencia un* agrocantón *llamativo y escandaloso.*

Esta es una realidad sólo aparentemente rotunda, ya que ni la economía dominante es agraria ni la población activa mayoritaria pertenece a este sector ni esta sociedad puede definirse, netamente, como agraria o campesina. Sin embargo, sí son los poderes económicos que encuentran su fuerza en el campo los que han ido determinando, en el curso de los últimos decenios, el acontecer en esta tierra.

Aquí pretendo explicar hasta qué punto esta situación, de impronta agraria decisiva, ha llevado a la región a un inaceptable grado de destrucción ambiental, especialmente constatable en el medio rural, lo que afecta muy seriamente a las aguas superficiales y subterráneas, a los suelos productivos, a la atmósfera y a la salud de trabajadores y ciudadanos en general. Una destrucción que es sostenida, sistemática, visible y consentida, que subyace en el éxito económico de este campo que, sin embargo, se destruye ambiental y éticamente a sí mismo. Es indignante comprobar cómo cunde, prospera y enriquece (a algunas empresas y empresarios, no a la población implicada, en general) una actividad que impacta tan terriblemente en el medio ambiente integral de la región, con el apoyo incondicional de todo el entramado social murciano: administraciones, instituciones, medios de comunicación tradicionales… e incluso la opinión pública, singularmente inerme ante ese conglomerado aborrecible y necrófilo. Una destrucción, pues, que califica a una sociedad enferma y corrompida por una élite de tipo y encuadre agrarios, que se impone por su codicia constituyente y la usura que ejerce sobre el poder político regional.

Se configura, así, esta situación socio-económico-político-ecológica como un "sistema depredador" específicamente murciano, que marca la pauta de la vida regional y al mismo tiempo genera, como no podía ser menos, una realidad de numerosos conflictos de raíz y expresión ambientales, que han de plantear y afrontar las organizaciones ecologistas (casi) en solitario. Esta confrontación, desigual pero animada y de alto nivel ético, es debida a la llamativa ausencia de los poderes públicos —administraciones, tribunales, órganos policiales— que están obligados a combatir este desastre pero que ni lo hacen bien ni oportunamente.

Pero estos Escritos de Agitación también pretenden abarcar otros varios temas, organizados en volúmenes sucesivos para tratar asuntos en los que me he implicado más o menos voluntariamente y que pronto acabaron constituyendo y llenando mi nueva e imprevista vida, cuando decidí abandonar mi profesión de ingeniero más o menos integrado en mi sociedad y mi destino. Así, dejaré constancia, principalmente documental, sobre asuntos medioambientales tanto de la región murciana como de ámbito nacional o global, que combinan la acción social y militante con la construcción de teoría, o pensamiento. También procuraré dar forma a mis trabajos sobre ecologismo, ecología política, economía ecológica, decrecimiento, energía, territorio, crítica científico-técnica, sociedad digital… que son temas cuya reflexión o desarrollo me han llevado a escribir centenares de página a lo largo de casi medio siglo.

Guardo la esperanza de que este esfuerzo documental y recopilador sirva como corrección a dos vicios de notable presencia en los medios de comunicación cuando tratan los problemas ambientales: uno es el de las inexactitudes, más o menos voluntarias, que aparecen en medios modernos de información, como la socorrida Wikipedia (donde, al parecer, cualquiera puede dejar su impronta con una libertad que, inevitablemente, lleva a la ligereza y a la falsedad), que debido a su accesibilidad ha sustituido drásticamente a las enciclopedias tradicionales y la investigación personal; y otro es el de la tendencia de políticos, periodistas y ecologistas a considerar que la historia —la ambiental en concreto, que es la que en estos textos se trata— empieza con ellos mismos o en el momento que viven, tendiendo a ignorar lo anterior, sean procesos, esfuerzos o documentos. El que una gran parte de la epopeya ecologista en España se haya desarrollado durante la famosa Transición del franquismo a la democracia, siendo esta un periodo que suele presentarse y explicarse como casi exclusivamente político (y a veces, hasta remoto y con acontecimientos sobre los que se muestra un cierto menosprecio), contribuye al olvido y a la manipulación de hechos importantes y determinantes de índole ambiental, acaecidos en aquellas décadas críticas de 1970 y 1980.

Pero aparte de movimiento social, el ecologismo es una conciencia sobre realidades visibles y contundentes, cuya consideración mueve a predecir y adelantar, es decir, a hacer "profecía material", que no necesita de inspiración sobrenatural y que, por cierto, siempre incomoda, dada la abundancia de información inquietante y la lógica aplastante con que se suelen anunciar acontecimientos y procesos. El profetismo ecologista no es, pues, un mérito de iluminados sino un ejercicio de ciudadanos responsables que, tras advertir sobre la mala marcha de nuestra sociedad y, en consecuencia, ser objeto de suspicacia y menosprecio, comprueba con gran desolación, cómo se cumplen sus adelantos y advertencias. Por eso es importante que todo esto se recuerde, es decir, que queden escritos y documentados los rechazos fundamentados, las luchas enconadas y las advertencias proféticas. Espero contribuir a prestigiar este "arte adivinador" del ecologismo, es decir, el ejercicio responsable de unos pocos advirtiendo males e incluso catástrofes ambientales que, en su mayor parte y esencia, acaban cumpliéndose. En este acierto confluyen, por una parte, una conciencia dada que la experiencia aumenta y afina; por otra, una implicación directa en las luchas y conflictos, que puede conllevar diversos riesgos; y, también, un proceso permanente de estudio y reflexión. Y esto da como resultado la previsión, que ni es adivinación ni apuesta, sino conclusión sobradamente fundamentada. Advertir del riesgo nuclear y de los accidentes siempre posibles, por ejemplo, pertenece a este proceso de anticipación, o deplorar la invasión y el descuartizamiento de la franja litoral, o señalar como venenosa a una agricultura excesivamente química… Este profetismo, desgraciadamente ligado a procesos y acontecimientos negativos, configura un ecopesimismo difícilmente atacable que, a su vez, determina una sociedad más y más retrógrada, que socava duramente toda idea de progreso (lo que constituirá uno de los volúmenes futuros).

Mi afición a la historia y el haber vivido un periodo crítico de la España contemporánea (esa Transición tan manoseada) en las trincheras ambientales, me ha empujado a constatar y precisar, en la medida de mi propia experiencia, lo que creo que debe quedar establecido y recordado, aportando los textos y documentos correspondientes, que conservo. Además, me interesa subrayar lo poco que se ha escarmentado y la insistencia en hacer las cosas mal, castigando al medio ambiente a cambio de un desarrollo económico con mucho —muchísimo— de espejismo.

Desde luego que mi presencia periodística en el panorama político murciano se inicia con la polémica de la central nuclear de Cabo Cope, en 1974 y 1975 (lo que, de paso, me introduciría en la prensa nacional), pero las sucesivas implicaciones en los problemas ambientales en la región, en los que me vi envuelto a partir de la creación del Grupo Ecologista Mediterráneo en 1977, dieron lugar a que, inevitablemente, me hiciera presente en la prensa regional con cada vez mayor asiduidad. Por otra parte, esta persistencia periodística mía, así como el empeño en que los medios de comunicación contribuyan a aliviar el panorama, tan negativo, y no a encubrirlo, mucho menos a estimularlo, me ha ido produciendo desagradables encontronazos con ellos, sobre todo (pero no exclusivamente) los dos periódicos murcianos tradicionales, La Verdad *y* La Opinión *(este, con su ancestro,* Línea*), lo que me viene sucediendo desde mis inicios en esta briega, allá por 1974, que aparecerán desgranados en este y en sucesivos volúmenes.*

En los Escritos *que planeo publicar quedan claras la tendencia, o la afinidad, por mí mostradas hacia determinados temas, una vez que di por concluida la pesadilla nuclear y mi intervencionismo de articulista, un punto exacerbado, lo que recogerá en su momento el volumen que titulo* La saga de Cope, *y otro texto sobre mis numerosos y diversificados trabajos periodísticos y profesionales sobre energía, nuclear o no, que siguieron a mi experiencia nuclear aguileña.*

He decidido dar prioridad a este volumen, el del agrocantón *murciano, debido a la aceleración constatable de la degradación ambiental del campo y a los inquietantes hechos ultras y violentos que se vienen produciendo al tiempo —y, me atrevo a decir, como consecuencia de— que se incrementa la agresividad de una agricultura intensiva demoledora y una ganadería industrial enloquecida. Y ello, pese a que mi preocupación por este ámbito, el de los problemas ecológicos agrarios, no ha aflorado de modo significativo hasta muy recientemente. Por ello, debo citar aquí a las personas que, en la Región de Murcia, han ido "empujándome" a asumir estos temas relacionados con el agua y el campo: María Cano, de Cieza, en primer lugar; Alfonso Sánchez, de Caravaca; Alonso Torrente de Ca-*

lasparra; María Dolores y Paloma García del Valle, en Moratalla... entre otras que he ido conociendo con el tiempo y de cuyos conocimientos he ido aprendiendo y beneficiándome.

(No obstante, no puedo dejar de lado que en el breve periodo en que fui director general de Ordenación del Territorio y Medio Ambiente en la Junta de Comunidades de Castilla-La Mancha, en 1981-1982, me tuve que familiarizar, inevitablemente, con la "Gran causa del agua", en una tierra de gran sensibilidad hacia este recurso y en un momento en que el Trasvase Tajo-Segura iniciaba su funcionamiento con gran polémica y —por qué no decirlo— un claro rechazo en esa región. En mis manos recayó la organización del "I Congreso Nacional del Agua", en Albacete, abril de 1982, lo que me dio la ocasión de trabajar de firme el asunto y de conocer a primerísimos especialistas, tanto ingenieros como economistas, políticos, etcétera.)

Así, pues, la estructura de este volumen que sigue atiende en primer lugar, capítulo 1, a los textos con que me fui decidiendo a entrar en estos asuntos —con un "histórico" artículo sobre el Trasvase, fechado en 1978—, encontrando hueco entre la gran variedad temática que me ha ocupado durante años; y acoge también aquellos, más recientes, en que he querido definir a ese agrocantón *tan inquietante, que es la estructura montada por el* agropoder *para mantenerse y prolongarse en el tiempo; un* agrocantón *que quiere evocar aquella experiencia política del llamado Cantón murciano, o cartagenero, durante la Primera República (1873), tan disparatada como desafiante y a la vez suicida, enfrentada a todas las lógicas: política, militar o histórica. No me parece demasiado aventurado el paralelismo si aquella sublevación político-militar la sustituimos por la actual, político-ambiental.*

Los capítulos 2 y 3 entran en la temática concreta que sacude nuestro medio ambiente y nuestro agro, es decir, la agricultura y la ganadería, respectivamente, siendo ambas tan masivas e intensivas como tóxicas y perniciosas para el ambiente y la salud.

El capítulo 4 quiere poner de relieve la conflictividad ambiental de la comarca del Noroeste, receptora inerme de todo tipo de inversiones perjudiciales, abusivas o ilegales que, desde la década de 1980, se vienen intensificando, tanto en agresividad como en discrecionalidad. El Noroeste, y sobre todo los municipios de Caravaca y Moratalla asisten, en los momentos en que esto escribo, a una ofensiva implacable de inversiones de gran impacto ecológico, con la aquiescencia de sus alcaldes y la in-

comparecencia de la autoridad policial o judicial. *Estas inversiones han resultado especialmente activas tras el pavoroso incendio de 1994, que arrasó gran parte del municipio de Moratalla, y que reproducen lo ya habido y sucedido en otras áreas regionales que van resultando "quemadas" por la incesante acción antiecológica de un agro intensivo, como es el caso del Campo de Cartagena, que ha dado como resultado el sacrificio y la cuasi agonía del Mar Menor. (Mis textos, por cierto, relacionados con el Mar Menor y su crisis actual, que es de origen agrario pero que tiene antecedentes claramente urbanísticos, y que empecé a tratar en 1978, deberán constituir el siguiente volumen de estos* Escritos*).*

El capítulo 5, final, acomete precisamente la descripción de la desoladora realidad policial-judicial, una situación indignante y escandalosa, hasta el punto de poder decir que ambos ámbitos de poder cumplen un papel —tanto más necesario cuando más pasivo— singular y favorable en la conculcación por los agentes agroeconómicos del entramado legal, cooperando así en el libre discurrir de los abusos y las ilegalidades.

Rumiaba yo, desde hace años y con mi desolación hacia la democracia parlamentaria, que "una democracia contaminada no puede ser verdadera democracia", y aunque esto lo cumplen, claramente, todas las democracias desarrolladas, muy concretamente España, si lo aplicamos a la Comunidad Autónoma de la Región de Murcia nos encontramos con todo ello agravado: además de a la desolación ambiental general, ahí nos hemos de enfrentar a una estructura política viciada y perversa, más que indolente, por todo lo que se refiere al medio ambiente; o sea, a ese sistema depredador ya aludido, con la coalición, cuando menos tácita, de poderes —municipales, autonómicos y estatales, políticos, económicos, judiciales…—, todos ellos contribuyentes, en una u otra medida, a la sistemática destrucción ambiental de la Región de Murcia. Hay que distinguir, no obstante, en esta distribución de responsabilidades en tan desastroso estado de cosas, a los sucesivos gobiernos autonómicos por su increíble y creciente animosidad contra el medio ambiente, que les hace practicar un auténtico gamberrismo ambiental que, desgraciadamente y por ahora, no es castigado como merece.

Y aunque la perspectiva del territorio nacional sea muy parecida, tanto y tan veloz avanzan los agentes antiecológicos en todos los horizontes del campo español, el caso murciano destaca por varios rasgos y algunas especificidades, que espero quedan bien explicados y puestos de relieve en las páginas que siguen. Porque el retrato que se desprende de es-

tos análisis y reflexiones es horroroso, ya que muestra la insostenibilidad global del campo murciano. Por eso, estos textos, que están redactados desde la preocupación y el ánimo ecologistas, y siempre con intención crítica y estimulante, quieren ser una invitación a conocer, pensar y actuar.

Para quienes, como yo, se consideran testigos atentos de esta insufrible historia ambiental murciana, de varios decenios de fechorías acumuladas, no queda más alternativa positiva que el rechazo, la protesta y… la agitación en todas las formas posibles, tratando de corregir esta evolución desdichada.

Madrid/Águilas, primavera de 2022.

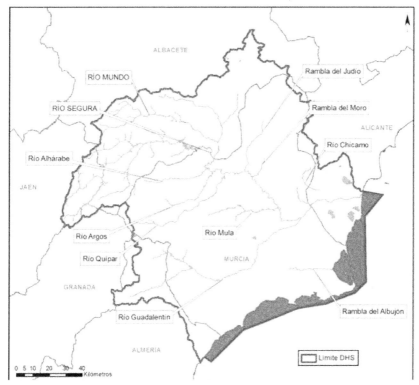

Cuenca hidrográfica del río Segura.

Capítulo 1

LA MALA MARCHA DEL AGRO MURCIANO

Introducción

Aunque en 1978 mis angustias vitales seguían estando relacionadas con los proyectos de central nucleares a ellas ya se les habían ido añadiendo otras, más propiamente ecologistas, como eran las derivadas del acoso urbanístico y turístico en el litoral. En aquella apertura de mi mente y mi actividad, seguía siendo mi tierra murciana la que acaparaba la mayor parte de esas preocupaciones, por lo que no pude excluirme a la presión mediática, ambiental y socioeconómica del Acueducto Tajo-Segura (ATS, o más comúnmente llamado Trasvase), cuyas obras avanzaban pese a las dificultades geológicas encontradas en su tramo final, albacetense.

21

A ese momento pertenece el artículo de 1978, primero de este volumen, del que quiero resaltar, en primer lugar, que respondió a la intensa polémica que había levantado ese Trasvase, una vez que el franquismo se daba por fenecido y —muchos lo pretendían— había llegado el momento de revisar todas sus obras, especialmente si estaban pendientes. Capitaneaba la contestación al Trasvase la Plataforma para la Defensa del Tajo, centrada en Toledo, que también clamaba contra la escandalosa contaminación orgánica del río Tajo a su paso por esta ciudad y que ya se hacía observar por Aranjuez. El Grupo Ecologista Mediterráneo, creado en 1977 y que yo presidía, propuso un debate público entre expertos y valedores del Trasvase, murcianos, y miembros de esa Plataforma del Tajo, toledanos, sin lograrlo (los del Tajo sí estaban dispuestos, los otros no).

Pero el regreso de este interés se ha operado muy recientemente, con mis reflexiones sobre los problemas ambientales y sociales del campo murciano, debidos a la agricultura crecientemente intensiva (y la ganadería, no menos intensiva), así como a la "infraestructura político-administrativa" que rige los destinos del agua en la Cuenca del Segura.

En este primer capítulo, se reproducen tanto los artículos primerizos como los más recientes, con el fin de dar una panorámica general (aunque resumida), como anticipo de los siguientes, más concretos. Cuatro son los ámbitos conflictivos que estos primeros artículos representan, o destacan, relacionados con el agua en la Región de Murcia, como explico a continuación:

1) El Trasvase de todos los problemas, y otros que no se vislumbraban en los momentos de su conclusión y puesta en marcha. Las peripecias de mi vida de ecologista, así como mis tareas profesionales como consultor, iniciadas estas en 1979, me alejaron de este asunto, aunque lo retomaría en otras circunstancias y de manera bien distinta, forzosamente discreta, durante el breve episodio de mi discreto cargo político en la preautonómica Junta de Comunidades de Castilla-La Mancha (1981-1982). No obstante, mis primeros textos sobre el Mar Menor y sus problemas, de las décadas 1970 y 1980, ya apuntaban al problema en ciernes de la contaminación de esta albufera cuando se intensificara la agricultura en su entorno, al disponer de las abundantes aguas del Trasvase. Pero es verdad que mi "vuelta" al Trasvase se ha operado casi 40 años después de aquel primer artículo en Valencia Semanal.

Andando el tiempo, y en virtud de mi condición de consultor ambiental, volví a fijarme en este asunto con motivo del encargo que en 1992 me hizo el Ministerio de Obras Públicas y Urbanismo (MOPU) de una

Guía Natural de las Aguas Interiores de España *(que seguía a las dos anteriores Guías. sobre las Costas y sobre las Montañas), contando con la ayuda de Paco Blázquez, amigo, paisano y colaborador, uno de los mejores conocedores de la cuestión del agua en España (y, sobre todo, de la Cuenca del Segura), a quien debo mucho por su cercanía y conocimientos, y a quien citaré repetidamente en estos* Escritos, *ya que vivimos juntos numerosas experiencias ecologistas y profesionales. También como director de* Cuadernos de Ecología *(1993-1996) acogí en esas páginas el frecuente tratamiento del agua en la Región de Murcia, correspondiendo el tercer artículo que aquí aparece sobre el Trasvase a mi propia pluma.*

2) El truculento, por falso y malversador, cuento de la mejor gestión privada de los servicios municipales de aguas, con el caso de la Empresa Municipal de Agua de Murcia (EMUASA), uno más de los numerosos escándalos existentes en la región. He de reconocer que me ha faltado capacidad personal, y disponibilidad, para seguir y denunciar estos abusos, pese a la proximidad y la gran potencia informativa de mi amigo Fernando Urruticoechea, valiente funcionario municipal que no ha dudado nunca en sufrir las más infames represalias por señalar, documentalmente, los abundantes focos y prácticas de la corrupción económico-financiera en los ayuntamientos.

El artículo que analiza el caso de EMUASA, y que fue recibido con escándalo por parte de La Opinión, *se inscribe en el implacable (a la vez que universal) proceso privatizador de los servicios públicos, concretamente el del agua, lo que en nuestra región no deja de dar problemas, cuando los ciudadanos advierten el engaño integral que supone, con incumplimiento general de las promesas, meramente ideológicas, de una mejor y más barata gestión por manos privadas. Cuando Ángel Montiel, veterano redactor de* La Opinión, *rechazó este artículo, me aseguró que no era por preservar la publicidad institucional de esa empresa municipal en el periódico, pero no lo creí. Lo que no impidió que considerara verosímil su alegación de que en ese texto yo dejaba a EMUASA como una empresa que estafaba a los murcianos, lo que implicaba riesgos judiciales (que yo estaba dispuesto a correr, dado el argumentario y la documentación en mi poder, pero no el periódico). El caso es que dos primerísimas empresas del sector, Aquagest (ahora Hidrogea, del grupo Agbar/Suez), y Aqualia (del grupo FCC), controlan el servicio municipal de aguas en la mayor parte de la región, bien como concesionarias exclusivas, bien como socias minoritarias en empresas mixtas (reservándose usualmente los ayuntamientos el 51 por 100).*

3) El maltrato a nuestros ríos, tomando el Segura como ejemplo a su paso por Cieza, es el objeto del tercero de estos artículos, pero que es práctica común, por parte de los organismos responsables de nuestros ríos, que entienden muy irracionalmente eso del "saneamiento de riberas", o que se pliegan de forma demasiado complaciente a las peticiones de los ayuntamientos ribereños, que suelen querer adaptar las orillas de los ríos a sus planes urbanísticos, con actuaciones tipo "paseos fluviales" o incluso instalaciones de ocio generalmente poco apropiadas.

4) La obsesión privatizadora se da también en el famoso proceso de "modernización de regadíos", al que aludimos en el artículo sobre Calasparra y los regantes del río Argos, que se plantea como segundo objetivo —tras la privatización ampliada de la gestión del recurso— la eliminación de los pequeños regantes, incapaces de hacer frente a esa "modernización", concebida y planificada desde las Confederaciones Hidrográficas, el Ministerio de Agricultura y las Consejerías autonómicas según las pautas de una economía del tamaño y la rentabilidad meramente crematística (no agronómica, ecológica o social).

El capítulo añade, a estos primeros artículos que "ejemplarizan" los temas o áreas más (tradicionalmente) conflictivos, la alusión que hago al sistema depredador murciano y del agrocantón murciano, en dos artículos que quieren ser descriptivos de una realidad escandalosa. En el primero ya trato de desarrollar ese sistema en varios subsistemas, y no me corto al pedir —dada la situación escandalosa e insostenible— la aplicación del artículo 155 de la Constitución española para despojar a la administración regional de su poder, por ser utilizado este, repetida y desafiantemente, con irresponsabilidad suma y resultados catastróficos; hasta sanear la región con una revisión radical del sistema administrativo e institucional relacionado con el agua (y el campo, en alguna medida). Es una propuesta excepcional en la que insisto con más argumentos y decisión en el siguiente artículo, "Por un 155 para el agrocantón murciano, cutre y sedicioso".

El artículo sobre el fascismo en el campo murciano es el resultado de las reflexiones que me motivan la espiral de violencia que no hace más que crecer con el tiempo, la entrada en los círculos políticos de poder de los ultras de Vox y el vergonzoso e imperdonable episodio del asalto a los locales municipales de Lorca con motivo del Pleno del 31 de enero de 2022, durante una manifestación de la gente del campo. En este feo asunto de la violencia aludo a esos aspectos perniciosos e inquietantes de nuestro campo, que empeoran la "tradición" de amenaza e intimida-

24

ción de los líderes de las organizaciones del campo hacia las instituciones (y a los ecologistas, en cuanto se les suelta la lengua). Por eso, tomando como referencia inquietante el penoso espectáculo de Lorca a cargo de los ganaderos más violentos de un sector altamente contaminante (como veremos en el capítulo 3), no dudo en calificar ese ambiente, de bronca y tensión, como fascismo (o parafascismo): esa expresión sociopolítica, que tan bien conocemos en España, de atemorizar con ideas y formas ultraconservadoras a una sociedad perpleja, atemorizada y sugestionada. Mal asunto, porque nuestro campo se introduce, con estas provocaciones, en una fase inadmisible, necesitada de bloqueo urgente y eficaz.

Los tres últimos artículos pretenden poner al día al lector, teniendo en cuenta la aceleración de acontecimientos en nuestro campo, que podrían ser interpretados como avance de su inviabilidad global y despunte de una violencia que de sus excesos verbales ha pasado a la física. Se refieren a episodios —también de bronca y de amenaza— que hemos vivido en España en marzo de 2022: el "despunte" de las Federaciones de Caza oponiéndose a todas las medidas que prevé el Gobierno sobre una caza cuidadosa y restrictiva, así como sobre el bienestar animal, y la gran manifestación del 20 de ese mes, que ocupó el paseo de la Castellana madrileño con protestas y peticiones de muy difícil aceptación. El campo, en efecto, ha llegado a sus límites en casi toda la realidad sobre la que se asienta: la espantosa contaminación ambiental, que inutiliza para el futuro a los recursos naturales básicos (aguas, suelos, atmósfera); el alza continua de los costes de producción, debido a que tanto la agricultura como la ganadería se han alejado demasiado de los ciclos naturales, que nunca debieron despreciar ni maltratar; la agravación socioeconómica de una situación en la que sólo las grandes empresas (además de los intermediarios, claro) obtienen beneficio neto, lo que no está moviendo a los perdedores a ninguna reacción reivindicativa, sino a mayor sumisión, pobreza y desesperación.

Esta situación desastrosa, de ruina económica de la mayoría de quienes trabajan, todavía sería mucho peor si el agro tuviera que compensar, económicamente, los daños ambientales que produce, que son gigantescos; o mejorara los salarios y gastos sociales, tantas veces bajo mínimos, que nos recuerdan continuamente —para nuestra vergüenza como pueblo y sociedad— a situaciones de semiesclavitud. Así que nuestros problemas son tanto ecológico-ambientales como sociopolíticos.

Trasvase Tajo- Segura: entre el fraude y el maná[1]

Por más que se venga hablando del Trasvase Tajo-Segura, puede asegurarse que aún queda mucho por decir, que las dificultades económicas, políticas e incluso técnicas a que ha dado lugar esta herencia autoritaria todavía no han cesado de desfilar, que los que se oponen a la obra —por muy consumada que se ofrezca— no se dan por vencidos y que su viabilidad integral seguirá estando en cuestión.

Cuesta creer que el Gobierno franquista en el que figuraba Silva Muñoz como ministro de Obras Públicas en el año 1966 se sintiera conmovido por el déficit crónico en aguas del llamado entonces "Sureste"; también resulta difícil de admitir que fuese el interés por corregir los desequilibrios económicos regionales el móvil de obra tan voluminosa; no consta, por la experiencia, que el Estado dictatorial decidiese emplear una cantidad de recursos tan considerable en inversiones para un sector, el campo, que estaba destruyendo minuciosamente y de forma abierta. ¿Qué generoso espíritu debe recibir el agradecimiento de los futuros potenciales e involuntarios beneficiarios?

A nivel administrativo, los ministros sucesivos de Obras Públicas consiguen quitarse de encima el "muerto" (calificativo que a muchos murcianos y alicantinos enerva pero que se generaliza por momentos), para demostrar que apenas tienen nada que ver con la cosa: Garrigues[2] soporta mal las interpelaciones y preguntas porque —dice— el Trasvase es un asunto heredado en el que no ha tenido nada que ver; Silva Muñoz sonríe con suficiencia cuando se le hace evocar la trayectoria de la obra y remacha que su deuda con el "Sureste" está cumplida, que lo otro es cosa de sus sucesores… La juerga en torno al tema sigue, mientras que los plazos se alargan, el agua decrece antes de llegar, los cálculos económicos inquietan y los agricultores no saben si es su gloria o su ruina lo que les espera.

Los esquemas iniciales —anteproyecto de 1966 y proyecto de 1968 — preveían el trasvase de 1000 hectómetros cúbicos (Hm^3) de agua desde la cuenca del Tajo hasta la del Segura, en dos fases de 600 y 400 Hm^3 y a lo largo de doce años de obras. El objetivo era regar 90 000 hectáreas adicionales en los campos de Murcia y Alicante. Actualmente, con las obras muy lejos de su conclusión, se habla de que serán 140 Hm^3 lo que llegará; *de momento*, se sabe que los costes han triplicado (en pese-

1 *Valencia Semanal*, nº42, 22 de octubre de 1978.
2 Joaquín Garriges Walker fue ministro de Obras Públicas y Urbanismo en el Gobierno de Suárez en 1977-1979.

26

tas corrientes) las previsiones iniciales y se empieza a sospechar que el agua que llegue (más bien poca que mucha) no podrá utilizarse si no es con precios políticos, es decir, cargando los costes reales a la comunidad nacional. Este es el interrogante: ¿quién ha querido beneficiarse de este Trasvase si descontamos —por estúpida— la posibilidad de que el Régimen del 18 de Julio quisiera redimir las tierras sedientas?

El deprimente espectáculo político

La derecha acecha a la izquierda y le tiende trampas para que resulte *contestona* y critique al Trasvase. La izquierda, en trance de perder definitivamente su capacidad de análisis político decidido, procura apuntarse a los pronunciamientos pro-Trasvase, sin perderse humillaciones tan sugestivas como tener que alinearse sobre estudios y exhibiciones de la derecha. Una y otra se pelean dentro de sí, resultando que partidos parlamentarios de, por ejemplo, Toledo y Murcia, mantienen posturas radicalmente diferentes, aun siendo hermanos. El poder del voto revuelve las aguas del Tajo y del Segura; en cualquier caso, nadie parece decidido a entrar a *matar al toro* (los socialistas, por ejemplo, se conmueven cuando la derecha procelosa les suelta y recuerda que "fue Indalecio Prieto quien quiso llevar a cabo el proyecto").

La iniciativa es de la derecha. La Cámara de Comercio de Murcia ha editado un estudio, patrocinado por la Diputación Provincial, en el que, con el título de *Trasvase Tajo-Segura: una empresa de Estado*, intenta machacar un esquemático y tímido informe que elaboró previamente el Equipo Defensa del Tajo, de Toledo. Sin embargo, esta Cámara y la Real Sociedad Económica de Amigos del País, también de Murcia, han preferido eludir un debate abierto y público con el Equipo Defensa del Tajo, propuesto por el Grupo Ecologista Mediterráneo. Siempre resultará más leve no dar la cara y pinchar a los demás para ver si algún crítico puede ser llevado a la hoguera por "antimurciano".

La tremenda realidad, intentando sopesar los argumentos (y dejando por un momento las motivaciones profundas del Trasvase en su origen y las necesidades de agua en la Cuenca del Segura), es que resulta mucho más fácil y coherente defender el agua del Tajo de requisas ajenas que pedir desde el Segura agua de esa otra cuenca.

El cuento de la lechera

Pero el drama está en la situación post-Trasvase: ¿qué agua va a llegar y quién va a utilizarla? En el anteproyecto de 1966 se destinaban, de esos 600 Hm³ de la primera fase, el 65 por 100 a regadío (385 Hm³) y menos del 15 por 100 para consumo de agua potable en núcleos urbanos; más del 20 por 100 (nada menos que 132 Hm³) se consideraba destinado a pérdidas y evaporación. Vista la postura que han ido adoptando los diversos sectores interesados parece fuera de toda duda que los porcentajes inicialmente previstos en el "reparto" sufrirán modificaciones importantes. Pocos cuentan con que se respete la preeminencia del uso agrícola y es más que una sospecha el que primará el uso turístico y el industrial. Puede *aventurarse* la hipótesis de que el Gobierno de 1966 consideraba *secundaria* el agua del Trasvase destinada a regadío: el famoso desarrollo industrial español y la invasión turística en ciernes ilusionaban mucho más a los gobernantes que los excedentes del campo.

Las cuentas del empresariado (incluyendo el campesino con medios y opción a pagar un agua seguramente prohibitiva) son: cultivar productos de exportación para la Europa donde estaremos integrados en las calendas del fin del Trasvase. Hay muchos que piensan que hasta un nuevo aeropuerto en Murcia (ya existe uno en San Javier) podría ser rentable solamente con el tráfico de exportación de productos tempranos y de primor a Europa... Como se anunció que el agua valdría menos de tres pesetas y que Europa era nuestra (extremos que siguen garantizándose), la injusticia de todo planteamiento crítico del Trasvase se evidenciaba como añadidura.

Pero la cosa hay que matizarla. No solamente no podrá ser utilizada el agua por el campesino pequeño, sino que se impedirá la reforma agraria necesaria en el "Sureste" como en casi toda España; solamente las explotaciones importantes se beneficiarán de la poca —y cara— agua que llegue. En cuanto a nuestra integración en Europa, las incógnitas son hoy, en definitiva, de la misma envergadura que en 1966 y, lo más importante, la posibilidad de que sigamos exportando más productos hortofrutícolas ha pasado de remota a casi inexistente. ¿Quién se va a comer el producto de un Trasvase incierto? La situación pasará de excedentes que se dejen en las tierras (como pasa frecuentemente en estos pagos) a campos sin cultivar por el precio del agua. Algo también a advertir: los actuales beneficiarios de precios admisibles y de caudales tradicionales tendrán que pagar más, simplemente por la puesta en funcionamiento del Trasvase.

Trasvase, post-Trasvase y además del Trasvase

El agua está lejana todavía; la partida más voluminosa del proyecto, que afecta a las obras de riego, han de ser financiadas y construidas por los agricultores: esta es la tercera parte, cuando acabamos de superar sólo la primera (túnel del Talave, faraónico y eterno, del que lo menos que se puede decir es que exige una investigación a fondo para ver por qué la obra y los presupuestos han alcanzado proporciones tan astronómicas), y, mientras, las dificultades a nuestras exportaciones siguen aumentando. El agua, por su parte, a la caída del túnel del Talave, parece que no valdrá menos de 30 pesetas... Este precio, absolutamente expresivo, anuncia quién, en definitiva, va a pagar la obra en cuestión (murcianos, alicantinos, toledanos, extremeños y algún otro).

Lo que sí está claro es que como especulación financiera el Trasvase ha sido una operación brillante: obsérvese cómo ha ido engordando el préstamo alemán de 200 millones de marcos de 1970, a tenor de su revaluación con respecto a la peseta. Y, sobre todo, el negocio queda todavía por hacer en torno a la especulación turística en la Costa Blanca y el Mar Menor, principalmente; aparte de la promoción, entre otras, de la futura zona industrial próxima a Cartagena, verdadera reserva de espacio que si no ha crecido más hasta ahora ha sido, precisamente, por la falta de agua. En esta perspectiva hay que situar las verdaderas intenciones del Trasvase, aparte de dar un empujoncito generoso a constructoras y financieras.

Sin embargo, descontando las patochadas y sandeces que inundan con abrumadora frecuencia los órganos de expresión, lo que caracteriza en las tierras afectadas a esta obra discutible es la agresividad que muestran sus defensores, inicio evidente de inseguridad en la argumentación y causada por el ansia de sacar provecho de una situación de perplejidad. La demagogia en torno al tema es agobiante; la trampa del *sí* o *no*, del a favor o en contra, tiene secuestrada a la opinión publica interesada, tanto en tierras del Segura como en tierras del Tajo. Añadiendo a esto el más fuerte argumento, el de los *hechos consumados*, el panorama resulta enrarecido, hostil, grotesco.

Puede anticiparse que el agua prevista en 1966 no llegará nunca al Segura, que los precios calculados no tendrán mucho que ver con la realidad, que la gran masa de campesinos no se beneficiará, que la oposición de toledanos y extremeños seguirá aumentando y que será al turismo y a la industria, más que al campo o a las ciudades, donde irá a parar el agua que llegue. Como los evidentes beneficiarios ya sí están identificados —Banca extranjera y nacional, firmas constructoras y de ingeniería, etcétera— estamos en condiciones de iniciar, ahora, la verdadera historia del Trasvase Tajo-Segura, la que no se ha contado todavía a murcianos y alicantinos.

El Trasvase y los problemas actuales del agua en la Cuenca del Segura[3]

En el verano de 1968 la regulación de la Cuenca del Segura que venía funcionando desde comienzos de la década tuvo un estrepitoso fallo. Ese año fue muy seco, el más seco de la serie histórica iniciada a comienzos de los años 1930, aunque luego, durante los años 1980-1990, se han registrado unas aportaciones muy similares a aquél en los siguientes 1980-1981, 1982-1983, 1991-1992. Aun así, está demostrado que aquella escasez no se habría producido de haberse explotado los embalses en régimen más cerrado. La reciente inauguración de los embalses y la considerable abundancia de las aportaciones, sobre todo en los años 1962-63 y 1965-66, propiciaron ciertas "alegrías", que luego se pagaron. Por otro lado, aunque en esto nos separamos algo de la línea de razonamiento principal, para evitar que lo anterior pueda tomarse por una acusación velada trasladable al presente, hay que decir que la escasez padecida en los años hidrológicos 1991-1992 y 1992-1993 (especialmente este último) no podría haberse evitado por la vía del ahorro en los años anteriores.

Pero, volviendo al tema, el caso es que la sequía padecida en el verano de 1968 por los regadíos alimentados por la regulación generada en la cabera de la Cuenca del Segura, fue la gota que colmó el vaso y llevó a que el Anteproyecto General del Trasvase se fuera aprobando en aquel mismo mes de setiembre.

Ahora bien, en aquella época la superficie total regada en la Cuenca del Segura era de unas 118 000 Ha, justo el doble que los regadíos de las tres Vegas dotadas con agua regulada en la cabecera del Segura. Y esas 59 000 Ha adicionales a las de las Vegas se hallaban ocupadas por:

---

3 Redactado con Francisco Blázquez Calvo e incluido en *Guía Natural de las Aguas Interiores Españolas*, vol. 4: Cuenca del Segura, ICONA, Madrid, 1992 (sin publicar).

• regadíos mal dotados con aguas bombeadas del Segura justo antes de su desembocadura.

• pequeños regadíos de otros cursos fluviales (Argos, Mula, Mundo y Guadalentín).

• regadíos con aguas subterráneas que empezaban a explotarse masivamente, sobre todo en el Campo de Cartagena y en el Valle del Guadalentín.

El déficit hídrico del conjunto de la Cuenca se estimaba entonces en 380 Hm³/año. Ante esa realidad, el verdadero objeto razonable del Trasvase, más que cubrir los fallos que se produjeran en el suministro a los regadíos de las vegas tradicionales (que en todo caso habrían de tener poca cantidad) tenía que ser:

• saldar el déficit provocado por la infradotación de los cultivos alimentados mediante bombeo en Guardamar de aguas sobrantes y retornos (aguas residuales urbanas y de avenamiento de otras zonas regables). Nos referimos principalmente a los Riegos de Levante, margen izquierdo.

• asegurar la continuidad de los regadíos dotados con aguas obtenidas como fruto de la sobreexplotación de acuíferos.

• garantizar las necesidades de los abastecimientos urbanos y turísticos, liberando así unos 60 Hm³/año de agua del Segura, que quedarían disponibles para uso en riego ya que, en aquellos momentos, la Mancomunidad de los Canales del Taibilla tomaba 50/60 Hm³/año del Segura en Ulea, y estos últimos fueron sustituidos (y ampliados hasta 110 Hm³) por agua del Trasvase.

• incrementar la superficie regada si, después de atendidas las finalidades anteriores, todavía quedaban recursos disponibles.

Pero realizar todo esto no era tarea fácil si, además, se pretendía hacerlo cumpliendo los siguientes requisitos:

• no hacer, sin más, inmensamente ricos a los que tuvieran considerables extensiones de tierra en las zonas regables redotadas o nuevas.

• impedir, por el contrario, la formación de un minifundismo económicamente ineficiente.

• dirigir las nuevas zonas realmente hacia las tierras con mejores condiciones de suelo y clima.

• no olvidar los intereses de algunas áreas que, por no utilizar agua superficial ni haber sido objeto de transformación en regadío, no tenían contacto ni con la Confederación Hidrográfica del Segura (CHS) ni con el entonces Instituto Nacional de Colonización (INC).

• recuperar, al menos, buena parte del coste de las obras al tiempo que, vía precio, se contribuía a un aprovechamiento eficiente del agua.

Por tanto, no es de extrañar que no se hayan alcanzado los requisitos indicados en los puntos anteriores. En los dos primeros, la legislación sobre reforma de las estructuras agrarias no ha sido aplicada en absoluto, y no deja de ser normal que así haya sucedido. El fenómeno es análogo al que se produce con las plusvalías generadas por el planeamiento urbanístico: el incremento de valor del suelo a raíz de la declaración de una zona como regable es tal que se hace lo imposible por apropiarse y transformar rápidamente en dinero esa plusvalía. Y por ello, habitualmente se parcelará y venderá por lotes sus tierras, previa plantación en ellas de algún cultivo permanente de regadío (limoneros, por ejemplo), que al principio incluso se regará con cubas, dadas sus bajísimas necesidades.

En lo que se refiere a la consideración de los intereses de las zonas que no guardaban relación con la CHS ni con el INC, hay que decir que, curiosamente, quedaron excluidos de la utilización de agua del Trasvase los dos municipios de Murcia de agricultura más rentable (Mazarrón y Águilas) que, además, seguramente son los de mayor déficit hidráulico, si este se mide por el cociente entre recursos y necesidades, en lugar de por la diferencia entre ambas variables.

Por lo que respecta a los costes, nadie informó a los agricultores de que el agua trasvasada tendría que ser necesariamente cara. De haber sido así, necesariamente no se hubiese legado a una situación como la actual, en la que los nuevos regadíos dependientes del Trasvase, con excepción de los del Campo de Cartagena, están ocupados por explotaciones escasamente flexibles y generadoras de producciones finales claramente modestas, como ocurre con las plantaciones de frutales de hueso y de limoneros.

Por otro lado, las dificultades para saldar la sobreexplotación de acuíferos mediante aporte de aguas superficiales son francamente considerables si, al mismo tiempo se pretende no aumentar la superficie regada. La cuestión es bien simple: los riegos con aguas subterráneas en general nunca contienen grandes superficies dentro de un mismo perímetro, sino que, más bien, se encuentran formadas por "manchas" de escasa superficie dentro de un marco territorial en el que no se riega, entre otras razones porque no hay agua para ello. En esas condiciones, o bien se recargan los acuíferos y se prohíbe la apertura de nuevos sondeos, cosa que en España no se ha hecho nunca, o bien se construye una zona regable a la que se aplican las aguas importadas, al tiempo que se minora convenientemente la extracción de aguas subterráneas. Pero al operar así, es prácticamente imposible llevar el agua a cada "mancha" pasando por los huecos en secano sin transformarlos en regadío. El resultado es que el conjunto del marco termina siendo regado.

Por eso, y también por decisiones poco afortunadas que sería largo de reseñar, la nueva superficie transformada en regadío se sitúa ya en torno a las 50 000 Ha. Pero, paralelamente a ello, sigue habiendo una sobreexplotación de acuíferos muy importante, que en la planificación hidrológica del Segura se cifra en 310 Hm^3/año, aunque muy probablemente no se llegue a esa cifra, que se viene arrastrando desde finales de la década de 1970. Concretamente, la sobreexplotación es muy grave en el acuífero de Ascoy-Sopalmo (entre Cieza y Jumilla), en el valle del Guadalentín y en las zonas de Mazarrón, Águilas y Abanilla.

En condiciones normales lo anterior podría calificarse como bastante problemático, pero el asunto se complica aún más: el Trasvase no ha podido transportar los 600 Hm^3/año que se preveía extraer de la Cuenca del Tajo y trasladar a la del Segura, aunque tampoco los legisladores se atrevieron nunca a garantizar esa cifra (la Ley 21/1971 dice "hasta un máximo anual de 600 Hm^3").

Durante el periodo 1980-1981 a 1990-1991, ambos incluidos, el promedio anual trasvasado, medido en el origen del Acueducto, se ha situado como promedio en 290 Hm^3, con un máximo de 377 y un mínimo de 94. En ese mismo intervalo temporal se ha desaguado del sistema Entrepeñas-Buendía, para atender la demanda propia de la Cuenca del Tajo, un promedio de 506 Hm^3/año.

En suma, desde que entró en explotación normal el Trasvase (año 1980-1981 no se han visto por ningún sitio los 1200 Hm^3 regulados en el sistema Entrepeñas-Buendía que, de acuerdo con los cálculos realizados en el Anteproyecto, habían de posibilitar el trasvase de 600 Hm^3.

La situación en que se encuentra la Cuenca del Segura resulta en verdad delicada. Durante el último cuarto de siglo todo lo que se ha hecho en ella ha ido encaminado a aprovechar los 600 Hm³/año del Trasvase y algo más, pretendiendo mantener cierto déficit que asegurara la ampliación de los caudales trasvasados (la llamada "segunda fase"). Pero, al mismo tiempo, ningún año se han alcanzado siquiera los 400 Hm³, y el promedio está escasamente en 300 Hm³, e incluso bajaría más si hubiésemos tenido en cuenta los años 1991-1992 y 1992-1993.

Esta situación de grave escasez y el déficit de infraestructuras de saneamiento y depuración conducen al río y a los canales de riego, en las Vegas Media y Baja, a un estado lamentable que, desgraciadamente, sobre todo en invierno, puede valorarse por los meros sentidos y sin necesidad de determinación analítica alguna.

Por todo ello, podemos concluir afirmando que, aunque la demanda de agua de la cuenca del Segura resulta relativamente elástica, parece evidente que en la situación actual esta necesita un aporte exterior cercano a los 600 Hm³/año para:

• salir de la situación semi agónica en que se encuentran sus aprovechamientos en los últimos años.
• contribuir a mejorar la calidad de las aguas, aunque la depuración rigurosa es una condición más necesaria todavía.
• saldar algunos de los déficits localmente graves que no se han tomado en consideración a la hora de distribuir las aguas del Trasvase. Para ello podrían utilizarse los 200 Hm³/año de los que nunca se ha dispuesto.

La cuestión es que esos 600 Hm³, ni siquiera 400, pueden salir regularmente de la cabecera del Tajo porque, de acuerdo con la experiencia de gestión rigurosa de Entrepeñas-Buendía realizada desde hace ya más de una década, resulta muy difícil reducir los desembalses del sistema a la propia Cuenca del Tajo por debajo de 450 Hm³/año.

El Trasvase de los mil conflictos[4]

Este último estío ha marcado el punto más alto en la habitual polémica del Trasvase Tajo-Segura (ATS), aunque en los últimos años, de sequía pertinaz, los veranos se han ido recalentando con las polémicas e invectivas entre políticos, regantes y medios de comunicación de las regiones castellano-manchega y murciana, por los caudales a trasvasar.

---

4 *Cuadernos de Ecología*, nº18, septiembre-octubre de 1995.

Por si fuera poco, el Real Decreto que reduce el cauce del río a su paso por Aranjuez de 6 a 3 m³/s y la recuperación de varios proyectos para construir pantanos que, hasta ahora, parecían estar olvidados, han sido algunas de las más criticadas decisiones adoptadas por los responsables de la política hidráulica.

Con gran habilidad, y también prudencia, el presidente de Castilla-La Mancha, José Bono ha ido institucionalizando la polémica desde su primer mandato enarbolando, precisamente, el perjuicio directo para el campo de su región como bandera política permanente (y no sólo electoral). Frente a él, los políticos y regantes murcianos apenas han superado una defensa —cada vez más vulnerable— basada en los derechos adquiridos y en la importancia de los cultivos desarrollados al amparo de esos caudales.

Una vez decretado el suministro de socorro de 55 Hm³, a principios de agosto, Castilla-La Mancha entera (y a su cabeza las Cortes regionales) se ha movilizado condenando y rechazando, por injusta, esa medida. Simultáneamente, los agricultores murcianos y albacetenses de las Vegas Media y Baja del Segura han mostrado, muy gráficamente, el estado lamentable de sus huertas y arbolado, en buena medida perdidos incluso aunque llegue el agua de socorro.

A la polémica interregional se ha añadido el vergonzoso episodio de la pugna entre los propios regantes, con especial protagonismo por parte de la Junta de Hacendados de la Huerta de Murcia, que no ha querido compartir con los nuevos regantes de Sangonera la Seca, siquiera en una pequeñísima fracción de auxilio, el agua atribuida. Los primeros exigen prioridad absoluta, puesto que sus regadíos, tradicionales, existen desde la época musulmana, y rechazan numantinamente compartir el agua con quienes han accedido a él en virtud de decisiones de 1953, de ampliación de parcelas para frutales.

Todo un espectáculo de insolidaridades, patrimonialismos, avaricias y violencias que urgen, por encima de otras medidas menores, a una reelaboración radical de la política de cultivos y gestión de aguas con criterios basados, esencialmente, en su escasez y conflictividad.

Inciertas expectativas

La promesa del ATS fue trasvasar anualmente 600 Hm³ de agua a los regadíos de Levante, que se ampliarían notablemente, por lo que, desde los años 1950 se fueron aprobando nuevas parcelas para frutales, rescatadas del secano. Sin embargo, todo lo más que se ha llegado a transferir han sido 377 Hm^3 en 1986-1987, año hidrológico de pluviometría favorable; el año de menos caudales fue 1982-1983, con sólo 94 Hm^3. Hasta 1995 los caudales totales llegados a Levante desde la cabecera del Tajo han alcanzado los 4000 Hm^3.

Mil vicisitudes, sobre todo técnicas, complicaron y alargaron la obra que proyectaran los ingenieros de Caminos Mendiluce y Pliego (del Ministerio de Obras Públicas). La más espectacular y costosa fue la travesía subterránea de los últimos 36 km, entre Pozohondo y el embalse de Talave (Albacete), donde las dificultades hidrológicas incrementaron exageradamente los costes. En 1978 se iniciaron los envíos, con más de dos años de retraso.

Las aguas del ATS no solamente se han destinado a riego, ya que más y más poblaciones de la Cuenca del Segura han tenido que alimentarse de él al resultar insuficiente el sistema principal de abastecimiento, la Mancomunidad de los Canales del Taibilla. El incremento del consumo de las áreas turísticas costeras, sobre todo del litoral del Mar Menor murciano, ha alterado sutil y peligrosamente los presupuestos político-hidrológicos en que se basó la magna obra.

Falto de la menor discusión política en su diseño y construcción (años 1950 y 1960), el ATS suele suscitar, de vez en cuando, críticas de fondo a su concepción y pretensiones, dudándose de que el régimen franquista hubiera creído, realmente, en su viabilidad agraria y política a largo plazo.

Aranjuez lucha por conservar el caudal del Tajo

La Plataforma para la Defensa del Río Tajo, de la que forman parte todos los partidos políticos, grupos ecologistas y asociaciones de Aranjuez, ha mostrado su más rotundo rechazo y petición de retirada inmediata del Decreto-ley aprobado en Consejo de Ministros del pasado mes de julio, referido a la reducción transitoria de 6 a 3 m^3/s del agua del caudal del río Tajo a su paso por Aranjuez, ya que ello significaría la muerte biológica del Tajo.

Esta reducción pondría en serio peligro el mantenimiento del equilibrio de los ecosistemas asociados al río. "Además —como denuncian los miembros de la Plataforma— constituye la última de una serie de decisiones políticas tomadas durante los últimos años , cuya repercusión más inmediata quiere ser un aparente ahorro del agua embalsada en los pantanos abastecedores del ATS a la zona de Levante, pero cuyos efectos, a medio y largo plazo, serán el incremento de los desequilibrios territoriales, económicos y sociales, con el riesgo que entraña esta situación de enfrentamiento entre las poblaciones de las regiones afectadas por la situación de carencia de agua".

Entre las principales consecuencias ocasionadas por esta reducción, los ecologistas destacan el gran impacto ambiental que produciría la desaparición de unos cuatro kilómetros de recorrido. También se pondrían en peligro la economía, la agricultura y el ocio, pilares fundamentales para el desarrollo de Aranjuez, sin olvidarse de los Jardines del Patrimonio Nacional, que igualmente desaparecerían.

De siempre, la historia de Aranjuez y su desarrollo económico y social, han estado y están íntimamente ligados al río Tajo. Su cauce, su caudal, la vegetación que alberga, las huertas que riega, sus orillas, forman parte de la memoria colectiva de los ciudadanos de esta ciudad de la Comunidad de Madrid. El mismo alcalde de la localidad reconoce que Aranjuez debe su existencia al río, y en una carta dirigida al presidente del Gobierno, Felipe González, le recuerda que, con la reducción del caudal los ciudadanos pueden perder parte de su esencia, y se pregunta "por qué tenemos que convertirnos en los únicos paganos de las inclemencias del clima, las ambiciones económicas y los errores en la gestión hidráulica en nuestro país".

Gestión municipal del agua: del descontrol al saqueo[5]

Antes de señalar a la Empresa Municipal de Aguas de Murcia (EMUASA) por conducta opaca e irregular, así como por actuar contra los intereses de los ciudadanos murcianos, aludiré al marco ideológico en que tienen lugar las concesiones de servicios públicos que practican las distintas administraciones (municipios, comunidades autónomas, Estado central), que no es ni más ni menos que el "principio" de que la gestión privada de cualquier actividad económica de titularidad pública resulta siempre más eficiente, barata y equitativa que si la desempeñan las propias administraciones o instituciones públicas.

Este es un principio radicalmente falso, ya que no se sustenta en ley, argumento o experiencia que política, científica o moralmente puedan

5 Rechazado este artículo por *La Opinión*, encontró acogida en el digital *La Clave de Lorca*, 26 de marzo de 2014.

considerarse válidos, contrastables o universales. Se trata de un mito persistente en el liberalismo de siempre que, como otros mitos consustanciales con los planteamientos tradicionales conservadores, pretende convertir en categoría antropológica: para este liberalismo (como el del PP) así como al socialismo pegado a la práctica ordinaria de este liberalismo (como el del PSOE) la gestión pública, el funcionariado y hasta la vocación pública adolecen de una suerte de incompetencia genética, de desventajas comparativas indiscutibles, de incapacidad, en definitiva, de hacer las cosas bien.

Todo falso, ya digo, avieso y retorcido. En realidad, el liberalismo montaraz, que ataca infatigablemente todo lo público, realiza esta tarea histórica por una razón que es a la vez un objetivo: convertir en negocio privado lo que no debiera serlo (aunque, incluso, así lo prescriban las leyes), detraer de los recursos públicos de todo tipo cuanto pueda enriquecer a las élites político-económicas, sustituir en todo lo que sea posible la administración de bienes y recursos de naturaleza típica y rotundamente públicos, o comunes, con la obsesión del beneficio y sin detenerse ante prácticas de mero saqueo, tanto de recursos naturales como de recursos patrimoniales o incluso financieros. La acción erosiva de estos liberales en todo lo público no se detiene ante nada por "demostrar" ese escandaloso principio de la superioridad de lo privado sobre lo público, contribuyendo eficazmente al desprestigio de la gestión pública, bien con el acoso mediático, bien con el señuelo de ingresos providenciales para las administraciones, bien —como la realidad político-judicial de España nos muestra cada día— corrompiendo a funcionarios y políticos cuyo vínculo con la función pública es hipócrita, interesado o delictivo.

Desde este planteamiento general hemos de descender al análisis de la situación de la gestión municipal del agua en la Región de Murcia que vive, como la mayor parte de España, un acelerado proceso de privatización y de oligopolización de este servicio público (a manos de dos grandes grupos: Aguagest/Agbar y FCC), con la fórmula más habitual de la constitución de empresas mixtas, es decir, con mayoría leve, de un 51 por 100, del sector público municipal. Por supuesto que este proceso pretende justificarse con el manido argumento de la eficiencia de lo privado por contra a lo público, y por supuesto que los hechos nos muestran no sólo que esto no es así, sino que el resultado económico es desfavorable para los ciudadanos, con incrementos de tarifas que superan generalmente la evolución de la inflación. Más importante todavía es el recurso a prácticas contables, societarias y económicas en general que exceden y vulneran lo legal, creando un mundo de irregularidades, trampas y opacidades que están envilecimiento seriamente la vida municipal (pero que, afortunadamente, han acabado con la paciencia del ciudadano y se han de enfrentar, ya en este momento, a denuncias, resistencia y recursos).

Para resumir el papel que EMUASA desempeña en este cuadro de procacidades político-económicas, sería suficiente con reproducir el extenso, meticuloso y fundamentado escrito que acompaña a la demanda presentada en diciembre de 2012 por varios miembros de la asociación Ciudadanos por el Derecho a la Ciudad. Lo resumiré, necesariamente, destacando lo que consideran errores y fallos en cálculos que son esenciales para justificar la revisión (al alza) de las tarifas, como sucede con el "rendimiento técnico de la red" (que es del 76,4 por 100 y no del 94,6), el "consumo previsto" (que está en torno a los 140 litros diarios per cápita, y no a 195) y los "incrementos tarifarios medios" (que no son del 4,02 por 100, sino del 5,22 para la fracción más habitual, o media, correspondiente al consumo de 34 m^3 cada dos meses (la familia, por cierto, que consume 65 m^3, se verá favorecida con una reducción del 3,22 por 100).

Lo más inquietante es, sin embargo, la ausencia de cualquier análisis o fiscalización por parte municipal de los documentos que aportan los órganos directivos de EMUASA, ya que el "Informe" que emite un funcionario responsable de la jefatura de Infraestructuras se limita a "cortar y pegar" varios documentos redactados por la propia empresa, sin el menor desacuerdo o comentario. De esa forma, apartados esenciales dentro de la "Retribución de recursos propios", de 2,8 millones de euros, o "Gastos de personal", de 8,8 millones, quedan sin explicación, suscitando la sospecha de que en parte van destinados a incrementar los beneficios "legales" de 2,2 millones de euros, que son los correspondientes al 49 por 100 de la participación privada. Tampoco se informa sobre el destino del beneficio municipal, de 2,3 millones de euros, que va a engrosar el gasto corriente (práctica irregular tan generalizada como sorprendente). Los funcionarios municipales de Murcia se muestran incapaces de aportar el menor informe o la más mínima advertencia de ilegalidad, cuando tan claro está el Derecho administrativo a estos efectos: ni esos beneficios son legales ni lo es el control absoluto del socio minoritario sobre EMUASA; tampoco se oponen a que esta realice todas las obras relacionadas con el servicio según voluntad de Aquagest, que las contrata a las empresas de su grupo. Y es un desprecio insufrible que los representantes públicos de EMUASA carezcan sistemáticamente, en las reuniones decisivas, de información suficiente y precisa que justifique estas decisiones.

La "Operación Pokemón", destapada en Galicia el mes pasado, en la que se ha puesto de relieve la corrupción protagonizada por Aquagest comprando voluntades de políticos y funcionarios, subraya la importancia de que la ciudadanía abra una *causa general* contra las concesiones del servicio de aguas y las empresas mixtas con socios privados; y esto en nuestra Región debe iniciarse con Aquagest.

Cieza: atentado contra el padre Segura[6]

Ni aprenden ni escarmientan. Porque ni quieren aprender ni les importa el escándalo ni el castigo en las urnas, las condenas judiciales o, mucho menos, los daños irreparables al medio ambiente. Hablo del proyecto de Paseo Ribereño que, elaborado por la empresa pública del agua, ACUAMED (Ministerio de Agricultura) desarrolla el Ayuntamiento de Cieza cofinanciado con la Unión Europea, habiendo adjudicado las obras, por encomienda, a la también empresa pública TRAGSA (grupo SEPI), que se ha lanzado con toda la furia sobre el río y sus riberas porque las obras deben estar finalizadas el 31 de diciembre.

El convenio cerrado entre el Ayuntamiento de Cieza y ACUAMED presenta claros vicios de forma y fondo, con un espeso tinte prevaricador, ya que las obligaciones aceptadas por el primero comprometen seriamente las arcas municipales y, además, las cargan con obligaciones futuras (mantenimiento, proyectos adicionales, sobrecoste) que la corporación anterior (mayoría absoluta del PP) debiera haber rehusado y que la corporación salida de las elecciones de mayo debiera haber bloqueado, denunciado y llevado a los tribunales en su día, ya que atenta expresa y fervorosamente contra la economía municipal (sorprende la actitud del alcalde actual, que pretende eludir capacidades y responsabilidades atribuyendo todo a la iniciativa del Estado). Esas obligaciones, en gran medida innecesarias y que llevan el sello de esa venalidad financiera que con tanta profusión viene escandalizando a la Región, podrán acercarse al millón de euros (si no hay sorpresas), contando con el 20 por 100 de las obras, los intereses de un parcial, pero obligado, endeudamiento, y los "imprevistos" que el convenio adjudica al erario local. Inocultable resulta, pues, la pinta del caso: el saqueo del contribuyente.

---

6 *La Opinión*, 23 de octubre de 2015.

El proyecto pertenece, también, a ese género de ocurrencias que, so capa de necesidad (en este caso, el adecentamiento de las riberas del río), en realidad está orientado al beneficio de alguien que busca posteridad y brillo con una obra vistosa y cara que, ante el riesgo de que resultase inviable por el cambio político local, se decidió unos días antes de las elecciones de mayo, dejando a los siguientes el marrón, la hipoteca y las habituales sorpresas (que, como sabemos los murcianos, suelen traducirse en costes públicos de impacto demoledor).

Más los costes ambientales, porque parece mentira que todavía rijan obras brutales y antiecológicas, lesivas para el río y su complejo —a la vez que sagrado— ecosistema. Porque, contra los elementales y bien probados criterios ecológicos de actuación —siempre relacionados con obras mínimas, precisas y meditadas que generalmente resultan más útiles y capaces de mejorar situaciones alteradas— se siguen prefiriendo los proyectos espectaculares, caros y perturbadores. Se nos aparece una y otra vez el espíritu necrófilo de las peores ICONA e IRYDA, esta última especializada en arrasar ecosistemas fluviales y cuyo estilo sobrevive (por cierto, que el proyecto actual incluye playas fluviales artificiales, cuando las naturales ya fueron destruidas por obras de los años 1980).

Nos hayamos de nuevo ante esas empresas de proyectos, o constructoras, sin sensibilidad ni objetivos ambientales, y menos si pertenecen a ese entorno burocrático, productivista y socialmente ambiguo de las empresas públicas que al mismo tiempo son sociedades anónimas ("para dar agilidad en la gestión a las obras estatales", se ha dicho siempre como justificación del engendro, una trampa que las instituciones se hacen a sí mismas, y tan contentas). Vuelven a la carga esas empresas que, dedicadas al medio ambiente, derrochan incompetencia, brutalidad y hasta mala leche, cuya tecnología es sumaria y expeditiva, a base de maquinonas de alta eficacia económica que someten exitosamente a la naturaleza y la esterilizan, generando problemas tan innecesarios como bien conocidos.

Lo de menos —aunque no sea disculpable— es que no se haya elaborado estudio o declaración de impacto ambiental alguno, ya que la legislación de los últimos años (rácana con la protección, permisiva con los bárbaros) ha excluido de la necesidad de aplicar este instrumento mínimamente protector a obras de este tipo; porque lo realmente grave es lo que ahora mismo hace TRAGSA: destruir y maltratar la obra que el propio río desarrolla, con el tiempo, para su protección y la del entorno (incluyendo la ciudad de Cieza), y que esencialmente consiste en la vegetación de ribera, con el cañaveral y su complejo florístico, que no es sustituible por nada mejor. Mucho menos por esas escolleras, agresivas y que resumen, con el eslogan de "regenerar el río" o "sanear las riberas", una ideología brutal y analfabeta, destinada a crear problemas futuros ya que responden a un odio profundo a la naturaleza viva. La escollera y su superficie lisa nada tienen que ver con la irregularidad del cortejo de vegetación de ribera, que frena natural y eficazmente las avenidas y las (legítimas) salidas de tono del río, tan purificadoras.

Estas obras aniquilan, además, la memoria vital, familiar y colectiva de los ciudadanos, que se ven forzados a enfrentare a espectáculos sórdidos de demolición, arrasamiento y recreación de realidades nuevas, sin relación con el pasado y provocadoras de desolación e ira; que responden —dicen sus promotores— a necesidades nuevas, a "demandas ciudadanas" que hay que atender…

Tampoco podía faltar el acompañamiento de detalles de cepa escandalosa; como la actuación de Fernando Tamayo, hijo del exalcalde y él mismo exconcejal y —pista a seguir— exempleado de TRAGSA (la empresa adjudicataria, sin concurso, de estas obras nefandas), cuya labor de embaucamiento hacia buena parte de los vecinos a los que había que expropiar también ha resultado eficaz.

¿Por qué llaman modernización a lo que no es más que un expolio? El caso de los regadíos del Argos[7]

Un caso de libro, de ese *Libro Negro*, de tantas y tan apretadas páginas que recogen las ya tópicas vergüenzas de la gestión del agua en la Región de Murcia, es el caso de los regadíos del Argos, en Calasparra. El objetivo/pretexto, la modernización de regadíos; el objetivo/insidia, birlar el agua a sus legítimos usuarios; y la mecánica empleada, una conjunción urdida con las malas artes de la Confederación Hidrográfica del Segura (CHS), los apetitos insaciables de los modernos aguatenientes, el protagonismo de Navarro, el entonces alcalde calasparreño (un socialista de derechas, de los que pasman y escarnecen), más la intervención antisocial de los tribunales, necesaria para neutralizar la indignación y los derechos tradicionales, que también en este caso son sostenibles, ecológicos y éticos.

---

7 *elDiario.es*, 29 de enero de 2020.

Anotemos que —aunque la doctrina parda sobre el agua en los pagos murcianos no lo admitirá nunca— la llamada modernización de regadíos, dotada con créditos millonarios, es una farsa agrícola que, a impulsos de meros intereses codiciosos, resume varios elementos nocivos: el incremento sistemático del consumo de agua (siempre constatable), la expansión del regadío (en gran medida ilegal, según los usos y costumbres de nuestro agro), la sobreproducción de cosechas (con frecuente desperdicio, como vemos cada temporada), el canto a la eficiencia (que impide los retornos al río y debilita los acuíferos), más la venta y reventa de sobrantes, el endeudamiento de muchos regantes, que se ven obligados a huir hacia adelante, etcétera.

El caso que nos ocupa es, en efecto, el de los regadíos de Calasparra enmarcados en la Comunidad de Regantes de las Aguas Reguladas por el Embalse del río Argos (en adelante, CR Argos), que es una entidad creada en 1974 para coordinar los regadíos tradicionales existentes: siete heredamientos (seis en Calasparra y uno en Cehegín) y la Comunidad de Regantes de la Acequia Mayor de Calasparra. Y lo importante, el núcleo de esta crónica, es que esas entidades tradicionales, poseedoras reales de los derechos existentes sobre el agua (que no la CR Argos, entidad meramente administrativa creada *ad hoc* y *a posteriori*) rechazaron en su día, mayo de 2013, la modernización que se les proponía en una asamblea multitudinaria en la que 542 comuneros se impusieron a 242, sabiendo bien que una decisión afirmativa llevaría a su liquidación a medio plazo.

Lo que siguió forma la parte propiamente de maquinación, urdida arteramente para desmontar esa decisión soberana, abrumadora y vinculante. La constituyó una Asamblea General Extraordinaria de la mentada CR Argos, de septiembre de 2013 que, en un ambiente más parecido a una ocupación por las fuerzas de orden público que a un despliegue de protección de derechos, resultó en auténtica chapuza llena de irregularidades e ilegalidades (y asumida como resolución formal por la CHS, actora esencial también en esta saga expoliadora), lo que resultaba inevitable ya que se abría la vía de la "modernización" contra una decisión democrática y reglamentaria. Tamaño engendro, que dio la victoria a los "modernizadores", sólo podía prosperar, tras la demanda presentada por varios de los comuneros afectados, con la contribución de otra chapuza a destacar, la sentencia 940/2016, del TSJ de Murcia, de lo Contencioso-Administrativo que, en una redacción trivial e incompetente, daba la razón a los maniobreros pasando por alto, en definitiva, las irregularidades flagrantes. Una sentencia que, que para más inri y escarnio de la justicia murciana, lleva la firma del magistrado Mariano Espinosa, ese empresario del agua repetidamente señalado desde que, con ocasión del voraz incendio de Moratalla de 1994, y siendo sus propiedades parcialmente afectadas, se le atribuyera el desvío hacia la conversión de secano en regadío de subvenciones europeas destinadas a reforestar, erigiéndose desde entonces en uno de los personajes más y mejor identificados de ese *Libro Negro* arriba citado; pero de cuyas actividades Fiscalía y Juzgados prefieren no saber, consintiendo en que siga sentenciando en asuntos hidrológicos, en abierta e hiriente incompatibilidad personal.

Anotemos, sin embargo, que esa sentencia podía haber quedado sin efecto tras el recurso de casación interpuesto ante el Tribunal Supremo, que hacía trizas la lamentable y sesgada sentencia del juez Espinosa, en la que más se revelaba como un empresario interesado en la modernización de regadíos que como un ecuánime juez que se debe a la más rigurosa interpretación del Derecho. Una sentencia, por cierto, en la que subrayaba, con poca finura jurídica y menos elegancia cívica, su aversión hacia un heroico comunero litigante, señalándole "una larga litigiosidad y enfrentamientos" con la CR Argos (pero de cuyo recurso de casación trascendió que había producido inquietud y nerviosismo en los ámbitos afectados del TSJ). Pero la Alta instancia respondió con la inadmisión, garabateada en medio folio de alusiones formalistas en respuesta al argumentario rigurosamente expuesto en los 15 folios del recurso, que señalaba en detalle los defectos evidentes de la sentencia de Espinosa.

Esta decisión del Supremo bloqueó el procedimiento y condenó a los regadíos tradicionales, desafiando así la razón democrática, la ética jurídica y la sostenibilidad al prevalecer, en definitiva, los argumentos invasivos en una sentencia que nunca se debió consentir que redactara el mencionado juez. Las consecuencias son las que se temieron en su día ya que, al abandono y paulatina destrucción de las acequias antiguas por los tubos del goteo, y a los horarios inmisericordes atribuidos a los regantes resistentes, muchos de ellos de edad, se añade la "caza y apropiación" de tierras y derechos de agua por parte de empresas que acuden al olor del negocio (como la multinacional francesa Suez). Todo ello prueba de que el sistema depredador murciano actúa con éxito, humillando a las personas y al medio ambiente, y aportando nuevos episodios de insostenibilidad agraria y rapacidad institucional.

Ecologismo versus *"sistema murciano depredador"*[8]

Vengo sosteniendo que la más permanente y firme fuerza crítica en esta tierra murciana (y en otras muchas) es el ecologismo. Una fuerza crítica frente a los numerosos e implacables procesos de destrucción que desarrolla con frenesí una economía ciega, que destaca en la destrucción del campo y el mundo agrícola (físico y cultural) así como en la colonización turística más rapaz, las infraestructuras menos justificables, etcétera... Y plantea una recriminación permanente hacia las políticas públicas nefastas y las ideas estrambóticas que se originan y cunden desde instituciones y partidos. La experiencia histórica enseña que en esta tierra los procesos electorales hace tiempo que sólo barruntan empeoramiento adicional en lo ecológico, lo cultural y lo moral; la miseria política regional así lo constata.

Frente a los perfiles de este "sistema murciano depredador" que, a modo de conjunto perverso e interconectado, atenaza a la región desde hace décadas, el ecologismo que lo analiza se recompone y vigoriza, a tenor del endurecimiento de ese sistema enemigo, que es imaginativo en medios e insaciable en objetivos, y que se constituye en varios subsistemas entre los que destaca el del agro enloquecido.

Por supuesto que los subsistemas en primera línea del desmadre pertenecen a lo político y son el Gobierno regional y la Confederación Hidrográfica del Segura, entes desvergonzados que actúan de servidores del verdadero poder, el económico en general y el agrario en particular. El subsistema económico, por cierto, que comanda el procónsul Albarracín, no se corta un pelo y, aprovechándose de la extraordinaria indolencia y falta de pudor del poder político, impone sus criterios e intereses manipulando incluso la legislación regional. Es de admirar la entereza olímpica con que el subsistema político afronta las críticas: le da igual ocho que ochenta porque controla (o comparte) los resortes del poder y, así, su prevaricación exhibicionista trasiega, felizmente, por una impunidad dulce y segura.

No cabe duda de que el empecinamiento (la chulería, en realidad) con que estos tres subsistemas (político, económico, agrario) prosiguen la marcha hacia ninguna parte, se vería frenado si otros dos subsistemas, el

---

8 *La Opinión*, 21 de mayo de 2019.

policial-represor y el judicial-castigador cumplieran adecuadamente con sus funciones y deberes; y no es el caso.

Dejo al subsistema policial para otro día, mientras se produce la captura del depredador de Calnegre (que ya va siendo hora) y la denuncia de los roturadores piratas que se enseñorean de nuestra tierra de norte a sur y de este a oeste, para aludir al judicial, ese subsistema que, actuando poco, tarde y tantas veces mal, da lugar a que prosperen las insidias de los anteriores. Veremos si este subsistema, administrador formal de la Ley, supera las pruebas a que lo someten los crímenes del Mar Menor, y se ven los resultados. De la indiferencia judicial ante el encanallamiento del agro y del agua deduzco que, en ese mundo tan poco transparente, impera la idea de la división de poderes, que a mí me sabe a tierna canción de cuna (y en la que no creí ni cuando estudiaba *El espíritu de las leyes* de Montesquieu o, más interesante todavía, la *Ética* de Aristóteles).

No hay verdadero —autónomo— tercer poder, y el que así se considera carece de virtualidad a la hora de los hechos ya que, al menos en la realidad española (y no digamos, la murciana), es el poder político, aun subsidiario, el que se impone a los demás. En cualquier caso, separación de poderes no significa desentendimiento y si, como sucede en nuestra tierra, el poder político delinque, se mofa de la ley y amenaza el futuro, los jueces tienen que intervenir, aunque no se lo pidan los fiscales ni les lleguen demandas, con el intermedio letrado, de los ciudadanos más airados. Si el subsistema judicial sólo está para actuar cuando se le fuerza y ya las cosas no tienen remedio, apaga y vámonos: ni representa un tercer poder, libre y responsable, ni cumple con su misión social, sino que vegeta (eso sí, en un jardín animado, selecto y elevado, ajeno y alejado, de oropeles, togas y puñetas).

El ecologismo se sitúa fuera de ese "sistema murciano depredador", y lo combate. Y debido a su larga experiencia, espera bien poco de las instituciones (en especial, las político-administrativas), que son incrédulas, herejes y saboteadoras de toda acción o preocupación ambientales. Pero como también adolece de debilidades y contradicciones, deberá someterse a prueba cuando, una vez recompuestas las instituciones poselectorales, se le pida colaborar en abstrusos consejos asesores y comisiones-trampa de las que siempre se acaba saliendo trasquilados y en ridículo.

Y en relación con los compromisos científico-políticos, es de esperar que el subsistema universitario marque las distancias con los subsistemas de índole depredadora; por ejemplo, reconsiderando esa colaboración, llena de asechanzas, marcada por las cátedras Universidad-Empresa (como alguna que vincula a la Politécnica de Cartagena con los sindicatos de regantes, que buscan financiar el respaldo "científico" a las iniquidades de un agro insostenible). Una creación neoliberal por la que se privatiza la enseñanza pública con la intención declarada de desviar el conocimiento hacia los intereses de empresa, itinerario por el que no está llamada la universidad pública, cuya misión es formar y sensibilizar a los alumnos, críticamente, en las necesidades sociales y las exigencias del interés público. (*Fora l' empresa de l'universitat*, reclamaba una pancarta de los alumnos en el hall de la Pompeu Fabra, cuando estuve invitado hace unos meses. Me encantó.)

El movimiento ecologista, la sociedad civil reivindicativa y los partidos insatisfechos deberán plantearse, tras sesuda reflexión (del tipo de dos por dos, son cuatro), pedir al poder central un 155 *ad hoc* contra esta autonomía secuestrada y envilecida, y que se pueda intervenir, para sanearlos, en algunos subsistemas del conglomerado depredador.

Por un 155 para el agrocantón murciano, cutre y sedicioso[9]

Lo de Murcia —una región a la que se viene señalando como región fallida, en razón singularmente de las fechorías de un poder agrario dominante e intratable— va alcanzando cotas de escándalo de difícil parangón. Faltaba, para adornar y redondear el desmadre agrario, consustancial con las políticas regionales, permisivas y delicuescentes de las últimas décadas, la irrupción cavernícola de las huestes de Vox que, con un porcentaje del 28 por 100 conseguido en la región en las últimas elecciones (récord nacional, con el récord municipal de Torre Pacheco, 38 por 100), en pocos meses se han retratado como machistas inveterados, racistas sin disimulo y grotescos analfabetos ambientales, hundiendo a la región en la desolación y el sonrojo. Convertidos en fuerza decisoria regional, ya que permiten al PP y a Ciudadanos dirigir la política autonómica, sus excentricidades ultras nos han regalado ese último florón del "pin parental", que amenaza con encadenar un insulto tras otro.

No es sin embargo este exabrupto (de franquistas remodelados) llegado desde el gobierno murciano lo que más debe preocupar ya que, a fuer

---

9 *cuartopoder.es*, 24 de enero de 2020.

de soez, deberá ser rápidamente fulminado por el gobierno central, sino la situación agro-ambiental, que desde estas páginas venimos describiendo y que va aumentando de gravedad según evolucionan las consecuencias del envenenamiento del Mar Menor, porque tanto las entidades agrarias como el gobierno regional persisten en eludir sus responsabilidades y en mantener el rodillo depredador de una agricultura de saqueo.

En la ideología y la práctica de la autoridad regional actúa una rebelión decidida contra toda norma de protección ambiental, tanto si viene de Madrid como si es elaborada por ella misma, dado el cariz que invariablemente adquiere: un articulado frívolo y tramposo que, redactado deprisa y corriendo, entra de lleno en la categoría de los textos inútiles e incompetentes, saturados de espíritu negacionista y (sobre todo) exculpador, con el objetivo, siempre, de garantizar la impunidad de los culpables directos e indirectos. Este es el caso del recientemente aprobado decreto-ley de Protección Integral de Mar Menor, última norma de la serie iniciada tras alcanzar esta laguna marina el colapso biológico: un texto criticado, por insuficiente y ambiguo, por todos los sectores proteccionistas, pero que ha sido consensuado con los principales responsables del crimen (agricultores del Campo de Cartagena, en primer lugar) y que carece de garantías de cumplimiento, siendo este el más serio problema regional: el menosprecio libre y general de toda la normativa agro-ambiental.

En este marco desesperante, el presidente regional, Fernando López Miras, ampara al gremio agrario repitiendo una y otra vea que "No hay que buscar culpables" o, más aviesamente, "El Estado es el culpable y, en cualquier caso, debe pagar la recuperación de la laguna". Y así resume la firme postura de un gobierno regional pelele, enteramente en manos del poder agrario e incapaz, por ejemplo, de parar obras agrícolas ilegales a las que incluso denuncia, sin la menor voluntad de actuar como debe y con los medios de que dispone; y que pretende ignorar que es la copiosa legislación autonómica protectora, existente desde hace tiempo, la que él mismo burla diaria y fervientemente, protegiendo expresamente a los infractores.

En perfecta sintonía con el poder político regional, marca la pauta y la ideología depredadora el Sindicato Central de Regantes del Trasvase Tajo-Segura, elemento principal del poderoso *lobby* que impone el poder agrario en una región exhausta. Al frente, Lucas Jiménez, su cabeza visible, que se arroga un derecho eterno e intocable sobre las aguas del Alto Tajo, que es el argumento con el que, un día sí y otro también, pide, exige advierte y amenaza, dirigiendo sus dardos al gobierno de Madrid y su mirada torva y obsesiva al medio ambiente murciano. Todo esto, sin cuidar la disciplina interna, consintiendo, cuando no estimulando, la ampliación de regadíos (ilegales) y el aumento en el consumo de agua, anunciando acciones judiciales contra el gobierno de Madrid si no llega a sus regantes el agua que exigen.

Todo esto convierte en un problema nacional —político, agrario y ambiental— el caso murciano. Debido a esta actitud y a estas despolíticas, no es de esperar que algo positivo y serio ocurra en relación con el estado del Mar Menor (ni en la prevención de las inundaciones, que serán progresivamente más duras y repetitivas). Y también se da por seguro que el gobierno murciano se convierta en "objetor" de las medidas que, a favor del clima y de la transición ecológica, haya de adoptar el nuevo gobierno central; su hostilidad hacia las primeras medidas que sobre el problema del Mar Menor se han adoptado desde Madrid, subraya una insumisión necia y radical, haciendo cada día un poco más insostenible la región, no sólo al impedir el castigo merecido sino también amenazando y desafiando a quienes lo critican y ponen en evidencia.

Este caso (el de la insumisión murciana) invita a pensar en que también por motivos ecológico-ambientales debe darse cauce a la aplicación del intervencionismo del Estado (artículo 155 de la Constitución), si es que nos vamos a tomar en serio la crisis climática y sus innumerables y graves consecuencias; así como una modificación de la redacción del artículo 45, de protección del medio ambiente, incluyendo su grave alteración autonómico-institucional entre las previsiones de aplicación del 155.

Mientras tanto, y para frenar la deriva cutre y sediciosa del gobierno murciano y de la situación agro-ambiental de la región, el nuevo gobierno de Madrid deberá actuar rápido y con ejemplaridad. En primer lugar, destituyendo a los actuales responsables de la Confederación Hidrográfica del Segura, así como de la Comisaría de Aguas correspondiente que, siendo instituciones del Estado, constituyen en general un nido de prevaricadores que manejan una potente maquinaria de consolidación de ilegalidades y consentidora de fechorías sin cuento contra el territorio, las aguas, los cauces, los acuíferos y la dignidad de la Cuenca del Segura; esta renovación ejecutiva debe ir acompañada de una investigación administrativa exhaustiva sobre sus prácticas y trayectoria desde 1985 y la nueva Ley de Aguas.

En segundo lugar, el gobierno de Madrid debe denunciar al gobierno murciano por prevaricación, desobediencia y deslealtad, en relación con la política de agua y regadíos. En tercer lugar, se debe investigar y aclarar el porqué de la llamativa inutilidad agro-ambiental de las fuerzas de la Guardia civil (SEPRONA), así como de las diversas guarderías (fluvial, costas, forestal), con el resultado de una impunidad generalizada en el ámbito del delito ecológico e hidrológico. Además, se deberá nombrar un Fiscal especial para los delitos del agro y el medio ambiente en esta región sin ley, retomando la investigación que en su día realizó el fiscal Emilio Valerio desde Madrid, y que fue sofocada por la mala voluntad de las instancias judiciales murcianas; vendría muy bien, a este respecto, un Juzgado especial sobre delitos ambientales en el TSJ de la Región de Murcia. A ambos, al Fiscal especial y al Juzgado *ad hoc*, se les habrá de señalar expresamente la obligación de oír y documentarse ante las organizaciones civiles murcianas (especialmente, las ecologistas y las plataformas de defensa del agua), únicas entidades que a lo largo del tiempo se han opuesto a este interminable proceso de destrucción ambiental y de burla de la ley.

De un fascismo rampante en el agrocantón murciano (La violencia, producto de la ignorancia, la codicia y la manipulación[10])

Llegábanme, casi en tiempo real y como a todo el mundo, las noticias del asalto al Pleno municipal de Lorca por una turba desalmada, con los gritos y amenazas tan escuchados y bien conocidos desde hace años en esta tierra pecadora, y me dije: ¡claro! Porque el espectáculo me era tan familiar que paré en seco mi pasmado mecer (y su telúrico runrún) para mejor enumerar los episodios de violencia a la murciana que bullían en mi mente, y encontrarme con que, tan lejos en el tiempo como 43 años atrás, ¡ya había sufrido yo uno de ellos!

Recordé, en efecto, aquella tarde de abril de 1979 cuando, dando una charla con mi amigo Paco Blázquez en Águilas sobre "El puerto deportivo y la situación de nuestro litoral", en la pista municipal de baile al aire libre, junto al mar, me vi interrumpido por un grupo de asistentes que gritaba, me insultaba y me amenazaba. Eran gente de la mar, que venía siendo cortejada por el Club Náutico, promotor del puerto deportivo (al que nos oponíamos por pretender instalarse en la playa urbana de Levante y por saltarse la Ley del Suelo y la de Costas), con la promesa de que sus bar-

---

10 *elsalto.es*, 23 de febrero de 2022.

cos podrían atracar en los nuevos muelles, tratando así de neutralizar la oposición de un sector que hubiera podido frenar en seco la aborrecida instalación, pero que se dejó engatusar por esas mentiras.

Del tumulto y el agobio, el grito de guerra que mejor recuerdo era "al agua con él", que es el equivalente mediterráneo del muy celtibérico "al pilón", utilizado por siglos en la España interior, e igualmente expeditivo. Me defendieron mis amigos, que también me informaron de que esos exaltados, visiblemente alterados por el alcohol, habían sido vistos en un bar cercano junto a dos miembros de la directiva del Club, de lo que dedujimos que habían sido "calentados" para boicotear el acto. La continuación fue calamitosa para mí (no para los bronquistas o los manipuladores) ya que, con gran ingenuidad por mi parte, me atreví a esperar de la justicia que actuara contra la agresión, procediendo a denunciar como instigadores a esos directivos; lo que acabó volviéndose contra mí, ya que aquellos a los que señalé pudieron acusarme por "denuncia falsa", lo que recuerdo muy bien que deleitó a ciertos miembros del poder judicial en Águilas y Lorca, que no encontraron pruebas fehacientes de mi denuncia. Pero aquel episodio tuvo para mí una enseñanza impagable a consecuencia del cara a cara que tuve con el fiscal de Lorca, José Martínez Blanco, que tras mi declaración tuvo a bien pedir, con éxito, mi procesamiento, lo que llevé con un temple impropio de mi inexperiencia (Cuando 32 años después, el Tribunal Supremo me libró —con nota: la sentencia es preciosa— de la segunda y más grave acometida con que me distinguió ese mismo fiscal por un motivo que es cosa para contar en otro momento, mi satisfacción fue tan inmensa como legítima).

También recordé cuando, en 1992, otra turba, constituida esta vez de trabajadores de los astilleros cartageneros de la Bazán, incendió la sede de la Asamblea Regional de resultas de su cabreo por la reestructuración de la plantilla. No mucho tiempo después, otra turba, surgida de entre los agricultores de la Marina de Cope, agredieron al concejal aguileño de IU, Antonio del Campo, enfrentados a la declaración del Parque Natural en esa zona, que consideraban lesiva para sus intereses. El líder de esa agresión, el distinguido miembro de ASAJA, José Martínez, se me ha encarado más de una vez en los años siguientes, siempre con ocasión de algún acto en defensa ambiental de la Marina, pero siempre con su coro de vociferantes (mi ínclito Pepe, que se sabe más bajito que yo, se muestra más cauto de tú a tú).

Total, que lo de Lorca se inscribe en una acrisolada tradición murciana —cuando un gentío-turba vociferante lo cree conveniente— de tirar por la calle de en medio y arramblar con lo que se ponga por delante, siempre con floreado acompañamiento de insultos, amenazas y, si hace al caso, agresiones.

A esta violencia ha contribuido —a más de la ignorancia manipulada, la codicia del beneficio rápido y la prepotencia de los instigadores— la tolerancia de las fuerzas del orden y la impasibilidad de la Fiscalía, que con su actitud han ido dando pábulo a la generalización de un estilo que hace mucho tiempo ha inundado, con marea creciente, el agro murciano: la intimidación y la amenaza con que se acompaña a la violación sistemática de leyes y normativas tratando de encubrirlas, que adquieren cada día mayor fuerza por la impunidad con que campean.

Así que esto es lo primero a destacar del bochorno que la mayoría de los murcianos hemos sentido con esta última movida y con las anteriores y futuras: que quienes tienen que frenar y castigar esta violencia, cuyo grado aumenta y su extensión inquieta, se comportan, en alto grado, con miedo o indiferencia, y esto no es aceptable.

Sombras visibles del abuso y el mangoneo

Asumiendo la hipótesis —plausible, constatable, repetitiva— de que, tanto en sus manifestaciones reivindicativas como en los actos de violencia que las siguen o trastocan, nuestra gente del campo murciano sufre de un evidente grado de manipulación, procede entrar a analizar el papel, o la imagen pública, de ciertos representantes de este mundo agrario, especialmente los más cercanos a los pasados incidentes. Diremos, como artificio literario, que se trata de *sombras* que se ciernen sobre este desmadre de evolución tan peligrosa, aunque sean bien corpóreas.

Las primeras de estas sombras, con nombres y apellidos, vistas y comprobadas, corresponden a esos concejales de Lorca, del PP y de Vox, presentes en la reunión del viernes anterior a los hechos, preparatoria de la manifestación del lunes 31 de enero, al parecer auto invitados, ya que las organizaciones agrarias han dicho no haberlo hecho. Se trata de los dos partidos que controlan la vida política de la región y, como tales, responsables del papel sonrojante que nuestra tierra desempeña frente al país entero. Destacaré solamente a Fulgencio Gil, al que le gusta hacerse vídeos arengando a la/su gente al jaleo y siempre aludiendo a lo mal que lo hace todo el actual alcalde de Lorca, al que precedió en el Consistorio (sin ser elegido) y al que quiere, obsesivamente, suceder el año que viene. Este personaje habla mal por costumbre, con ramplonería y, casi peor, con incontinencia; también lo he visto en el Ramonete haciendo lo mismo, pero esta vez añadiendo el toque xenófobo propio de la oposición a la ubicación de la mezquita en el núcleo urbano de esa pedanía.

Otra de estas sombras que se ciernen sobre esta confabulación contra la legalidad no tiene nada de sombra porque aparece en primera fila de la turba atacante, presionando el cordón protector policial para entrar en los locales del Pleno: Fernando Francés, empresario de muy rápido ascenso en poder, propiedades y negocio en las pedanías altas lorquinas, y al que este mismo cronista ya ha acusado de apropiarse del río Turrilla[11], para abrevar sus granjas porcinas del entorno, entre otras trapacerías. El señor Francés tiene el mérito —haya manipulado o no a los violentos— de haber participado personalmente en el asalto, lo que las autoridades policiales y judiciales deben añadir a la denuncia penal que ya se le lanzó por lo del río saqueado.

No tengo más remedio, por coherencia temática, citar a otro empresario porcino, más potente todavía que el anterior, que es Juan Jiménez, presente tanto en Lorca como en Caravaca, al que parece importarle bien poco la cantidad creciente de irregularidades que va acumulando en sus múltiples instalaciones, en las que no falta el misterioso abastecimiento de agua de varias de sus granjas, unos recursos que no constan registrados oficialmente. Su influencia sobre las voluntades de los alcaldes de su feudo porcino, el de Caravaca en particular, se confirma cada día.

También en la sombra, por decir algo, queda el imperio porcino por antonomasia, el de El Pozo alhameño, con su filial CEFUSA, que sigue marcando la pauta en el Sureste geográfico, figurando en el origen del negocio masivo y perturbador, así como en la perspectiva segura de la burbuja inevitable. Todas estas empresas, de crecimiento tan feroz en los últimos años como demoledor ha sido su impacto ambiental, abusan de los pequeños y medianos ganaderos imponiendo el método de la "integración", es decir, suministrando crías y materia prima y haciendo de clientes para el producto, ya engordado; pero se quitan de encima la responsabilidad financiera y ambiental, que recae en los pequeños (a los que, como vemos, no se les ocurre dirigir su acción reivindicativa contra esas firmas que los acogotan).

Ahora tengo que señalar a Antonio Ibarra, del que supe cuando visitaba los desmanes porcinos en el término de Lorca porque, siendo ase-

---

11 Véase el artículo "Pedanías altas de Lorca: devastación física, política y moral", en el capítulo 3.

sor de las organizaciones ganaderas, se reconoce que lleva la batuta en este tema como gran conseguidor de proyectos de granjas porcinas en el municipio. He oído su cháchara exculpatoria sobre los "hechos del 31" y me ha parecido un muy poco hábil discursero. Se trata de un personaje ambicioso, recientemente alzado como vicepresidente de la Comunidad de Regantes de Lorca, del que merece la pena seguir con atención su itinerario porcino.

El elenco de sombras que sobrevuelan los incidentes y calientan la situación es amplio, ya lo creo. Tendría que incluir aquí a ciertos líderes de las organizaciones agrarias, como UPA, o al presidente de ADESPOLOR-CA, Francisco Román, que le echa la culpa del tumulto... a un concejal de IU, lo que tiene su mérito y califica al personaje. Porque al consejero autonómico de Agua, Agricultura, etcétera, Antonio Luengo, prodigio de frivolidad e incompetencia, prefiero saltármelo por esta vez: su papel ante el poder agrario es de objeto sometido y manipulado, así que no alcanza a figurar en el listado de las sombras agitadoras (sino de las lacayas).

El agrofascismo murciano, un problema para la España democrática

He dejado para el final a una sombra especial, que es la del actual delegado del Gobierno en Murcia, José Vélez, y líder del PSOE regional, ya que su papel en este despropósito ha sido esencial, como primer responsable: ¿a quién se le ocurre consentir una marcha, presumiblemente violenta y en cualquier caso intimidatoria, que tiene como objeto impedir que tengan lugar las decisiones soberanas, legales y democráticas de un Pleno municipal?

De su idea de la legalidad en general, de su sensibilidad ambiental y su sentido de la representación del Estado da la primera reacción que tuvo cuando supo que el SEPRONA (de la Guardia Civil, fuerza del orden supuestamente a sus órdenes) denunciaba a los contaminadores de la parafina antiheladas, dedicados una temporada más a envenenar la atmósfera de todos para salvar las cosechas de su propiedad, en los muy artificiosos frutales de Cieza-Abarán, poco menos que garantizándoles (a los contaminadores) que exigiría a la Guardia Civil... no sé qué explicaciones. Así que, en este ascenso ultra de la violencia agraria habrá que vérselas, también, con este Vélez, un aliado del campo insumiso y depredador, a la vez que un socialista que —deduzco por lo que sé— podrá fácilmente hundir (más) al PSOE murciano.

Insistiremos, pues, en todo lo que de negativo y tenebroso nos muestran los "hechos del 31", sin dejar de establecer que ese grito de los asaltantes del Pleno, de "Que no nos toquen a nuestros bolsillos y al pan de nuestros hijos" ni vale ni es de recibo: la legalidad urbanística, ambiental y general está por encima de bolsillos y retoños, como exige una democracia y un Estado de derecho, así que vayan mudando de consigna los que quieren justificar su violencia con chorradas (y no se deje impresionar el señor Vélez por estos eslóganes verbales, que tan directamente remiten a ignorancia, codicia y manipulación).

En la historia de los fascismos europeos figura siempre, en su inicio, la bronca, la violencia intimidatoria y el discurso prometedor que oculta intenciones y manipula cerebros. Nuestro fascismo actual, el de Vox, constituye una variedad nostálgica del franquismo ideológico y toda su carga reaccionaria hacia la Iglesia, la monarquía o los nacionalismos… Un fascismo que aprovecha, para su impulso, los fallos de la democracia, entre los que han figurado la tibieza de las fuerzas políticas mayoritarias, los socialistas en este caso, más el complejo de los conservadores, nuestro PP, ante la ultraderecha; así como la tolerancia de las fuerzas policiales y judiciales, intrínsecamente conservadoras que por lo que respecta al medio ambiente muestran una y otra vez su falta de interés y comprensión, actuando con vigor sólo tras los escándalos que las cuestionan, pero eludiendo la tensión permanente necesaria.

Tampoco nuestros alcaldes cumplen, mirando para otro lado cuando las ilegalidades se instalan y extienden en sus municipios. Tanto si son populares como si son socialistas, creen que su electorado depende de este grupo social del campo y, además, muestran su miedo a esos agricultores y ganaderos que hace tiempo han optado por la violencia cuando algo no les gusta, y no se atienen ni a razones ambientales o sociales ni al imperio de la ley: vociferan exigiendo que se les respete su "derecho" a violar unas y otras. Y no. Los alcaldes poseen, también en materia porcina, poderes suficientes para impedir los desmanes y para imponer el orden debido, asistiéndoles la legislación del suelo y la ambiental. Si han dado lugar a la situación actual, insostenible y vergonzosa, ha sido por miedo, complicidad o dejadez. Y no es de recibo que el alcalde de Lorca, tras el ataque de la chusma, paralice la moción ya acordada y se "reúna con las partes", sino que proceda a celebrar el Pleno boicoteado, sin más;

y después, que se reúna con esas partes, que es su obligación, pero una vez que se establezca la primacía de la ley y el orden democráticos.

Quede claro que este fascismo rampante en la Región de Murcia se basa y origina en el destrozo general del medio ambiente, incurriendo este agropoder tan nítido, en el acoso programado, sistemático y continuado contra el territorio, las aguas y la salud. De ahí la urgencia de que la Fiscalía General del Estado nombre un Fiscal especial para los delitos contra el medio ambiente y el territorio en esta región, dado que la justicia murciana no funciona como debiera, singularmente en los asuntos ambientales, en los que se emplea con notable torpeza y desgana. Ya hubo un fiscal encargado desde Madrid para poner orden en los escándalos del agua, pero no pudo con las corazas múltiples que protegen al agropoder murciano, y fue aniquilado alevosamente. En este segundo intento nos va algo más que la decencia de la justicia.

(Pues sí, rumiaba yo, tratando de concluir tras escribir todo esto: la destrucción ambiental de la tierra lleva al fascismo político, y eso estaba cantado.)

Cazadores: primitivismo depredador improcedente[12]

Debo dejar bien establecidos mi escasa comprensión y nulo aprecio hacia el acto de matar a un animal silvestre y libre, así como mi horror al imaginarme la sensibilidad personal y ecológica de quien tan violentamente expresa sus gustos. Estas sensaciones negativas se añaden al hecho de que la fauna salvaje se encuentra, en general, en una situación más delicada y frágil que, digamos, hace unas décadas, por lo que hay que reglamentar la caza con urgencia, eficacia y sentido restrictivo.

Me han animado a opinar sobre esto unas declaraciones del penta consejero murciano (agua, agricultura, ganadería, pesca, medio ambiente) Antonio Luengo, que siempre me sirve de fuente de inspiración y nunca me deja insensible, dado su potente pensamiento ambiental y la claridad con que lo expresa. Tampoco desperdicia la menor ocasión para chapotear en cualquier ciénaga que le sale al paso, como ha sido últimamente la de la caza, reivindicándose una vez más como el más alto servidor de todas las formas de depredación ambiental.

En estos días Luengo ha expresado su adhesión, fervor y admiración hacia el colectivo de los cazadores de la Región, erigiéndose en singular

---

12 *elDiario.es*, 23 de marzo de 2022.

agente cinegético y dejándonos "perlas" sin precio de la audacia y luminosidad con que enjuicia los temas ambientales murcianos. No hay más remedio que comentarlos, empezando por su convicción de que, simplemente, lo que él persigue con sus magníficas relaciones con los cazadores es "incrementar el valor ecológico de la Región" que, como sabemos, es una preocupación que debe perturbar las más de sus noches. Y como de su minucioso conocimiento sobre los defensores de la naturaleza debe deducirse, con sus negociaciones con los cazadores pretende, ni más ni menos, "apostar por los verdaderamente interesados en la ecología", no por esos ecologistas indeseables que —se supone— quieren cortarle el paso y la inspiración.

La tercera joya que nos ha mostrado, inscrita ésta en la tradición liberal de los recortes públicos, es que la ayuda que los cazadores van a prestar a la Región con su adhesión a la política ambiental contribuirá al "ahorro de recursos públicos", ya que planea conferirles un significado papel en la conservación de nuestra naturaleza. O sea, que sustituirán a ese personal funcionarial de la guardería ambiental ya bastante disminuido, lo que nadie dudará que es un hallazgo ecopolítico genial.

Pero, inflamado de adhesión a la causa cinegética y tan convencido de su potencial como ocio educativo, Luengo se propone "acercar este deporte a las aulas", una decisión revolucionaria que sólo ecologistas redomados podrán asimilar a perversión de menores, apelando sin duda a que el uso de las armas carece de cualquier valor pedagógico (En cualquier caso, y si es que persevera este Luengo en su ocurrencia, ¡oído fiscales!).

Coincidiendo con estas preclaras declaraciones del consejero de marras, me ha horrorizado un vídeo, enviado por unos amigos de la Serranía de Cuenca, que recoge la arenga de un fascistón, vocinglero y malencarado, lanzando sus diatribas contra el gobierno y los ecologistas, a los que señala como principales enemigos de sus aficiones escopeteras. Tanto sus voces, que no discurso, como su atuendo, claramente militaroide, lo situaban con todo rigor en ese *look* típico, violento y ultra. Un vídeo que he visto superado —en el tono fascistoide, en el insulto y en la amenaza— por otro, proveniente de la populosa manifestación del 20 de marzo en Madrid y protagonizado por Manuel Gallardo, presidente de las Federaciones de Caza: véanlo, véanlo.

Que la caza constituya deporte es algo difícilmente aceptable ya que la violencia contra personas, animales o cosas nunca podrá ser así considerada (ni, por cierto, la refinada crueldad empleada en el toreo puede tomarse por ese arte que tanta gente culta, y hasta encantadora, ve como sublime: será de su gusto y llegará a emocionarla, pero ahí, o no hay arte o lo que aprecian es su corrupción). Que los cazadores se arroguen el papel de "reguladores de la caza" es un manido mito que no tiene ninguna gracia, pero que realimentan entre ellos y llegan a creérselo (el consejero Luengo también se lo cree, y con entusiasmo). Son los agentes medioambientales los llamados a realizar esa regulación, matando por obligación, científica y compasivamente... lo que no corresponde a aficionados sin formación (y menos si se trata de monteros compulsivos).

A los cazadores, imposibles reguladores pero fervorosos deportistas al aire libre, hay que dotarlos de canchas de tiro al plato, con cafetería bien provista para sus legendarios y pantagruélicos almuerzos con los que certifican el carácter eminentemente deportivo de sus cacerías; y fuera de los caminos transitados. Y habrá que reeducarlos para que refrenen esa herencia primitiva que todos llevamos dentro, y puedan perder así todo gusto por matar a ninguna especie silvestre y libre.

Lo del campo: del crimen ecológico al suicidio socioeconómico (pasando por el virus ultra)[13]

En realidad, nuestro campo debiera mirarse a sí mismo y reflexionar bien y rápido. Los tiempos son de crisis ecológica generalizada, y en este trance el agro es un importantísimo contribuyente a la terrible desolación ambiental y a la pobreza a término: es todo el modelo agrario el que ha de transformarse, con la vigorosa intervención del Estado y el abandono de muchos de los "principios esenciales" de la economía liberal, en primer lugar, la obsesión exportadora (con la "vuelta hacia dentro" de lo esencial de la producción de nuestro campo).

No puede aceptarse que el agro actual se rija por un modelo que se empeña en ser dominante y exclusivo, negándose a reconocer que no tiene salida por esa vía: los manifestantes del 20 de marzo en Madrid tienen que pensar y actuar, tomándose muy en serio que ni son viables ni tienen futuro. Y si persisten en llevar su protesta hacia donde no es posible ya que obtengan la respuesta que exigen, si no vuelven sus sentidos hacia las producciones ecológico-tradicionales, si no recuperan la sabiduría de

---

13 *elsalto.es*, 29 de marzo de 2022.

sus (y nuestros) mayores, si no se rebelan contra los empresarios logreros y los exportadores sin escrúpulo (que exigen siempre mayor competitividad y mayor cuota en los mercados extranjeros), llevarán al país a muy serias encerronas. Por eso, el campo es cada día más cosa de todos, y hay que señalar a sus principales protagonistas que llevan muy mal camino, implicándonos a todos en sus errores y obsesiones.

En la melé de la protesta, da la sensación de que la mayoría de los participantes se creen que los problemas del campo afectan a todos por igual: empresarios grandes o pequeños, firmas exportadoras, organizaciones profesionales, sindicatos de regantes, autónomos y asalariados... y no. Esta falta de distinción y diferenciación entre clases, niveles y roles económico-financieros impide que se levante una verdadera reivindicación, que está ausente totalmente de los eslóganes y el "carnet de quejas" de los manifestantes: una reacción verdaderamente política y ecológica, que acuda a cambiar radicalmente el modelo productivo. Si no surge desde el campo esa necesaria corriente transformadora, reivindicativa de verdad y alzada contra la situación generalizada de abusos y depredaciones, con enriquecimientos ilegítimos y pobreza rampante, poco podrá hacer la ciudadanía entera, tan afectada y alarmada por la mala marcha de las cosas.

El campo agoniza, también políticamente, porque los capitales y las técnicas, ferozmente intensivas, se recrean en el crimen ecológico y la muerte agronómica; y esto, que culpabiliza a nuestra gente del agro, no obtiene más salida que la rabia, la violencia y la desesperación. En este momento, en el campo español sólo tenemos de positivo los esfuerzos de numerosos grupos y entidades que se empeñan en mantener —o más bien regresar a— la agricultura civilizada, ecológica, familiar, nutritiva y socialmente cohesionadora; pero la asfixia de la agricultura *negra* (y la ganadería *parda*) vienen impulsando la rabia ultra en una medida alarmante.

Se impone la revisión total de objetivos, con planificación estricta por los poderes públicos y obligación especial del Estado de planificar la estrategia alimentaria (no dejando a los intereses privados medrar en mercados internacionales, descuidando al país), sobre estas premisas:

- son las políticas industrialistas (originadas nada menos que en La Revolución Industrial) las que han ido arrinconando el campo económica, social y políticamente.
- es la depredación sistemática, de tipo industrialista, lo que humilla y arruina al campo, agotando con avaricia una fertilidad casi impo-

sible de reponer. Se considera que el principio de los "rendimientos decrecientes" puede burlarse con tecnología y agresión al medio natural, lo que es una estupidez

• es el desprecio a los límites, tanto ambientales como tecno-económicos, la ceguera y la obsesión por la rentabilidad y el beneficio empresarial lo que, en realidad, ya no pueden continuar bajo este sistema y este modelo, siendo los resultados empresariales el efecto de un crimen contra la tierra, la vida y el trabajo humano, ya que se ignoran los costes ambientales

• es la ausencia de un verdadero movimiento reivindicativo la auténtica y más profunda catástrofe del agro español. Que sea tanto político como ecológico, que remueva nuestros campos y nos recuerde las luchas de otros tiempos, eminentemente sociales, que ahora han de ser, también, ambientales. Porque esas siglas ASAJA, UPA, COAG, creadas para salvaguardar al medio rural y sus gentes, son ya espectros y funámbulos del agro español, enganchadas al sistema y encaminadas por la reacción y la bronca.

Por su parte, la PAC comunitaria, ideología perversa y engañosa, no ha hecho más que malear nuestra tierra, con sus pobladores, llevándolos a una encerrona de la que ya es muy difícil escapar. La vigencia y aplicación de la PAC ha reducido a mínimos la población activa agraria, y sigue haciéndolo ya que pretende que la restante sea productivista y competitiva, que es lo que lleva al abandono y la desertización social. Hay que dudar, radicalmente, de la posibilidad y conveniencia de reformar la PAC, ya que lo que se impone es la separación progresiva de las directrices agrarias comunitarias: el corsé aplicado desde Bruselas ha ido apretándose sobre nuestro agro mientras nos creíamos que era protección y subvención lo que nos proporcionaba (a cambio de someternos).

Quienes predijeron —y fueron muchos— el desastre que aguardaba a nuestra agricultura tras el ingreso en la Comunidad Económica Europea no llegaron a imaginar ni perfilar todo el daño que se produciría y las tragedias a esperar a manos de unas políticas meramente comerciales y productivistas, contrarias al campo y la calidad de vida, a la alimentación y el autoconsumo (y nos creímos, ante el espejismo, que lo que sucedería era que nos modernizaríamos "por fin").

Los eslóganes-amenaza de esos vociferantes de Madrid, tipo "Sin nosotros España pasará hambre", no valen nada, pues son falaces: el campo sobrevive económicamente por la obsesión productivista y exportadora, que lo arrasa todo y a todos, no por su orientación a la autosuficiencia (ahora llamada "soberanía alimentaria").

Los gritos y amenazas poco veladas hacia los ecologistas no sólo los causan el marcaje que estos hacen a un agro en vertiginoso proceso depredador, sino también la acusación de que esa agricultura es ineficiente a la par que tóxica, antisocial por más rentable que resulte, y sólo sostenible por cuanto no paga lo esencial de sus costes. Es también desde el mundo ecologista desde el que se les lanza la acusación, política y social, de que otra poderosa causa de rentabilidad falsaria (digamos, simplemente crematística) son los salarios de miseria y la humillación humana a que —en numerosas empresas y en muchos territorios— se somete a los trabajadores, especialmente los emigrantes, como ponen en evidencia las frecuentes intervenciones de la Guardia Civil liberando semiesclavos. Y sólo así es como salen las cuentas para los pocos beneficiarios del campo.

El campo, sin salida: protestas vanas, peticiones insensatas[14]

Las manifestaciones masivas de nuestro mundo agrario se repiten y van aumentando de tono, tanto por la acumulación de crisis y de políticas incompetentes como por la activa injerencia de la ultraderecha, que encuentra en este barullo un adecuado caldo de cultivo para extender su influencia y aumentar sus votos. De la gran manifestación del día 20 de marzo en Madrid, tomé nota de la enternecedora lista de detalles publicitarios con los que los participantes quisieron evidenciar su comportamiento civilizado y su buena educación: ni agredieron a policías ni quemaron papeleras, coches o cajeros, tampoco arrasaron Bancos… No sólo eso, sino que se definieron como "La España que trabaja y se ducha dando ejemplo". No se inquiete quien lea esto, ni se altere sospechando lo que estos eslóganes quieren decir "de los demás": sean comprensivos, que lo que les preocupaba a los organizadores era, en realidad, que "los demás" nos olvidásemos de los fastuosos acontecimientos de Lorca que, aunque a cargo de comandos murcianos duramente entrenados en campos de purines, son un botón de muestra de este campo nuestro que va erizándose de conspiradores, violentos y fanáticos. Ni se sonría, maliciosamen-

---

14 *elDiario.es*, 6 de abril de 2022.

te, cuando compruebe el tenor, tan poco civilizado, de las intervenciones de algunos de los líderes de la mani, osados y desafiantes.... Preste especial atención, al tono más que incendiario de los representantes de los cazadores, porque a este gremio —que parecía capitanear la movida— hay que prestarle, ya, algo más que atención mediática.

Olvidaron, por supuesto, incluir en sus pancartas y eslóganes la larga lista de agravios con que nuestros agricultores indignados —que viven del campo— maltratan al campo, ya que es verdad que la Castellana enfebrecida no resultaba el lugar idóneo para un humilde examen de conciencia. Aun así, y pese a no querer mostrarlos, estos abusos están tan presentes que ni siquiera dejaron de aflorar en el texto de veinte puntos con que las organizaciones convocantes resumieron sus peticiones.

Nada de mentar los muy serios destrozos que nuestros profesionales del campo no pagan. Todo lo contrario, en sus apuros de rentabilidad exigen, sin cortarse un pelo, menos normativa proteccionista hacia esa naturaleza que huellan, explotan y envilecen como el consumo creciente de un agua cada vez más escasa, en abierta contradicción con la Ley de Aguas, que restringe seriamente el regadío; o el envenenamiento de nuestras aguas, superficiales y subterráneas por la ingente aplicación de productos químico-tóxicos; o la aniquilación de la flora y fauna silvestres que queda al alcance de sus cultivos masivos e industriales; o la alteración drástica de nuestros paisajes, devorados por una maquinaria productiva implacable; etc., etc. Unas peticiones incivilizadas que sin embargo saben que no van a caer en saco roro, vistos los efectos indudables de su arremetida intimidatoria y sabiendo de la postura, siempre afecta, del ministro Planas, que ya ha anunciado que levantará la mano en el uso de productos químicos y consintiendo cultivos transgénicos (pese a inquietantes).

Esos veinte puntos insensatos (por engañosos, frívolos, abusivos...) llevan como introducción a todos ellos, la exigencia de "respeto" a un sector que ocupa —dicen— el 84 por 100 del territorio nacional y que es "el verdadero guardián del medio ambiente y de la lucha contra la despoblación". A buena hora: suya es la responsabilidad en la contaminación de suelos y subsuelos de la mayor parte de nuestro medio físico, sus agresiones sistemáticas (y sistémicas) al medio ambiente, y sus culpas en el abandono de los núcleos rurales, por la intensa mecanización y el continuo acoso al empleo; lo que hay que recordarles y echarles en cara.

Impuestos a la baja, garantía de rentabilidad, reducción de tarifas eléctricas, control de importaciones, seguros asequibles, inversiones en obras hidráulicas y modernización de regadíos, condiciones de contratación favorables (se supone, bajando los límites de los ya bastante miserables salarios mínimos), promoción del agroturismo, comprensión desde el medio urbano… Este dislate, que describe un campo inviable y en las últimas, que los propios interesados se han ganado a pulso, no se libra de mostrar a las claras una de sus principales miserias, como es la caza, a la que van dedicados nada menos que ocho de esos veinte puntos, con explícita inclusión de la defensa y promoción del toro bravo. No en vano han sido las Federaciones de Caza de toda España las que han financiado el desplazamiento de esos miles de autobuses necesarios para plantar en Madrid a tanto protestatario: un espectáculo disparatado de mezcla de intereses, clases y dramas, en el que ha faltado, espectacularmente, la menor intención crítica sobre la (mala) situación y la (peor) evolución de nuestro campo, tan necesitado de (radicales) soluciones.

Carteles para una guerra (la del agua, en la Cuenca del Segura)[15]

El agropoder murciano ha pretendido clavar una pica en Flandes con su propaganda, y ahí tienen ustedes su cartelón provocador nada menos que en la Puerta del Sol madrileña, rompeolas en otro tiempo de la España democrática, corazón de ese madrileñismo universal y, hoy, huevo de la serpiente que a todos amenaza desde la otrora Dirección General de Seguridad, cueva de torturadores durante el franquismo y sede actual del gobierno ultra de la osada Ayuso.

Hasta ahora, los carteles y eslóganes alusivos a la ansiedad hídrica del agro murciano se expresaban con (modosa) neutralidad y (falsa) gallardía, siendo lo del "Agua para todos" la marca registrada por los acaparadores, obligados a guardar las apariencias. Pero las cosas van cada vez peor, y la máscara ha caído: "Exigimos el agua y los que se oponen, que se atengan a las consecuencias", viene a ser el actual grito de guerra, que se han acabado las formas respetuosas y los mensajes subliminales.

La gran pancarta a que aludo es una obra zafia, de inspiración neurótica y realización alucinada, que poco de simbólico deja, en este despliegue publicitario de los dueños del agua de la Cuenca del Segura, bien

---

15 *elDiario.es*, 20 de abril de 2022.

representados en este caso por esos ideólogos que han optado por el eslogan grotesco y el cartel ridículo: los voceros del SCRATS, sonoro vocablo que restaña en nuestros oídos como un latigazo, avisando de lo que es, el Sindicato Central de Regantes del Acueducto Tajo-Segura, puesto de mando de ese poder espurio que hace del agua, bien público y común, un escandaloso negocio al que ni la ley ni la política han logrado meter en cintura. Así que es verdad que el *Caudillo* también dejó esto "atado y bien atado".

De ahí que sea necesario el análisis semántico que hagamos de este cartel y su intrusión en la capital de España: semántico-político, en realidad. El transeúnte avisado, conocedor del papel que las paredes, balconadas y tejados de la Puerta del Sol han jugado en la historia de España, ha de recordar aquel pasquín enorme de los primeros años de la República, en el que rebosaba la jeta de Gil-Robles, líder de la CEDA, confederación de aquellas derechas españolas tan mussolinianas.

Bueno, eso por lo que se refiere al simbolismo histórico-locativo, que en Madrid nunca es secundario ni ha de pasar desapercibido. Más actual, en efecto, es el simbolismo ultra de la ubicación del cartelón frente a la Ayuso, como pidiéndole ayuda porque, en la tierra del Segura, la que tienen esos regantes —que no es poca— no les resulta suficiente. Y en el análisis material, nos encontramos con la cara de imbécil con que un joven come tierra con fruición, que es lo que nos anuncia el texto principal: que si somos malos, a más del encierro cantado de la próxima pandemia, comeremos tierra, porque ellos —los heroicos regantes— no tendrán con qué alimentarnos. La fuente de tierra que nos ofrecen estos elegantes filibusteros más parece una ensaladera, así que ahí va: en lugar de nuestras gloriosas lechugas, si seguís maltratándonos, será tierra lo que habréis de comer. Vista en su totalidad, e incluyendo esa faz de enajenado, la imagen apunta más bien a un ecologista en cólera (principal enemigo de ese agropoder y de los corsarios del agua) pero castigado por malo e intransigente. Lo que no puede ocultar una gran mentira, sonora y adicional, y es que esa agua que nos reclaman la dedican al lucrativo negocio de la exportación, que poco nos alimenta.

Luego está la amenaza, rasgo esencial de estas campañas y firma de los autores intelectuales, del mega pasquín: "El trasvase Tajo-Segura no se toca". Es la advertencia, bien clara, si no queremos comer tierra. Lo dicen ellos, dueños por derecho propio, y por patriotas desinteresados, del Trasvase, del agua y de la tierra.

El texto básico, muy reducido pese a su enjundia, aclara la alarma social que se quiere transmitir, que añaden a la amenaza: "Las medidas del Gobierno ponen en peligro el futuro…". Nada que no sepamos, vaya, condensado como núcleo ideológico del mensaje: una declaración clara contra las medidas —temidas, anunciadas, inevitables— del Gobierno, por más que sea democrático y legítimo, y que esté obligado a tratar por igual a todas las tierras de España. El texto es de redacción ultra, puede que dictado por ultras. Este mismo texto nuclear alude a los "miles de agricultores" de las tres provincias beneficiarias del Trasvase, pero hay que negarle la mayor, no ya por el número sino por lo de "agricultor", que cada día hay menos gente que merezca que se le atribuya esa condición: que hay que distinguir entre empresarios, intermediarios, trabajadores, esclavos, voceros, piratas, etc.

Y, por último, ese sello, "La huerta de Europa", atributo gratuito que se arrogan estos del SCRATS y su aureola. Como si así hubiera que considerar a esta región tan condolida, dejando de lado que —por las prácticas agroindustriales de los que firman el cartelito— yace agotada, saqueada y envilecida. Un cartel muy adecuado para que Europa tome nota de esta agitación agraria depredadora, amenazante y ultra.

Lechugares infinitos en el Campo de Lorca.

Capítulo 2

AGRICULTURA INSOSTENIBLE

Introducción

En este segundo capítulo acometo en primer lugar la crítica resumida, aunque con el enfoque más global y comprehensivo posible, de la agricultura intensiva, desarrollando en el primer texto el esquema —"La agricultura intensiva, contra la Ciencia y la Ética"— que expliqué en dos ocasiones durante 2019, primero en Yecla y luego en Cuevas del Almanzora (que también incluía la crítica de la ganadería industrial, o intensiva, que reproduzco en el capítulo 3).

El primero de los artículos propiamente dichos, "Acosados agricultores acosadores", alude a ciertos "retazos" de la filosofía de los líderes del campo murciano, con mucho de queja por la "incomprensión" que dicen encontrar frente a su eximio y generoso trabajo. Esto les impide reconocer que, más que sentirse acosados, en realidad son ellos los que debieran reconocerse como los verdaderos acosadores, si contemplamos el desastre ambiental que generan y la conflictividad creciente que esto implica. La impunidad con que todo esto se desarrolla, debido a la ausencia y desgana de los poderes coercitivos y judiciales, está en el origen de la proliferación de grupos, asociaciones y plataformas en todo el país y especialmente en la Cuenca del Segura, con una actitud de autodefensa por el abandono, impropia de un verdadero Estado de derecho genuino.

Esta misma postura, la de rechazar las responsabilidades propias en el cochambroso estado ambiental de nuestros campos, así como la de acusar y atacar a quienes los critican —es decir, a los "mensajeros", según esa bien conocida técnica exculpatoria y dilatoria—, aparece en "Del saqueo del campo murciano", en el que subrayo el inútil esfuerzo que despliegan las organizaciones agrarias para desentenderse de los terribles cargos de envenenar al Mar Menor.

Sigue, con "El agro fatal y su entorno protector", la descripción del poder agrario dominante (agropoder) en base a cinco elementos que lo sustentan o encubren, apareciendo vinculados —en una alianza más o menos activa, más o menos pasiva— reforzando su papel negativo y escandaloso.

Continúa un ataque directo a la Confederación Hidrográfica del Segura (CHS), siguiendo el que le hacen una veintena de entidades de la sociedad, advirtiendo sobre la absoluta falta de credibilidad, tanto de su trabajo técnico-profesional como de su "espíritu socioecológico", por las continuas y desvergonzadas muestras de incompetencia, favoritismo, abuso y violaciones del ordenamiento jurídico (este autor no ha dudado en calificar a la CHS, en varias ocasiones, como "nido de prevaricadores"). Aunque en el capítulo 4 volvemos sobre las tropelías históricas y actuales en el Noroeste, con el punto central de escándalo en la finca del Chopillo, ya en este artículo se apunta a una de las causas de las prolongadas irregularidades en ese lugar: la incompetencia y desgana del fiscal de Medio Ambiente del Tribunal Superior de Justicia murciano, al que ese asunto le debe producir sarpullido.

El siguiente artículo señala a la propia ministra para la Transición Ecológica y el Reto Demográfico (MITECO) en un feo asunto de persecución de un funcionario competente y leal, que parece tener su origen en las críticas sistemáticas y profundas de este técnico de la CHS hacia el Trasvase, en su concepto, realización y funcionalidad, nada de lo cual debiera ser motivo para este acoso. Más le valiera a la ministra Ribera dedicar ese tiempo de agobio funcionarial e incluso judicial a limpiar de ineptos y corruptos las Confederaciones, empezando por la del Segura.

En "Murcia blasfema y arrasada: ira de Gaia", artículo alusivo a la terrible DANA que asoló buena parte de nuestra región en septiembre de

2019, señalo la responsabilidad, bien tangible en los casos de lluvias torrenciales y traidoras avenidas, de quienes alteran con obras y cultivos el sistema hidrográfico, dejando indefenso al medio natural y a las personas. Esta quiere ser una seria acusación dirigida a los practicantes del modelo agrario intensivo y, por supuesto, a quienes consienten la continua, brutal e imprudente alteración de la geografía y el paisaje.

Los siguientes artículos tratan de temas específicos, aunque siempre significativos. Como el pertinaz abuso de "técnicas antiheladas" recurriendo a la quema de parafina por parte de los grandes agricultores en los campos de Cieza y Abarán, con seria incidencia en la salud y el microclima. O la escandalosa conjunción de poder económico, institución pública y político cuestionado que se da en el caso de la cátedra de Ecoeficiencia Hídrica, que financia HIDROGEA, acoge la Universidad de Murcia y usufructúa Miguel Ángel Cámara, profesor que fue durante casi veinte años alcalde de Murcia (y responsable máximo de EMUASA, participada por HIDROGEA), así como número 2 del PP en la región. Si uno de los responsables políticos más directos de los recortes sociales y educativos habidos en la región, a la vez que claro tolerante de las irregularidades de la empresa concesionaria de aguas en la capital murciana (véase el artículo sobre EMUASA en el capítulo 1), es premiado por la empresa privada con la dirección de esa cátedra, salta la ética hecha trizas, tanto en su variante política como en la académica. El personaje, Miguel Ángel Cámara, sin embargo, no parece inmutarse por estas pifias éticas.

Otro caso de interés concreto es la aparición de la Fundación Ingenio, al rescate del sector agrario en apuros, con el discurso, habitual en estas maniobras, de seriedad científica, interés por la economía agraria murciana y responsabilidad social.

Rematan el capítulo dos textos, algo fuera del tiempo, sobre la "avioneta" y sus variaciones, estando el segundo de ellos motivado por la amistosa réplica hacia el primero, por parte de la Asociación de Meteorólogos del Sureste. Reconozco que opté, en mi réplica a su réplica, por un estilo más literario que investigador, ya que lo de la "avioneta" (ese fantasma alado, aunque de acero, que sobrevuela varios territorios del país, arrancando sospechas y cabreos, protegiéndose en el misterio y sirviendo, que todo hay que decirlo, hasta de chivo expiatorio) me saca de quicio porque eso de que "no hay pruebas" de su aleteo, aunque zurra y ronquee, se viene manteniendo a lo largo de los años sin resultados claros sobre su existencia (aunque sí de su esencia). Tampoco he mostrado, *yo mismo, la necesaria disposición o suficientes ganas ni tiempo, para esperar al momento oportuno y seguirle la pista como perro olfateador (y, necesariamente, volador) dispuesto a dar con la pieza a costa de lo que sea. Así que me tengo que callar.*

Queda claro que es el agua, en definitiva, nuestro problema: como recurso escaso y mal gestionado y como fuente de vida que, además de para producir alimentos, se utiliza para destruir y envenenar. Un agua sometida a todo tipo de abusos y perfidias, generadora de conflictos sin cuento y que debiera suscitar, concretamente en el ámbito de la Cuenca del Segura, una "Causa general del agua", es decir, un examen global y riguroso de todo su ciclo —origen, manejo, usos, impacto ambiental, tratamientos— y, más importante todavía, de su "superestructura" funcional, tanto en lo institucional (administraciones, judicatura, fuerzas policiales) como en lo económico (empresas, organizaciones agrarias), y poder así poner orden en lo que actualmente es un caos mayúsculo que enriquece a los grandes, empobrece a los pequeños, envilece a las administraciones y señala a los poderes policiales y judiciales como coadyuvantes necesarios en un espectáculo descarnado en el que desfilan todas las perversiones.

La agricultura intensiva, contra la Ciencia y la Ética[16]

Declaración de intenciones

Pretendo aquí tratar del *problema invasivo y depredador* de la agricultura y la ganadería masivas e intensivas, para lo que procederé a un resumen explicativo de las razones que mueven a criticar y oponerse tanto a la agricultura intensiva como a la ganadería industrial, igualmente intensiva. En ambos casos, se trata de actividades crecientemente afectadas por los insumos no naturales: fertilizantes y pesticidas químicos en el caso de la agricultura, y alimentos sintéticos y antibióticos en el de la ganadería intensiva. Hay que constatar que la "artificialización" de los procesos productivos (vegetales o animales) es apabullante, que desafía todo lo razonable y que pone en peligro el medio ambiente global e indu-

---

16 Texto desarrollado de la presentación (esquemática) en power point con motivo del "Encuentro regional sobre agricultura intensiva y ganadería industrial en la Cuenca del Segura", organizado por la Plataforma Ciudadana "Salvemos el Arabí y comarca" (Yecla, Murcia, 30 de marzo de 2019), y vuelto a presentar en un acto semejante organizado por Ecologistas en Acción (Cuevas del Almanzora, Almería, 6 de octubre de 2019).

ce gran preocupación por su alcance pernicioso, que también afecta a la salud humana.

En esta actitud crítica frente a procesos económicos cada vez menos asumibles, e incluso ilegítimos, hemos de constatar también que nos sentimos plenamente *desasistidos*, si no traicionados, por el aparato político-administrativo regional, pertinazmente ausente en la acción correctora y defensora, ambientalmente hablando, que debieran asumir, pero que la realidad atestigua que lo que hacen, más bien, es volcar su poder en favor de los agentes depredadores. Esto ha ido consolidando una desconfianza creciente desde los agentes sociales más críticos hacia las instituciones públicas, y una desesperanza radical hacia cualquier evolución positiva; lo que obliga a actuar con decisión, estrategia y contundencia

Así lo venimos haciendo, y seguiremos haciéndolo, los ecologistas murcianos, como actitud esencial y resistente de toda una tradición de lucha ambiental en la que los enemigos han sido tanto los agentes económico-productivos como los político-administrativos. Se trata de plantear una oposición generalizada y lo más estructurada posible, frente a las prácticas depredadoras y canallescas por parte de las empresas y los empresarios del campo, de alguna forma amparadas o disculpadas por quienes debieran perseguirlas y frenarlas.

Cosmovisión ecologista

Como en otras luchas ecologistas, esta, que se enfrenta a actividades del campo indeseables por lo perjudiciales, también ha de ser global en su análisis y sus objetivos, trascendiendo el mero enfoque agrario para situarlo en el marco de la crítica amplia, que ha de ser tanto ambiental como sociopolítica.

Según este enfoque, el debate agrario ha de rechazar las pretensiones de los especialistas de monopolizarlo, ya que cuanto afecta al agua, la producción de alimentos o la protección de elementos naturales esenciales (suelos, acuíferos, atmósfera) trasciende muy ampliamente a lo agrario para entrar en consideraciones de política general, economía ecológica, conservación de recursos y ecosistemas, ética alimentaria, culturas productivas tradicionales… todo un despliegue argumental y crítico que escapa a los especialistas de cualquiera de esas ramas o sectores.

Esto —el rigor en la aproximación y tratamiento de los problemas de repercusión ambiental— viene caracterizando la labor social e intelectual de los ecologistas, y adquiere una importancia singular ante los conflictos del campo actual, que requieren del movimiento llamado ecologismo estas actitudes o planteamientos:

• Ante todo, la *fundamentación* material-ecológica de la argumentación: hay que conocer suficientemente el tema o *dossier*, para poder acudir al debate y el enfrentamiento crítico con seriedad, dialéctica y en consecuencia posibilidades de convicción.

• La capacidad y la decisión suficientes para aplicar el *análisis global* necesario, es decir, el conocimiento preciso, tanto del entorno envolvente como de las raíces socio-político-económico-culturales del problema.

• El *enfrentamiento con la tecnocracia* arrogante, aclimatada en los medios administrativos, pero generalmente analfabeta en materia ambiental, por su incapacidad para entender el problema de la degradación físico-natural que inducen las prácticas industrialistas en el agro. Esto resulta especialmente evidente —a la vez que indignante— en la burocracia ingenieril de la Confederación Hidrográfica del Segura (CHS).

• La crítica sistemática *del sistema productivo-consumista*: ni la productividad ni la competitividad contribuyen a la cohesión o la equidad sociales, y tampoco a la redención del medio rural y sus habitantes.

• El rechazo, de principio, de una agricultura y una ganadería destinadas sobre todo a la exportación, que priman los monocultivos y la simplificación de especies, lo que fragiliza en primer lugar al propio sector productivo y, más importante todavía, al medio ambiente rural como unidad físico-humana.

• La reivindicación de la *naturaleza* como madre, refugio, garantía y referencia en la vida social y en todas las actividades en ella comprendidas.

• La *prioridad otorgada a los ciudadanos* y sus derechos, por sobre cualquier otra consideración, frente a la codicia empresarial y la desidia del poder político-administrativo.

La agricultura intensiva: características y consecuencias

De la agricultura intensiva que marca la pauta en casi todo el mundo, singularmente en el ámbito del litoral mediterráneo y, por supuesto, en la Cuenca del Segura, hay que distinguir estos aspectos de interés:

a) *El objetivo perseguido.* Que es la producción, para la exportación, en régimen de monocultivo, utilizando grandes superficies que son adaptadas, mecánicamente, para su mejor trabajo y explotación.

b) *La intensividad.* Que afecta a todo el proceso productivo, que recurre generalmente al regadío y en la aplicación masiva, aunque "racionalizada", de fertilización a base de abonos inorgánicos, o sea, artificiales: es decir, de síntesis, procedentes de la industria.

Las necesidades de garantizar la producción y la exposición a plagas derivada de la propia masificación de superficies y biomasa vegetal, con la consecuente exposición a organismos nocivos (sin la defensa natural de los cultivos tradicionales), lleva al empleo, también masivo, de productos plaguicidas, igualmente de síntesis e industriales; que pueden ser insecticidas, fungicidas o herbicidas.

Correlativamente con la reducida mano de obra empleada, estos cultivos recurren a un alto consumo energético, derivado tanto de la mecanización (combustibles fósiles, electricidad) como del propio "contenido" energético de los productos químicos utilizados. Sin contar el alto consumo de agua, gestionada también con altas aportaciones de energía (piénsese en el consumo energético "adherido" al agua procedente del Trasvase, cuyo origen está en el bombeo del agua del Tajo desde el embalse de Bolarque hasta superar la sierra de Altomira, que debe culminar para continuar, casi siempre por gravedad, hasta el embalse del Talave, en el Segura).

c) *El entropismo* del proceso global. Se trata del carácter altamente entrópico, es decir, de clara ineficiencia termodinámica, del proceso agroalimentario, cuyo producto final (contabilizable en las calorías de los alimentos) es muy inferior a la suma de los contenidos energéticos de los numerosos insumos (también convertibles en calorías) a los que recurre este proceso. Es decir, que los *outputs* son inferiores a los *inputs*, con lo que el rendimiento calórico-alimentario es ruinoso.

d) *Las consecuencias globales* ecológicas. Que son numerosas y de importancia, siendo las *ecológicas* las que merecen nuestra atención en primer lugar, y que incluyen:

1. la erosión de los suelos, con la salinización que inducen los sistemas de regadío.

2. la contaminación química (inorgánica y orgánica, debido a los procesos de síntesis de los que proceden los productos utilizados), que incluye la emisión de gases de efecto invernadero.

3. la aniquilación y degradación de los ecosistemas y la vida natural (vegetal y animal) afectados por la implantación de los cultivos intensivos.

e) *Balance ambiental "exterior".* Con los monocultivos intensivos destinados al exterior hay que tener en cuenta que suponen una exportación neta de productos limpios que dejan en el país de origen su enorme —a la vez que variopinta— contaminación, además de la degradación de recursos básicos: agua, aire, suelos... Este es uno de los aspectos perversos del "impulso exportador", tan encomiado y apoyado por el mundo económico.

f) *Impacto sanitario.* Los cultivos industriales e intensivos inciden negativamente en la salud física de los trabajadores debido a la inevitable ingestión de los productos químicos utilizados, muchos de los cuales, principalmente los orgánicos, son cancerígenos. Esa "adición" de elementos y productos químicos a los cultivos se transmite a los productos comerciales, alcanzando a los consumidores y su salud. Las normativas de sanidad pública que pretenden evitar este problema no suelen ser ni rigurosas ni sanitariamente contrastadas.

g) *Un gran negocio económico.* Por supuesto que este modelo agrario productivo, basado en la masividad de los cultivos y en la intensividad de los insumos químicos, así como en su irresponsabilidad en relación con los inmensos costes ambientales y sanitarios en los que incurre (pero que no paga) lleva al desarrollo feroz de un sector tan próspero como infame, con el enriquecimiento de una extensa gama de empresas y empresarios. El segundo elemento clave en la alta rentabilidad de esta actividad, y el consiguiente enriquecimiento de sus beneficiarios empresariales (junto al hecho de no pagar los costes ambientales), es la situación de los trabajadores en el campo, oprobiosa y que llega a la semi esclavitud en muchos casos.

h) *Daños agro-culturales*. Este modelo productivo lleva inevitablemente a la desaparición, por aniquilación, de los métodos y saberes tradicionales del campo, de mínimo impacto ambiental, salubres y generadores de empleo y supervivencia. Como consecuencia, miles de agricultores tradicionales se ven obligados a abandonar sus tierras y parcelas cada año, debiendo optar por asalariarse en estas empresas altamente depredadoras o huir definitivamente del campo hacia la ciudad y la industria o los servicios. Esta es la mecánica de la espantosa despoblación y desolación del medio rural, cuyas pérdidas humanas y sociales, culturales y espirituales son inconmensurables.

El agua: un recurso que se degrada y agota por una pésima gestión

No es necesario insistir en que es el agua el elemento principal sobre el que se basa y gira la actividad productiva en el campo, pero también la principal preocupación ambiental. Por eso han de inquietarnos que las presiones contra el agua —su existencia, calidad y manejo— estén resultando insufribles, de modo especial en la Cuenca del Segura.

De ahí el clamor que se eleva desde tantos sectores y estamentos sociales contra el mal papel que juegan las Administraciones públicas en relación con el agua, sea por indiferencia, incompetencia o mala voluntad. En nuestro caso, ese clamor va dirigido tanto hacia las instancias regionales agrarias y ambientales (que, colmo de la perfidia, se encuentran "unificadas" en la misma Consejería autonómica), como hacia el poder del Estado, instituido en la Confederación Hidrográfica del Segura (CHS), a la que la Ley de Aguas encarga lo esencial de la gestión y el cuidado y la gestión de este recurso esencial. Pero los conflictos que menudean y salpican el territorio suelen tener, como protagonistas nada menores a los ayuntamientos, que poseen competencias y poderes muy importantes —e incluso decisivos— en la transformación del suelo y en la autorización de obras.

Porque el control sobre el agua —su "producción", usos y conservación— ha de ser, sin la menor duda, eminentemente público —político o cooperativo—, es decir, social y ciudadano, antes que económico-empresarial (crematístico) o meramente tecnocrático. De ahí la permanente tensión, desde abajo, que hay que mantener sobre los poderes —formales o fácticos— del agua. Y por ello haya que criticar sobre todo a las Confederaciones (y en concreto, la CHS) porque, siendo el instrumento administrativo principal en todo lo que al agua se refiere, traicionan con demasiada frecuencia sus objetivos y deberes, así como el fin para el que fueron creadas concitando la ira y las denuncias de los ciudadanos organizados e incurriendo en consecuencia en ilegitimidad administrativa, política y técnica.

No parece, pues, discutible que del interés global que presenta el agua se derive que en ella no cabe apropiación particular alguna, sea esta empresarial (empresas productivas o concesionarias, de finalidad crematística) o profesional (funcionarios y tecnócratas de las administraciones. En especial —y teniendo en cuenta la experiencia, conflictiva e ingrata—, el agua no puede ser cosa (ni quedar en manos de) de ingenieros obsesionados por las infraestructuras, que consideran al agua un mero problema técnico.

Y ni que decir tiene que la crisis ecológico-ambiental y climática obliga a enfoques, políticas y decisiones drásticas en la gestión y conservación del agua, lo que motiva el activismo actual y la conflictividad derivada: las urgencias ya han de descartar la paciencia.

El agua es vida, supervivencia y exigencia ética

Junto al aire y los suelos, el agua sostiene la vida, la natural y la específicamente humana, y por ello se trata de un bien sagrado, merecedor de todos los cuidados. Por otra parte, en una única Tierra, es decir, en un planeta único en el universo (al menos, a los efectos…) y limitado en todos sus componentes, disponemos de una única Agua, es decir, de un recurso limitado y sometido al incremento constante de población y de consumos.

Ya en los años 1950 y 1960 se inició en todo el mundo el abandono del agro *tradicional* ante las promesas de la llamada *revolución verde*, que aseguraba poder multiplicar las producciones mediante la inyección masiva de fertilizantes artificiales y productos pesticidas, lo que llevó a numerosos y graves problemas, desconocidos hasta entonces, y a ninguna gran solución al hambre o a cubrir las necesidades de ese medio mundo más necesitado. Ese proceso *contra natura* no ha cesado, así como sus promesas, y actualmente —con la consolidación del modelo depredador, de la naturaleza y los humanos— los problemas ambientales de la agricultura moderna son ya equiparables a los de la crisis climática.

El agronegocio (insaciable) y los poderes públicos (alineados con él) vienen generando multiplicidad de conflictos ambientales y sociales, incluyendo disputas territoriales vergonzantes, que apuntan a verdaderas "guerras del agua". El caso es que no se percibe la menor sensibilidad ante esta crisis del agua y la agricultura, respondiéndose a las emergencias que menudean con la más fría de las indiferencias.

Y este es, por cierto, el caso de la Región de Murcia y de la Cuenca del Segura), caracterizadas ambas por una situación en la que medran pillos, logreros, insensibles, incompetentes y prevaricadores, que definen claramente a una región fallida y una cuenca expoliada por un modelo agrícola insoportable (más que insostenible).

Y en correspondencia con este panorama, las luchas suscitadas, que se endurecen día a día, se enmarcan en la reivindicación de una *agroética* innegociable.

Conclusiones para la acción

Debe quedar clara la actitud de las fuerzas —esencialmente ecologistas— que se enfrentan decididamente a este desastre, que debe consistir, resumiéndola, en una auténtica "declaración de guerra" a las agresiones en el agro, a las que hay que frenar urgentemente. Por ello, hay que persistir, sin prisa pero sin pausa, a una acción reivindicativa que se desarrolle en los planos social, informativo, administrativo, jurídico y político; lo que constituye la "pauta" o modelo de la acción ecologista tradicional, global como la mayoría de los problemas, e infatigable debido a la persistencia y dureza de las fuerzas negativas.

Esto necesitaría, en el plano formal, de organización y tenacidad, con alguna forma de coordinación territorial (ya que la Cuenca del Segura afecta en total a cinco provincias, aunque su mayor parte se inscriba en la de Murcia) y una mínima infraestructura funcional, que cubra necesidades básicas (como la información y documentación).

Se trata de que a una presión *in crescendo* se enfrente la gestión inteligente de la conflictividad, para conseguir —de hecho, si no es posible de derecho u oficialmente— que sea la sociedad crítica organizada la que promueva esa "Causa general del agua" que, primero, mueva conciencias y, después, fuerce a los poderes políticos y económicos a optar por un modelo agrario civilizado y respetuoso, radicalmente distinto al actual.

Acosados agricultores acosadores[17]

Empiezan a hacerse frecuentes las quejas de nuestros agricultores más conflictivos sobre lo mal que son tratados y lo poco que lo merecen, y esto es un indicio de que, por fin, han empezado a inquietarse. Si los que configuran el poder agrario en la región, usufructuarios desmedidos de bulas y privilegios que repercuten en daños a la colectividad, tratan de disimular su consolidado estatus de acosadores —como aguerridos intimidadores hacia el poder político, vociferantes periódicos en demanda de derechos con caducidad, manipuladores de la realidad agro-económica y contaminadores por tierra, mar y aire— atribuyéndose el de acosados e incomprendidos, la cosa empieza a ponerse interesante.

Se trata de quejas amargas, que aluden a maltrato, incomprensión, criminalización... pero que excluyen, radicalmente, un mínimo de autocrítica: como hacia su actitud ferozmente antiecológica, el rechazo a reconocer que llevan años pasados de la raya (roja) debido a una codicia que se expresa sin reparo, la exhibición sistemática de fuerza ante un poder político pasmado y sometido, etcétera.

Quejas de este tipo han salido recientemente de una reunión de la asociación de exportadores agrícolas, PROEXPORT, y concretamente de su nuevo presidente, Juan Marín, que se ha expresado con profundo dolor de su corazón por tanta incomprensión, hilando con técnica manida un pliego de cargos hacia "esos paisanos nuestros" que, "envueltos en la bandera medioambiental y conservacionista, transitan velozmente hacia la agitación social y no sabemos con qué intereses". Porque es verdad que "nunca antes el sector agrario de nuestra región había vivido una situación similar", como también lo es que estamos ante "una locura que viven desde mayo de 2016" (que debe ser la del descubrimiento de la "sopa del Mar Menor").

Cualquier construcción acusadora vale, aun del corte más tradicional, con tal de eludir la autocrítica: cualquier invectiva contra el mensajero sirve para jalearse a sí mismos, antes que reconocerse en falta flagrante.

Contra el cierre de perspectivas agroalimentarias con que nos obsequian estas organizaciones —que al mismo tiempo saben perfectamente que el futuro a medio plazo no les será favorable y por ello aprietan el acelerador

---

17 *La Opinión*, 4 de julio de 2018.

allá donde pueden— surgen y resurgen murcianos que se indignan, se alzan y dicen "hasta aquí hemos llegado", buscando la coalición de fuerzas que, sobre todo organizadas desde la periferia de una región cuya costa sufre devastación, se oponen a que este modelo de minuciosa destrucción de la naturaleza amplíe su acción perversa. Esta agricultura y estos agricultores están cada día más próximos a enfrentarse a todas las comarcas de la región. Y así, las prácticas descaradas de la roturación ilegal, pero diaria, del secano en regadío, el atentado de los pozos pirata a las fuentes tradicionales y la destrucción implacable de la cultura agraria tradicional, se han constituido en materia y objeto de trabajo por parte del Consejo de Defensa del Noroeste, creado recientemente en Caravaca; y lo mejor es que en el acto de creación de este Consejo comarcal han figurado líderes de otras comarcas que sufren de la misma plaga, como el Altiplano y el Río Mula (más la Vega Baja, cuya saga de degradación hidrológica combina las miserias históricas con las insidias recientes): la extensión de la revuelta no habrá de parar, ya que las causas no dejan de ampliarse y endurecerse.

Más que nunca, nuestro país se ha convertido en una constelación de plataformas, frentes y asociaciones reivindicativas que vienen a sustituir la ineptitud y el desinterés del poder político, en ejercicio y en la oposición, por muchos y muy serios problemas de alcance y trascendencia, singularmente los relacionados con el medio ambiente en su globalidad. Y en este contexto de indignación y hartazgo nuestra región posee experiencia y ha de explotarla. Este Consejo pretende, sencillamente, impedir que los crímenes y barbaridades que se cometen en la costa por obra y gracia de la "agricultura mediterránea" no se extiendan hacia el interior, donde ya han puesto el pie con el peor estilo y los más insufribles augurios.

Al margen de la sesión fundacional de esta nueva plataforma, pero como asuntos a asumir más pronto que tarde, se trató de la conspiración de silencio que existe entre todos los sectores de la Administración relacionados (media docena) para consentir las intervenciones ilegales e ilegitimas contra la lluvia —cohetes antigranizo, cañones de ultrasonidos y avionetas difusora de aerosoles—, tan legendarias y truculentas como visibles y funcionales. En la necesaria y urgente reivindicación del secano se inscribe la más dura de las acusaciones que se puede formular contra la agricultura intensiva, química y de mayor valor económico: la de obstaculizar la lluvia por considerarla ¡perjudicial! Todo un *affaire*, elemento clave de la "Causa general del agua" en la región, con su cosa de misterio, de indecencia y hasta de culebrón, que se tendrá que aclarar alguna vez, y al que quizás le ha llegado la hora.

Aun sin conocer el nombre del nuevo presidente de la Confederación Hidrográfica del Segura[18], que la alternancia habrá de inscribir en la lista de los ingenieros de Caminos de matiz socialista (y que puede no venir limpio del todo de la penosa historia de esta institución), se aludió a la escasa confianza que el futuro nombramiento ha de suscitar (ya que no caben ingenuidades) y a la conveniencia de advertir, aun desde antes de conocer de quien se trata en concreto, que los tiempos marcan la pauta esencial de su ejercicio, que es acabar con un comportamiento incalificable de decenios; y que, o se desmarca nítida y activamente de la línea de ilegalidades y prevaricaciones que la mayoría de sus últimos antecesores han seguido, o acabará ante los tribunales en tiempo récord.

Del saqueo del campo murciano: Cuando las organizaciones agrarias se defienden atacando[19]

Por supuesto que no, que no se debe dejar pasar a las organizaciones agrarias, representadas por ASAJA, COAG y UPA, los desafíos, provocaciones e intimidaciones, que dirigen a cuanto les rodea, administraciones y opinión vigilante en particular, a las que condenan —en el primer caso— por su "deficiente actuación durante décadas" y —en el segundo— por sus "críticas tendenciosas". Estas organizaciones vienen a representar la verdadera —y probablemente definitiva— plaga que acabe con la base física y natural de esta tierra, condenándola a la aridez y la infertilidad en breve plazo

En un deleznable —por mendaz, ocultista e insidioso— texto, a modo de manifiesto exculpatorio, estas organizaciones se han dirigido hace pocas semanas a todo el mundo con diez consideraciones con las que buscan defenderse del serio señalamiento que se les hace como entidades directamente responsables, desde hace décadas, de la destrucción física, natural y moral de esta tierra, acusación de la que ya nunca podrán escapar sin responder ante la ciudadanía, los tribunales y la historia. Mucho de esta nueva situación, en la que se ven (por fin y con pruebas

---

18 El nombramiento recayó en Mario Urrea, ingeniero de Caminos, socialista y hombre de la casa, donde ha ejercido funciones típicamente ingenieriles: proyectos, obras y así. Pronto se pudo comprobar que confirmaba la tradición, permisiva con el grande y el infractor y social y ambientalmente perversa, de esa CHS.
19 elDiario.es, 22 de agosto de 2020.

demoledoras) acosados, se refleja en la cuidada redacción de su jeremía-ca proclama, que muy probablemente se ha puesto en manos de algún periodista de los (muchos) de su cuerda y órbita. Siguen sin temer en absoluto a que se les abra en esta región, como debiera, una "causa general contra la agricultura intensiva" debido a sus crímenes continuados contra el territorio, el medio ambiente y el futuro, pues saben muy bien que ni administraciones ni tribunales están por la labor. Sus artimañas dialéctico-defensivas son el mayor ejercicio de cinismo que esta tierra ha presenciado desde que tiene conciencia de sí misma.

Muestran estas organizaciones, en primer lugar, su pesar por el deterioro del Mar Menor, así como su compromiso en su recuperación, y con esas lágrimas de cocodrilo quieren que cesen los ataques por los que se les hace principales autores de la degradación y pérdida de nuestra hermosa albufera; pero de esta fechoría inmensa tienen que dar cuenta, sin que se les pueda admitir escudarse en otros responsables que, si bien existen, no llevan tan claramente la marca del crimen, que figura bien impreso en sus cultivos antinatura. Y, en segundo lugar y como consecuencia de su (mínimo) reconocimiento de culpa, advierten de que no será fijando responsabilidades solo en sus actividades como se salvará la laguna. Observaciones de una fina sensibilidad que pretenderán que se les agradezca, una vez reconocido su épico desvelo por el medio ambiente en general y el Mar Menor en particular. O que no se les tenga en cuenta su visceral resistencia a cualquier protección de la naturaleza, o sus agresiones a lo ya protegido.

Son las administraciones (dicen en el tercer punto de su sentida queja) las que durante décadas han actuado deficientemente, y aunque rehúyen (táctica permanente) señalar a los compadres de la Comunidad Autónoma, que es notorio que se desvelan por ampararlos, cubrirlos y promocionarlos, sí apuntan a la Confederación Hidrográfica del Segura (CHS) y sus Planes de Cuenca, por aquello de señalar al Estado de izquierdas y mantener las amistades con los regionales de derechas, como si no se vinieran beneficiando, desde hace décadas, del compincheo político y la complicidad prevaricadora de unos y de otros.

La cuarta cláusula de esta conmovedora protesta va dirigida, con muy sincero desconsuelo, contra los que rechazan las propuestas del sector agrario en relación con las mejoras legislativas a adoptar (que pretenden, y logran, que sean inútiles), basadas en soluciones técnicas y el conocimiento científico, refiriéndose a esa ristra de iniciativas de tipo tecnológico, pretendidamente rigurosas, que dicen poder neutralizar los nitratos asesinos sin evitar su uso, ya que no piensan renunciar a un negocio astronómico pese a su impacto demoledor. Son bien conocidas estas maniobras y dilaciones, en las que el sector vuelca su influencia económica y su poder mediático para hacerse con una ciencia y una técnica impropias y falsificadas que adquieren, a precios de mercado, de vendedores sin escrúpulo, insensibles al drama ambiental e indiferentes ante el problema de fondo que subyace, que ni es científico ni es técnico (sino, ¡ay!, profundamente político).

Señalan, en una quinta cláusula en la que hace eclosión su ejemplar conciencia ambiental, la mala fe de quienes niegan sus heroicos esfuerzos por reducir su "huella ambiental" con costes elevadísimos, queriendo, sin duda, que se deje de lado que esa huella aumenta cada año con cada campaña y con cada fanfarronada o amenaza hacia quienes se atreven a ponerlos en evidencia. Que es la "huella ecológica" de esta agricultura de saqueo la que, si se calcula bien, eleva a la media de España muy por encima de la que debiera corresponderle por sus niveles de producción o de consumo. Esta agricultura funesta nos envilece ante los intereses del planeta.

Lamentan, en una sexta e ingeniosa nota reivindicativa, que no se les reconozca su importante contribución al reutilizar en sus regadíos las aguas residuales urbanas regeneradas, como si pudieran ocultar que es el uso que hacen de estas aguas (y las otras), contaminándolas con sus fertilizantes, plásticos y pesticidas, lo que envenena nuestros acuíferos, el Mar Menor y el mar litoral. Han olvidado, en su abandono de las prácticas civilizadas y sostenibles de sus padres y abuelos (a los que traicionan cada día fría y miserablemente) que es el riego a manta de la agricultura tradicional el que trata adecuadamente la tierra, evitando su salinización y toxificación, renovando de paso los acuíferos; y se pavonean de un ahorro tecnológico de agua cuando desde hace décadas vienen incrementando, incesantemente, su consumo.

Espectacular resulta, por necia y tramposa, la séptima observación, por la que quieren atribuir a los productos ecológicos (obtenidos por métodos tradicionales) la misma necesidad de nutrientes que los convencionales (los suyos), haciendo como que ignoran que los nutrientes esenciales (derivados del nitrógeno) provienen del aire y de las bacterias nitrificantes de las raíces, así como de las aportaciones de origen orgánico, no químico-sintético. Y se duelen, pobres incomprendidos, de que no se les reconozca el gran esfuerzo de abastecimiento alimentario desplegado durante el confinamiento; tampoco se han enterado del gran esfuerzo realizado por la ciudadanía por recurrir a los productos del pueblo, rehabilitar viejos huertos y animarse por la reruralización. Estos salvadores de la pandemia han dejado claro que es la agricultura intensiva, con sus exigencias destructivas de lo pequeño y lo tradicional, la que ha conseguido que sea muy difícil, quizás imposible, una alimentación cercana, directa y de confianza, que es a lo que cualquier ciudadano normal aspira, evitando en lo posible suministrarse del brillante elenco de frutas y hortalizas que esa agricultura degradada (y degradante), pone en los supermercados con equívoca apariencia y mínima calidad.

La octava protesta, igual de vigorosa que las anteriores, de decencia y legalidad a toda prueba, marca una vehemente condena ("sin paliativos", dicen: ¡oh!) de las superficies ilegales de regadío, haciendo como que ignoran que —hoy, ayer, mañana—son sus cofrades, socios y miembros todos del clan intensivo los que incrementan esos regadíos piratas con total libertad, ante los ojos de todas las administraciones, guardas, alcaldes y fiscales, sin que nada malo les suceda. ¡Qué tierna observación!

La penúltima escala en esta declaración de bondades y sinceridades es una —culta, cuidada, sentida— evocación de que la Conferencia del Clima de Madrid, de noviembre pasado, pedía a los países miembros que se escuchara a la ciencia, de donde deducen que es la ciencia la que respaldará la sostenibilidad medioambiental de su agricultura. Como si los que les seguimos la pista no conociéramos de su concepto de ciencia, que pervierten por asociarlo meramente a sus intereses crematísticos, y que les sirven científicos y técnicos a los que el dinero que se les ofrece los lleva más bien a la anticiencia (que es aquella que desprecia el análisis de las causas de los dramas ambientales, vendiéndose a los que la solicitan para limitar o disimular los efectos, sin propósito de enmienda).

El final de estas consideraciones, tan bien hiladas, es de rigurosa proclamación democrática, pidiendo que la Ley de Protección Integral del Mar Menor "sea aprobada por la Asamblea Regional con un amplio consenso parlamentario", como si ese consenso no estuviera garantizado y escorado a sus intereses, con los votos compadres de PP, Ciudadanos y Vox, más la inutilidad política del PSOE (que sólo matiza, por distraerse, cuando están en la oposición). ¡Qué listillos, estos demócratas de toda la vida! Los que sabemos de la eficacia de las leyes ambientales, y venimos sufriendo Gobiernos regionales de incompetentes y malvados, fiamos a esas leyes lo mismo que a los discursos de los políticos queriendo exhibir preocupación y voluntad.

Pero con ser tan completitas, estas bienaventuranzas de los valedores de un poder agrario sin control y dispuesto a morir matando, han dejado de lado otros asuntos que todo muestra que les tienen acongojados: el régimen de semiesclavitud de los trabajadores del campo, vergüenza sostenida que sólo hace posible la incomparecencia de la Inspección de Trabajo y la conspiración procaz de tantos niveles administrativos. Así, el punto undécimo de esta hipócrita retahíla estaría redactado asegurando que se desviven por cuidar a los empleados del campo, por pagar por encima de la miseria legal y, por supuesto, que no tienen nada que ver con los (escasísimos) desaprensivos que llevan a la muerte a los más desafortunados. Pero no necesitan decirlo: su generosidad queda a salvo, ya que a estas alturas nadie puede dudar de su calidad de benefactores de la humanidad.

El agro fatal y su entorno protector (a fin de cuentas, esto es lo que hay)[20]

Ni la salmuera criminal ni los pozos que matan harán cambiar, nunca, a nuestra región pertinaz. De ahí que resulte fácil describir la realidad catastrófica murciana por cuanto se refiere a la más cruda y actual situación ecológico-económica, marcada por una agricultura especialmente destructiva. Un mero esfuerzo de síntesis de la realidad y de reordenación de elementos aparentemente sueltos o inconexos proporciona un cuadro certero, aunque no exhaustivo, pedagógico y utilizable: en el centro está, ostentando un poder excesivo, creciente y, desde luego, inmerecido, el *poder agrario*, desarrollado al calor de la época sociopolítica que nos ha tocado vivir.

Lo hacen posible, en primer lugar, un *poder político-administrativo* volcado en amparar este modelo de agricultura intensiva, sean cuales sean los males que produce. Se trata, por una parte, del Gobierno autonómico regional, que añade a su insensibilidad e incompetencia ambientales una solemne indiferencia de hecho ante las tropelías de una economía agroindustrial que cada día que pasa resulta más perniciosa, tanto para el medio ambiente regional como para el futuro de nuestra sociedad, a la que esa actividad le viene destruyendo dos de los principales recursos de supervivencia: el suelo productivo y el agua disponible. Y por otra, de esa institución estatal, nefasta y prevaricadora que es la Confederación Hidrográfica del Segura (CHS), igualmente consentidora e impermeable a las críticas y las denuncias.

Este poder, se supone, recibe como compensación de su apoyo institucional, el voto a los partidos en el poder. El caso de la CHS, teórica-

20 *La Opinión*, 12 de febrero de 2019.

mente dependiente del poder político de turno en Madrid, ofrece poca matización, ya que actúa como costumbre del lado del negocio del agro y el agua, no del lado de la protección del medio ambiente o de los recursos públicos. Hay que contar, al buscar explicación a la docilidad de estas instituciones ante el poder agrario, el despliegue de amenazas e intimidación con que este acostumbra a dirigirse a las administraciones y a la sociedad entera, que resulta eficaz dado el escaso sentido de lo público de estos organismos.

El segundo ámbito de complicidad del abuso agroindustrial es el *estamento judicial*, de jueces y fiscales que, conociendo evidentemente todo esto, suelen actuar a rastras y sin ganas, de forma indecisa e incompleta, haciendo a la hora de la verdad ese dicho, destilado por la sabiduría sufriente popular de ser "fuerte con el débil y débil con el fuerte". Efectivamente, destaca por sobre cualquier otra consideración, la resistencia de jueces y fiscales a encausar a los grandes empresarios y empresas, pese a los visibles y continuos abusos que perpetran, a las ilegalidades de que incluso hacen gala y a la actividad crítica y denunciadora de la ciudadanía. Porque la sociedad no sólo se enfrenta a ese poder agrario y sus apoyos político-administrativos por permitir el sistemático incumplimiento de la legislación vigente, sino también por atentar diariamente contra el medio ambiente, el territorio, la salud y hasta los derechos humanos; asuntos todos ellos que, sí, son objeto del Derecho administrativo, pero también del penal. Y ese estamento no debiera esperar, como sistema, a las denuncias de origen social (que, además, tantas veces minimizan) sino actuar de oficio y como obligación, que así lo mandan la Constitución y la normativa aplicable.

En general, no se puede decir que este estamento actúe de forma tan poco social por obtener beneficios políticos, no; el análisis más bien apunta a desgana e incompetencia, así como a una simpatía —digamos de clase o casta— hacia el poder político, el agrario y el empresarial, eminentemente conservadores todos ellos, y tradicionales beneficiarios de una justicia que, como decía antes es tradicionalmente desmotivada e insatisfactoria. En Murcia y con el agua esto es actual y rotundo.

El tercer ámbito de apoyo a esta situación tan desalentadora es el *poder socioeconómico*: la población directa o indirectamente beneficiaria y los sectores económicos vinculados, que es verdad que son numerosos y, también, potentes. De predominio conservador, este mundo se muestra insensible al problema ambiental, a la crisis ecológica, al futuro amenazante, a la ley conculcada, al orden subvertido y a cualquier razón y sensatez que vean como un peligro para sus directos intereses.

El cuarto sector en este cuadro de despropósitos es el *poder científico-universitario,* el más débil de todos, pero singularmente discreto ante los serios problemas a los que se enfrenta nuestra sociedad. Hay dos centros estatales de investigación, el Instituto Español de Oceanografía (IEO) y el Centro de Edafología del Sureste (CEBAS), que se sitúan a leguas de sus responsabilidades científico-sociales. Me gustaría saber las denuncias (aunque fueran meras advertencias oficiales) que el IEO ha dirigido a los poderes públicos, estatales y regionales ante la degradación —persistente, intensa, visible— del Mar Menor en los últimos años. Y también querría que los directivos del CEBAS demostraran que cumplen con su obligación denunciando la situación de los suelos afectados por la agricultura de saqueo: la pérdida de fertilidad, el exceso de nutrientes inorgánicos, las consecuencias de la escorrentía, el envenenamiento de los acuíferos… Por el contrario, y aún a sabiendas de la insostenibilidad y peligrosidad de esta agricultura, estos centros y algunos departamentos universitarios (principalmente de la Politécnica de Cartagena), acuerdan recibir financiación de las organizaciones agrarias para proyectos de investigación y cátedras que pretenden una colaboración patológica, olvidando su objeto social y como si mereciera la pena investigar sobre una agricultura nefasta, respaldando así un poder agrario aniquilador.

El último elemento en este dispositivo descriptivo es —por decir algo— el *poder crítico de la sociedad civil*: grupos, plataformas, medios de comunicación… Un conjunto de voces que es consciente de la hostilidad multiforme y eficaz de ese poder agrario y su entorno, así como de la obligación cívica, pese a ingrata, de advertir y denunciar.

Marea ascendente por el agua y contra la Confederación[21]

Una veintena larga de entidades del entramado social de la Región de Murcia ha expresado su hartazgo frente a las tropelías de la Confederación Hidrográfica del Segura (CHS) en un manifiesto dirigido al organismo que la encuadra, el Ministerio para la Transición Ecológica y el Reto Demográfico (MITECO). Un texto muy crítico que destaca, esencialmente, la falta de transparencia de este organismo estatal que, lejos de mostrarse accesible al ciudadano, como sería su obligación, despliega por sistema,

---
21 *elDiario.es*, 6 de diciembre de 2020.

ante éste y sus cuitas, una variada gama de trabas, escapatorias y silencios, todo ello en contradicción con la legislación vigente y en la más tranquila impunidad. En esta protesta se resalta cómo este organismo se sitúa, de hecho, fuera de la aplicación de la normativa acerca de los derechos ciudadanos a la información, a la participación pública, al acceso a la justicia en materia ambiental, etc. Y se pide que cese la opacidad sobre su funcionamiento interno, sus cuentas y el propio cumplimiento de la legalidad a la que se ha de ceñir, pero que burla continuamente. El manifiesto inculpador de las asociaciones que lo firman pide al Ministerio una auditoría estatal, imparcial y general sobre la gestión de esta dichosa CHS.

Se ha de relacionar esta protesta, que tiene vocación de multitudinaria, con el proceso, ahora concluido, de exposición pública de lo que la CHS denomina Esquema Provisional de Temas Importantes del Tercer Ciclo de Planificación Hidrológica (EPTI). Sobre el EPTI cabe decir, en lo formal, que se trata de un texto ocioso y deleznable, desesperante e interminable, pese a lo cual no consigue ni despistar ni adormecer, mostrándose como insulso, banal, carente de nervio y estructurado, en fin, sobre el molde en el que se acrisolan las incontables fechorías del órgano redactor.

Constituido por vaguedades, medias verdades y elusiones sin aportar auténticas soluciones para paliar la dramática situación de la Cuenca y cumplir alguna vez con la Directiva Marco de Aguas, las escasas alternativas que plantea no son para confiar en que vayan a llevarse a la práctica. Así, este texto resulta imposible de ser tenido seriamente en cuenta; pese a lo cual, ha sido atenta y diligentemente escrutado por ciudadanos incansables y de un nivel ético que ya quisieran para sí los inspiradores de tan insoportable rollo. Resumámoslo diciendo que está orientado, claramente, a mantener una situación ya insostenible desde los puntos de vista agrario, ambiental, sociopolítico y legal. Unas intenciones, a malas penas disimuladas, que este órgano se permite prolongar por la inconcebible protección de los responsables del MITECO, que demuestran así su amplia disposición a consentir los atentados y malas artes en nuestra Cuenca, dirigidos contra la realidad agraria, ambiental, sociopolítica y legal.

Las alegaciones de asociaciones como Ecologistas en Acción y Consejo de Defensa del Noroeste apuntan directa y certeramente a las deficiencias y venalidades de la CHS en los numerosos asuntos clave por los que pasa de puntillas o ignora ladinamente. Se señala en estos escritos, como rasgo común y problema general, la existencia de decenas de miles de hectáreas de regadío ilegal, así como de una cantidad incontable de pozos pirata; todo ello, en incremento. Más la contaminación creciente de los acuíferos de la Cuenca, un proceso que ya afecta a la mayoría, con niveles alarmantes de nitratos en varios de ellos; una situación que, incapaz de afrontarla, la CHS apunta a que "una vez aplicadas todas las medidas, ha de imputarse a causas naturales", sin el menor pudor.

Y, por supuesto, la sobreexplotación de estos acuíferos, algo que, en realidad, viene favoreciendo la CHS con una gestión permisiva, casi ausente de vigilancia y, en consecuencia, con bajísimo nivel de sanciones (a pequeños infractores, casi nunca a los poderosos) y nula exigencia de restitución a las situaciones anteriores a la infracción. En materia de sobreexplotación se destaca también el radical silencio sobre el caso, inolvidable y vigente desde 1994/1995 (recordemos: años del incendio criminal de Moratalla y llegada al poder del PP, iniciando el *valcarcelato*), con el permanente dolor de cabeza generado desde la finca de El Chopillo, en Moratalla, cuyo planteamiento básico es que el acuífero subyacente, llamado de Almírez, recibe de media unos 2 Hm^3 de aportación hídrica al año, pero al que se le extraen 6 Hm^3, un misterio al que la CHS se adapta encantada e incluso tomando distancias hacia él, tan devotamente. Pero tampoco este misterio es tal, porque el asunto está claro como el agua (valga la redundancia) desde los primeros informes geológicos alusivos a este tema, de 1983 nada menos, realizados por técnicos de la propia CHS, que apuntan a que las extracciones de ese acuífero tienen que afectar a la masa de agua superpuesta, que es el embalse del Cenajo, por lo que los pozos existentes que bombean ese exceso contable estarían, hidrogeológicamente hablando, realizando una succión ilegal y antisocial (vulgo, robo) del agua de dicho embalse y, en consecuencia del río Segura, apropiándose sus beneficiarios privados de un agua pública. Pues de los tres pozos existentes a la entrada en vigor de la Ley de Aguas (1986) se ha pasado a los trece que figuran en el Registro de Aguas (y que quizás sean más), pese a la larga sucesión de denuncias que no han conseguido que esa finca se controle.

Y recordemos que en los desmanes del Noroeste participan algunos de los empresarios responsables del desastre ecológico del Mar Menor. (Cuando el Consejo de Defensa del Noroeste le ha planteado este asunto del Chopillo y otras ilegalidades consentidas en la zona del Noroeste al fiscal de Medio Ambiente, señor De Mata, este ha tratado de dejar correr los plazos para archivarlos. Y cuando se le impidió que lo hiciera, reclamando la intervención de su superior, el fiscal jefe Díaz Manzanera, ha vuelto a las mismas, sin la menor indagación o pesquisa propias de su trabajo, conformándose, como argumentación para archivarlo definitivamente, con la contestación remitida por la propia CHS, contra la que iban las flechas de la denuncia; una CHS que nunca ha querido hincarle el diente al "caso Chopillo", en el que, incidentalmente, ha figurado desde siempre un conocido magistrado murciano, Mariano Espinosa.)

Son alegaciones maduras y educadas, estas a las que aludimos, respetuosas con la calidad del procedimiento administrativo, aunque sus autores sepan de sobra lo que suelen hacer los de la CHS con alegaciones, denuncias y otras aportaciones de los esforzados ciudadanos que siguen creyendo en el imperio de la ley. Hechas con paciencia infinita, que corre parejas con la indolencia y mala fe de este organismo y de quienes se lo apropian como si de un patrimonio particular se tratara.

Difícil resulta ser positivos en este panorama y con estos funcionarios del Estado, contra los que la indignación de los sectores afectados y sensibilizados se viene levantando, precisamente originada en la década de 1990, desde la que no ha dejado de crecer. De ahí que no sean muchas las esperanzas de que el MITECO, perfectamente informado de estos hechos (tanto de las tropelías de la CHS como de la ruinosa situación física y ecológica de la Cuenca), actúe debidamente y limpie ese organismo al que teóricamente controla, imponiendo una gestión del agua liberada de la incompetencia y la prevaricación, rechazando en primer lugar ese panfleto infumable del EPTI y, a continuación, escuchando el clamor de quienes sí creen en la necesaria tutela del Estado, y en su defecto de la Justicia, sobre un bien público tan básico y crítico como es el agua.

Ministra Ribera: feos chapoteos en las aguas del Segura[22]

Teresa Ribera, ministra para la Transición Ecológica y el Reto Demográfico (MITECO), viene dedicándose, con facilona prioridad, a reducir las emisiones carbónicas a partir de la producción eléctrica. Por ello, descuida tareas ambientales de gran importancia, que serían inaplazables si sus planes y voluntad superaran la descarbonización y si quisiera demostrar su papel político en un Gobierno progresista. Y así, se muestra

---

22 *cuartopoder.es*, 21 de enero de 2020.

radicalmente remisa a poner orden en el desmadre de la gestión del agua por obra y gracia de ciertas Confederaciones Hidrográficas, directamente sometidas a su mandato. Tampoco se interesa por ninguna transición en nuestra agricultura que, por ser mayoritariamente intensiva, resulta venenosa para la red fluvial, los acuíferos y la propia producción agrícola; el agua y la agricultura se le escapan, haciendo como que ignora los muy serios problemas en presencia.

La ministra Ribera viene demostrando un sorprendente perfil bajo en los asuntos cubiertos por la Confederación Hidrográfica del Segura (CHS), quizás la más impresentable del elenco y que escandaliza sistemáticamente a la Región de Murcia y comarcas adyacentes de la misma Cuenca. No hay más que ver la incompetencia con que maneja su Ministerio la crisis del Mar Menor, de la que la CHS es primera responsable, lo que inutiliza a la ministra, al secretario de Estado de Aguas y a la propia CHS ante el necesario enfrentamiento con el segundo responsable de ese desastre, que es un Gobierno regional perverso y desafiante que, fortalecido por el apoyo de sindicatos de regantes, organizaciones agrarias y *aguatenientes*, somete al medio ambiente de la Región a procesos de degradación innumerables, que envilecen la tierra y la sociedad.

En este entorno de impotencia e incompetencia (o sea, de irresponsabilidad), la ministra aprovecha para ofender los sentimientos a favor del control público de los espacios protegidos, respaldando la adquisición de Cabo Cope por una fundación privada que se ha encaprichado por esa montaña litoral, altamente simbólica del ecologismo murciano, que se encuentra nacionalizada por provenir de las propiedades de Bankia y ser administrada por el banco público SAREB; la socialista ha demostrado ser de pega, y la jurista ha olvidado la ley 42/2007, del Patrimonio Natural y la Biodiversidad, que señala la prioridad/obligación de las instituciones públicas en la compraventa de espacios protegidos, como es el caso, ya que Cabo Cope se integra en un Parque Natural y goza de la protección adicional de LIC y ZEPA.

A la jurista mejorable, además, se le ha ocurrido echarle un pulso a la Justicia saliendo fiadora de una CHS a la que se le viene acusando de nido de prevaricadores, mirando insistentemente para otro lado. Y para consolidar su imagen (nublada) de ministra socialista y ecológica la ha tomado con uno de los técnicos de esa entidad, Francisco Turrión, hidrogeólogo con 30 años de experiencia en la casa, instructor de cientos de expedientes administrativos sobre aguas subterráneas; a su experiencia y su responsabilidad sobre el control piezométrico de los acuíferos se debe la perforación de más de 60 pozos de sequía en esa Cuenca, realizados durante la sequía 2005-2009.

Al perplejo funcionario la CHS lo castigó en 2018 por "denigrar los trabajos realizados por profesionales destinados en esta Confederación", apartándolo del servicio público y suspendiéndolo de empleo y sueldo 6 meses y 5 días con tres sanciones disciplinarias: una por falta muy grave de incumplimiento del régimen de incompatibilidades, con 3 meses y 1 día, otra por falta muy grave por fraude o deslealtad en las tareas encomendadas, con 3 meses y 1 día, y otra por falta grave por la difusión de datos de la CHS, con 3 días.

El motivo fue que Turrión había plasmado en el informe *La trama del agua en la Cuenca del Segura, 10 años después* (2016), a invitación de Greenpeace, y entre otros interesantes extremos, un punto de vista novedoso según el cual dicho ámbito territorial no es deficitario en agua y podría desengancharse del acueducto/trasvase Tajo-Segura (ATS) en tres años usando sus propias aguas subterráneas y desaladas para beber y regar sin producir ningún impacto ambiental. Eran éstas, observaciones propias de un hidrogeólogo al servicio de los intereses públicos y de la legislación vigente, pero que le sentaron a cuerno quemado a los irregulares de la CHS, atentos a castigar a los que se oponen a la dogmática del ATS, impuesta poco menos que a bastonazos por el agropoder murciano y esa sucursal bellaca del Estado, a la que se le encarga reprimir las herejías.

Turrión llevó a la CHS a los tribunales por vulneración del derecho fundamental a la libertad de expresión, ganando en el Juzgado de lo Social de Murcia con una sentencia (marzo de 2019) que declara nulas las tres sanciones impuestas y condena al MITECO a indemnizarle con 12 000 euros por los daños morales causados al vulnerar su derecho a la libertad de expresión; la sentencia añade que no constata ningún documento que demuestre que algo de lo que decía Turrión en su informe para Greenpeace no fuera cierto. Al acto del juicio la ministra mandó a un Abogado del Estado, Nicolás Valero Lozano que, lejos de argumentar las cuestiones técnicas del expediente disciplinario, hizo una arenga política a favor de los trasvases y justificó, como si estuviera ante aquellos Tribunales de Orden Público de Franco, que la libertad de expresión de un funcionario ha de reprimirse, sin más, cuando a juicio del "poder establecido", pueda crear alarma social y conflicto entre regiones.

Pues bien, descontenta con la sentencia la ministra la recurrió ante el Tribunal Superior de Justicia de Murcia (TSJ), que sentenció (diciembre de 2019) confirmando íntegramente la anterior; con la interesante adición del voto particular de uno de los magistrados, mostrando su estupor ya que dicho recurso nunca debió admitirse, porque las sentencias sobre expedientes disciplinarios declaradas nulas en primera instancia son firmes y ante ellas no cabe recurso alguno, siendo también firmes las indemnizaciones derivadas. Empecinada en salvaguardar no se sabe qué derechos o intereses, a Teresa Ribera le ha parecido poco esta segunda bofetada, dando pie al recurso de casación ante el Tribunal Supremo en base a una arriesgada "unificación de doctrina": una maniobra dilatoria, ya que no existe una jurisprudencia contraria a este caso concreto (libertad de expresión de los empleados públicos en artículos de opinión) que contradiga a los jueces del TSJ. Lo chusco es que el proceso lleva estancado más de seis meses porque la sentencia del Tribunal Constitucional 126/2003, que había esgrimido el Abogado del Estado para contrastar y recurrir la del TSJ, "no ha llegado a Murcia", a pesar de haber sido requerida por la Secretaria Judicial del TSJ en dos ocasiones.

Todo apunta al inevitable ridículo del Ministerio de la señora Ribera, y de ella misma. Mientras tanto, tras dos años de la primera sentencia este funcionario ejemplar sigue sin cobrar los 6 meses y 5 días de salario que no percibió, ni los 12 000 euros de indemnización por vulneración de su libertad de expresión. Además, el actual presidente de la CHS, el ingeniero Mario Urrea, seleccionado para el cargo por los poderes fácticos del agrocantón murciano, aunque nombrado por la ministra (que no se quiere enterar del pastel), y que algunos consideran socialista, mantiene apartado a Turrión de la dirección técnica de la Batería Estratégica de Pozos de Sequía, queriendo ignorar que el hidrogeólogo es el responsable de la piezometría de esa Cuenca desde 2010, y permite que su jefe directo lo trate como un auxiliar administrativo, negándole la firma a los expedientes de los que él es legal instructor.

Más le valiera a esta ministra requerir al competente hidrogeólogo para obtener información directa de la caótica e ilegal situación en la Cuenca del Segura, y concretamente en la CHS. Y preguntarle, por ejemplo, por los peajes de los que habla en su informe: es decir, agua de pozo que se echa al río Segura en Moratalla, Calasparra o Hellín, por ejemplo, y que luego se recoge del canal del ATS en el Pilar de la Horadada, Mazarrón, Almendricos o Águilas. ¿De qué volumen total estaríamos hablando?

¿Qué parte es agua de pozo y qué parte es agua de río la que se echa al trasvase? ¿Cuántos peajes de esos se siguen produciendo después de la sentencia 724/2020 del Tribunal Supremo, que prohibió este chanchullo a los *aguatenientes* de Águilas y Mazarrón parapetados en la Comunidad General de Riegos Meridionales? ¿No cree que es de aplicación al caso de Moratalla y el Cenajo? ¿A cuánto asciende la facturación de la CHS por la tarifa de peaje de esas aguas trasportadas por las infraestructuras del Estado? ¿Cómo se controla que es realmente el volumen vertido al río el mismo que se recoge del canal del ATS aguas abajo? ¿Qué legalidad ampara esos peajes del agua de todos?

También le podía preguntar cómo es posible que se amplíen cientos de hectáreas ilegales de regadíos a manos de terratenientes y luego aparezcan como legales en los Planes Hidrológicos de la Cuenca, dentro del escurridizo concepto de UDA (unidad de demanda agraria, invento de la CHS), mientras a los pequeños agricultores, ganaderos y ciudadanos en general se les impide acceder a un poco de agua para salvar sus almendros, olivos o viñedos; porque la CHS sigue sin acatar dos sentencias del Tribunal Supremo que anulan el artículo 40 del Plan Hidrológico del Segura, el actual y el anterior, un artículo que —atención, señora ministra— parece haber sido redactado por la mismísima Suez, multinacional de aguas privatizadas y de creciente influencia en España. ¿Y qué es eso de la "intranet del agua", un agua que pasa de balsa en balsa por tuberías enterradas y llega hasta donde mejor se pague?

¿Por qué no deja de perseguir a los funcionarios decentes, señora ministra, y pone orden, como es su obligación, en el mafierío murciano del agua?

Murcia blasfema y arrasada: ira de Gaia[23]

Los pecados de los murcianos contra la tierra, el mar y el cielo son tan enormes y recalcitrantes que, al quedar impunes por la perniciosa influencia que el poder agrario ejerce sobre las administraciones, la justicia y la opinión pública, y al ser todas ellas instituciones terrenales imperfectas y manipulables, han de ser los dioses ofendidos quienes, hartos de abusos y perversiones, tomen cartas en el asunto, distinguiéndonos con la furia de sus poderes desafiados. Ha debido de ser Gaia, la Madre Tierra de los

---

23 *La Opinión*, 17 de septiembre de 2019.

antiguos que ahora son blasfemos, y de los que han sabido, todavía hoy, mantenerse prudentes cuidando de no ofenderla y siempre allanados a sus exigencias que son clave de supervivencia de todos los mortales, la que ha decidido responder a tanta ignominia, harta de advertencias: la ira descargada sobre la insolente tierra murciana es proporcionada, sin duda alguna, a la inmensidad de sus crímenes (y no distingue, ¡ay!, justos de pecadores).

La primera de nuestras faltas, en las que reincidimos sin el menor propósito de enmienda, ha sido el maltrato sistemático de la red hidrográfica, con el padre Segura en primer lugar, pero con mayor alevosía, todavía, en la minuciosa aniquilación de la tupida malla de afluentes, ramblas y regatos. La estupidez de nuestra sociedad, capitaneada por necios reincidentes —que juegan con todo esto como si de una ruleta rusa se tratara— ha permitido que todo este conjunto, geológica y sabiamente adaptado a los mayores eventos climatológicos, haya sido destruido, desnaturalizado y apropiado: osadía de las carreteras, codicia de los cultivos. (Recuerdo cuando un consejero de la Comunidad Autónoma, que desde entonces no hizo más que progresar en política, autorizó una carretera por la rambla de las Culebras, en Águilas, quitándole un tercio de su cauce: las avenidas posteriores adquieren un tercio más de velocidad y de poder destructivo. Algo que ya he criticado desde estas páginas, y de resultado equivalente, es la estulticia de los que, con el pretexto demagógico de "acondicionar las riberas del Segura", han promovido a su paso por Cieza un encauzamiento con escollera y plástico, aumentando riadas, velocidad e impacto.)

La segunda de nuestras ofensas la define el sistemático saqueo del suelo murciano por la agricultura y la ganadería intensivas, pecados e ignominias que han sido consentidos por la Confederación Hidrográfica del Segura (CHS), primera en culpas del desastre reciente por no cuidar de la hidrografía y sus extensos espacios públicos ni del buen uso del agua ni del secano protector, y por plegarse al regadío pirata, invasor y follonero, protegiendo todos los desmanes; y parecida imputación merece que se le haga a un Gobierno autonómico que ha ido agravando durante decenios la usura del territorio, y que ha llevado el urbanismo regional a sus más altas cotas de miseria consolidando, sin ir más lejos, la orla urbanística del Mar Menor con innumerables barreras de bloques, muros y asfalto que, cerrando la laguna, atrapa e inunda pueblos y urbanizaciones, cuando el agua pide paso.

Cuando ahora el Estado acuda a lamentos y reclamaciones, que procure no reincidir "restableciendo" lo destruido, sino enmendando seriamente lo mal hecho o consentido; y, lo primero de todo, exponiendo a público escarnio a buena parte de los ingenieros de la CHS, muy especialmente sus presidentes desde los años 1980, para que podamos increparlos colocando, en sus cabecicas alienadas, orejas de burro. Que ese Estado que se ve requerido por quienes no merecen sino el castigo, no olvide de incluir en sus afanes de transición ecológica la reducción a la mitad, en diez años, de las hectáreas de regadío: ilegales en su origen, más o menos, en esa misma proporción, pero excusadas en mala hora, precisamente, por esos fallidos representantes del Estado en la Región: los de la CHS.

Es ahora el momento de revisar y adaptar, adecuadamente, nuestras teorías del desastre, siempre elaboradas a nuestra conveniencia, y rechazar las culpas de la naturaleza. Y de obligar —es un ejemplo— a los cañoneros melocotoneros de la Vega Alta, que tan obscenamente irritan a los cielos, a que redirijan el tiro, de una vez por todas, hacia sus poco respetables traseros. O de imponer a los que corrompen campos y acuíferos en el Altiplano, a una dieta de 30 años, a base de sus lechugas sobrantes, con babosas de proteína, hasta que los dioses insultados se sientan desagraviados.

Tendremos que esperar, culpables y temerosos, la reacción de Poseidón, el olímpico oceánico, a cuyos dominios, otrora fecundos y límpidos, han ido a parar venenos y porquerías en cantidad nunca conocida (la acumulada por esta sociedad murciana, secuestrada e indolente, que se hiere a sí misma y no respeta ni la tierra ni el aire ni las aguas). Que, si es un tsunami lo que trama el dios marino del tridente, sabrá hacerlo también aquilatado a la tropelía inconmensurable de tanto vertido impune. De momento, y como primera providencia, castíguese a los agricultores depredadores de la Marina de Cope a bucear durante 30 años en los fondos colindantes, y a que no vuelvan a sus campos petroquímicos hasta dejárnoslos bien limpios (traten, si acaso, de ayudarse, si es que lo consiguen, de los responsables guardianes del dominio público, tanto marítimo como hidráulico, que más parecen fantasmas, a fuer de ausentes).

Y hagamos por lograr que los prebostes del Trasvase, de los sindicatos antiecológicos y las cooperativas sin conciencia, que poco o nada respetan en su avaricia del corto plazo y su ideología de conquista, y que los cielos han dejado desnudos por su insolencia, señalando bien a las claras las causas verdaderas de la desgracia, que nos regalen un paseíllo exhibiendo sus viriles desvergüenzas, aunque podrán envolverse en esas (sus) blancas pancartas de sabiduría azul: "Agua para todos". (Seguro que, observando el espectáculo, los dioses injuriados, pero vengados, nos enviarán, con feroz ironía, el eco lejano de sus truenos justicieros: "¿No queríais más agua?")

Cieza y humo
(o el enésimo canto de la agricultura infame)[24]

A consecuencia de la denuncia presentada por Ecologista en Acción, la Fiscalía murciana ha abierto diligencias de investigación por la reiterada, y nunca justificada, quema de diversos combustibles para evitar posibles heladas que perjudiquen el desarrollo de los campos frutales asentados especialmente en el término municipal de Cieza, pero también en los de Abarán o Blanca. Los ecologistas vienen presentando periódicas denuncias, sin éxito, al Ayuntamiento y a la Comunidad Autónoma por los episodios de contaminación atmosférica que saturan de humo infecto el valle del Segura entre los meses de febrero y abril y desde 2014, que es lo que provocan unas prácticas que, más que agrícolas, habría que considerarlas de "libre agresión a las personas y el clima". El texto, sólido y detallado, alude también a informes técnicos oficiales que subrayan la incidencia y el perjuicio de esos humos en la salud, así como a la permisividad y tolerancia de las administraciones públicas, siempre al servicio de la voluntad y el capricho de unos agricultores amos del cotarro.

Como respuesta a esta denuncia y a su aceptación por la Fiscalía (a la que se le regala un documento masticadito, para que haga su trabajo con un mínimo de esfuerzo), los representantes ciezanos de las organizaciones agrarias FECOAM y UPA, han contestado pidiendo a esta Fiscalía "que sea imparcial", como si esto fuera posible o su misión (la de los fiscales) fuera tratar por igual a agresores y a víctimas; o, más concretamente, hubiera que "enjuiciar" también a los ecologistas, como quisieran estos agricultores que protestan, que hacen (los ecologistas, claro) de mensajeros y ciudadanos ejemplares, denunciando el hartazgo y la impunidad. La tarea de la Fiscalía no es ser imparcial al modo salomónico (¿en qué cabeza cabe?), sino echar mano de las leyes conculcadas, apuntar a las responsabilidades de sus infractores para con la salud y el medio ambiente y señalar la vía penal para que los jueces sentencien.

---

24 *elDiario.es*, 18 de febrero de 2021.

A don Antonio Moreno, de la UPA, le ha faltado tiempo para emitir un vídeo de defensa y justificación de esas fechorías, al que hay que reconocer (al video, digo) su carácter de pieza excelente de la oratoria depredadora, con momentos de inocultable brillo. Como ese en el que asegura que "las quemas por heladas están prohibidas", pero las hacen, y que "sólo se autorizan con fines fitosanitarios", pero las practican a su gusto, sin vigilancia alguna. O cuando manifiesta que dejarán a la Fiscalía "que haga lo que tiene que hacer, e iremos hablando de las decisiones y las acciones que tendremos que ir tomando, si fuera necesario"; frasecita que, en la tradición moral, política y verbal de nuestros agricultores, no significa que se ceñirán a la ley y renunciarán a esas malditas nieblas sino que, de haber sentencia condenatoria, recurrirán a la movida y la intimidación, porque su negocio no se toca: de ahí la perorata, en este mismo video, acerca de la necesidad de disponer de "instrumentos contra las heladas" y de que los ecologistas "dejen de producir daño a la agricultura y protesten, si acaso, ante la Unión Europea". Buscando protección, esta gente no entenderá nunca que no hay norma en el mundo que pueda amparar el delito, que aquí asoma apuntando a las personas y a la atmósfera, porque si así resultara, sería la norma la que habría que denunciar y eliminar; y que tampoco valen los permisos "orales" de los consejeros de Agricultura, con cuya cobertura todos sabemos que cuentan. Tampoco admitirán, por más que lo experimenten, que los ecologistas saben responder a su prepotencia y chulería con las armas que más daño les hacen: la paciencia, la tenacidad y la inteligencia. Sí saben, sin embargo, señalar a sus enemigos, a los que dirigen sus advertencias, a tomar en cuenta. Así, el señor Moreno, en ese vídeo para la historia (y, quizás, para la Fiscalía), en su ataque a los ecologistas no se priva de señalar, aludiendo a la denuncia y sin dar el nombre, a "su representante en Cieza al frente, evidentemente", a quien parece honrar como su "bestia negra".

Estos representantes de un gremio cada vez más osado y dañino, pero privilegiado e intocable, saben que a poco que se les examine caen por su peso, de tan lejos que han llegado sus abusos; y de ahí las palabras y los argumentos, digamos, gruesos, que se han habituado a emplear, anunciando todos los males para la región si no se les deja sueltos. Son tan excesivos, es tanta su extralimitación y tan irrefrenable su codicia que sólo pueden esperar restricciones, recriminaciones y castigos, y a esa fase ya han llegado hace no poco tiempo. Lo de la *Frutalia* ciezana consiste en la opción masiva por cultivos que, si tan expuestos están a las heladas, es que son impropios de nuestro clima; pero no tienen ningún derecho a forzar la máquina atacando a la naturaleza (y a las personas) con su empeño, que nada tiene que ver con "ventaja comparativa" alguna, ni siquiera a escala europea, sino con mera "imprudencia avariciosa". Pero el caso es que estos abusadores, que hasta tal punto se han auto consagrado héroes del agro murciano, por sufrientes y abnegados, no encajan, ni medio regular, que alguien los trate de pérfidos y embusteros. Pero tienen que aguantarse y esperar más y más presión, y algún castigo que les escueza.

(Uno se acuerda de cuando, ya en democracia, surgieron las UPA, COAG y ASAJA sindicatos específicos para defender los derechos de los trabajadores del campo y los intereses generales de la agricultura, con marcado acento social; hace mucho de esto, y ahora se trata de meras corporaciones que se mueven por vulgares intereses empresariales, que imponen su voluntad en la política murciana y donde manda una gente enriquecida por esa agricultura "avanzada y competitiva", que destruye todo lo que encuentra sin miramiento alguno.)

Ahora viene la expectación, las dudas y un nuevo capítulo en la desequilibrada y esquizofrénica historia del campo murciano moderno, todo lo cual empieza con el fiscal de Medio Ambiente, don Miguel de Mata, que es de esperar que esta vez consiga frenar sus conocidos impulsos archivadores de asuntos complejos y delicados, ya que el del humo melocotonero carece de complicación y está claro como ese cielo que con impúdica frecuencia velan con sus nubes negras quienes no han tardado en rasgarse las vestiduras por la denuncia. La verdad es que —y en esto, vive Dios, comprendo bien al fiscal De Mata— siguiendo el rastro del delito y tirando, tirando de este asuntillo fumígero en la Vega Alta, con sus miserias de cada vez más alta intensidad, podríamos dejar en carne viva toda la Cuenca del Segura, pirateada y asolada por esos mismos intereses y con personajes de aspecto variado (aunque no tanto). Esta tarea, que es verdad que acongoja, no es para tibios sino para bien templados, y tendría que haberse hecho veinte años atrás, pero lo han impedido fiscales desganados o incompetentes (adjetivos generosos, voto a tal), contribuyendo a la mayor gloria de ese agropoder murciano que tiene a (casi) todos bien cogidos.

Porque el humo incisivo, de pajas y parafinas, señala donde está el fuego, que no es ni más ni menos que en esas inmensidades arboladas, catastróficas de por sí y por el pecado ambiental y social de la productividad obsesiva, con lo que se convierten en objeto frágil de adversidades climáticas y carne fácil de plagas biológicas, con el resultado, frecuente e insultante, de derroches y desperdicios. He ahí el problema de fondo: esas superficies disparatadas (13 000 hectáreas, dice la publicidad de la dichosa floración como espectáculo) de frutales geométricos sobre suelos asolados y esquilmados, enemigos del paisaje y colaboradores necesarios de *danas* y riadas, otra de las gracias que hay que reírles a estos melocotoneros enloquecidos que los aplanan y esterilizan roturándolos y desmochándolos; que los ligan, a su vez y aunque no quieran reconocerlo, a esos desastres climáticos, tan poco naturales, en no escasa medida (pero de los que siempre sacan tajada, a fuer de pedigüeños avezados, sin admitir culpa alguna).

Otro de los "palos" del juego siniestro de los enemigos de la salud y el clima es la complicidad municipal con estas prácticas, que en Cieza se funda en el reclamo turístico en que se ha convertido la "explosión de colores" de la floración de ese fruterío desmadrado. Un poderoso espejismo que parece excluirlos (a los munícipes responsables, me refiero) de sus prioritarios deberes para con la salud, el medio ambiente o el territorio, añadiéndose a la bula general expedida a estos depredadores.

Pero, ¿cómo enfrentarse al mito de la floración como "recurso turístico" sin incurrir en anatema y convertirse en enemigo del pueblo? ¿Cómo oponer, en la memoria y la sensatez, esas tierras altas blancas y soberanas, que un día fueron bellas y hoy aparecen vendidas al vil metal, sometidas, asfixiadas y coloreadas de tonos tan vanos y artificiales que no pueden sino reforzar la percepción del crimen? Cuadrículas perversas de monótonas tonalidades y engañosa diversidad, que producen frutos de llamativo y uniforme aspecto, dimensión y color, pero sin olor ni sabor (y sí mucha química en su carne y en su piel).

¡Acudan al espectáculo, buscadores de sensaciones falsas y seguidores de eslóganes baratos, y presencien la gran farsa del color ciezano, esencia de la depravación de nuestros campos, que ya han sido hermanados entre sí por lechugares sin límite, campos raros de brócoli exótico y melonares llamados al desahucio! Pasen y paseen, pero no piensen. Ecologistas en Acción, siguiendo la senda de la denuncia que tan oportunamente han tomado, debieran ahora llamar a una cuestación popular, y lograr la confección de una gran pancarta para extenderla, y que sea bien vista, entre los límites provinciales y las cuestas de Ulea, por la raya austera del espartizal paciente (que algún día tendremos que redimir), y que señale hacia ese mar fugaz de colores imperfectos con breve leyenda, aunque repetida mil veces, a modo de advertencia caritativa: "Todo esto que ven ustedes, entusiasmados visitantes, es mentira".

Profesor Cámara: elogio obligado del agua envilecida[25]

No, ni mucho menos. El artículo "La agricultura en la región de Murcia: un modelo de transición ecológica justa", publicado por el profesor Miguel Ángel Cámara, catedrático de la Universidad de Murcia, en *murciaplaza. com* (24 de abril), no consigue ni vencer ni convencer. Todo lo que logra, y esto sí, en demasía, es sumirnos en profundo decaimiento, ya que no es fácil entender cómo un murciano culto puede incurrir en tamaño texto-dislate.

El esfuerzo personal, alterado por interjecciones, a que somete la lectura de ese artículo, obliga a preguntarse cómo estará la cabeza del autor que, siendo catedrático de Química Agrícola se expresa como si lo fuera de Empresa Agrícola, con la particularidad de que la ideología que lo reviste es, a todas luces, falaz y anti natura. Así es como se comprende que su perorata se inicie con el elogio/invocación al "empeño, esfuerzo y talento de una nueva generación de emprendedores", generación que precisamente está en la picota por lo contrario de lo que su valedor proclama: por su feroz inquina contra el medio ambiente y su usura sociolaboral.

Habría que ver qué jurado, ecuánime y sensible, le ha otorgado a la agricultura murciana la patente de "modelo productivo ecoeficiente referente a nivel mundial", porque tendrá que componerse de analfabetos en agronomía y energética y, por supuesto en una química qué no atente contra la ecología; de existir, será un conciliábulo de líderes empresariales codiciosos y aberrantes, voluntariosos ignorantes en casi todo lo que definiría a una agricultura ecoeficiente, que no es sino la que cultiva sin productos químicos de síntesis, con aporte energético solar (fotosintético, no de energía eléctrica solar) y con mano de obra atenta y abundante. La agricultura que publicita Cámara se basa en tres mentiras, que exhibe sin el menor pudor: la "sostenibilidad del binomio agua-energía", que quisiera ignorar la escasez de ambos recursos, sobre todo el primero, y la subvención energética y ambiental de todos los productos químicos que

---

25 Censurado por *elDiario.es* y acogido en *latalaya.org*, de Cieza, 7 de junio de 2021. Debieron de ser las alusiones a HIDROGEA, empresa generadora de profusa publicidad en todos los medios de comunicación, las que provocaron el rechazo, digamos, "preventivo", de mi artículo.

utiliza; "el marco de transición ecológica justa", en el que dice inscribir esta actividad, como si no se conocieran bien su evolución y el futuro que definen, con su creciente desafío ambiental y social; y el "fortalecimiento del modelo agrícola", que discurre entre excesos y derroches, burbujas amenazantes y una calidad imposible (que las prácticas comerciales y los espejismos de brillo y tamaño pretenden sustituir).

Llamar a esto "agricultura de precisión" son ganas de confundir la obsesiva aplicación tecnológica, de mero objetivo productivista, con el debido respeto a los ciclos naturales y la adecuación, respetuosa y científica, de los cultivos al medio (suelo, humedad, clima…). Quien quiera admirar la tecnología aplicada a esta agricultura, que se pasee por nuestros campos enfoscados por las fogatas (ilegales) de parafina o la quema (salvaje) de residuos de las cosechas: tecnología de precisión, vaya que sí.

Es, en fin, la Región de Murcia, como resume Cámara el entusiasta, "un referente internacional de buenas prácticas y compromiso con el mantenimiento y preservación de nuestros recursos naturales", y si algún necio se atreve a dudarlo, que recorra nuestras vegas, planicies y litoral, con la precaución de tener los ojos bien cerrados y las narices protegidas, para no toparse con los vertidos y chorreteos ubicuos y de múltiples coloraciones, olores repelentes de amplísima gama y visiones variopintas que dan arcadas; no se interese por el estado de los acuíferos, contra los que vienen atentando cada día con un poco más de veneno, esas prácticas "buenas y sostenibles". Asómbrese de hasta qué punto este modelo de agricultura ecoeficiente "respeta la biodiversidad y el paisaje", y déjese llevar por el éxtasis irreprimible que le producirán las hectáreas de lechugas sin horizonte probado, la desaparición radical de vegetación original y el oprobio hacia la geografía física y la memoria del tiempo. Créase, dejándose llevar por la entregada prosa de Cámara, que todo esto lleva a una "transición ecológica justa", y no haga caso del pequeño detalle de que gran parte de esta agricultura se desarrolla —¡desde hace ya casi 30 años!— violando la profusa legislación que prohíbe la ampliación de regadíos, el maltrato de los acuíferos y del suelo, la destrucción de la flora y la fauna silvestres, la alteración del paisaje… con la atenta complacencia de todo un sistema sociopolítico —esta Región de Murcia, de tantos récords— que ha caído en manos de un agropoder codicioso e impune que se permite destilar, a manos de Cámara, propaganda barata e infumable.

Merece la pena, pues, analizar con cuidado el artículo objeto de este berrinche de cronista asequible a (comprensible) hartazgo. Porque se trata de un texto que firma un catedrático de la universidad pública murciana, sí, pero que se preocupa de añadir que también es "Director de la Cátedra de Ecoeficiencia Hídrica", una de esas creaciones, de infeliz colaboración Universidad-Empresa, ya que la financia HIDROGEA, antes Aquagest, una empresa multinacional (grupo Suez, francés) que viene marcando puntos en el acaparamiento en la gestión del agua de numerosos municipios murcianos, con escándalos de gestión en varios de ellos. Quien esto escribe, bien informado, denunció a principios de 2014 prácticas ilegales e irregulares de EMUASA, la empresa mixta del agua (con el 49 por 100 de HIDROGEA) en la capital, que se resumían en el abuso empresarial y la inacción del consistorio que presidía el mismísimo M-iguel Ángel Cámara. El artículo, "Gestión municipal del agua: del descontrol al saqueo", que aparece en el capítulo 1, me fue rechazado por el diario *La Opinión*, que no quería molestar a la empresa (o al Ayuntamiento, o a ambos) y acabó apareciendo en *La Clave de Lorca*. Mientras tanto, abundaban los procesos contra esta empresa en la región y en España, saliendo por ahora incomprensiblemente ilesa.

Así que resulta imposible no sospechar que a Cámara lo compensa HIDROGEA con esta cátedra (de intencionalidad defensiva, dados los hechos) por su comportamiento tan proclive y generoso como alcalde; y así no extrañará que se exprese, en el entorno de la susodicha cátedra, con un texto de encomienda empresarial (tales son sus dislates), sin asomo de sentido ecológico ni rigor científico.

Si fuera posible considerar que el "ideario" de esta cátedra está expresado por el artículo de Cámara (que es muy rotundo, con evidentes pretensiones identificatorias), habría que pedir a la Universidad de Murcia que revise seriamente este caso de "colaboración" con empresas de tan conflictiva esencia y existencia, dejando que la imprudencia temeraria sea asumida por el catedrático a título individual, pero no como miembro de la máxima institución educativa regional: insistiré en que el texto que critico es indigerible y grotesco, y desafía provocativamente la realidad de una dramática situación ambiental.

Que a la Universidad murciana le venga bien disponer de recursos financieros venidos de la empresa privada no le debe impedir analizar con exquisito tacto casos como éste: si en años pasados los recortes autonómicos a la Universidad vinieron de la mano del PP en el poder, siendo Miguel Ángel Cámara secretario general del partido, a la hora de allegar fondos privados para dar oxígeno a la Academia se debe de ser muy cuidadosos en la selección de empresas, contenidos didácticos y, más todavía, directores beneficiarios que, como Cámara, conlleven escándalo.

Fundación Ingenio:
el agropoder acorralado, que trata de escapar[26]

De entre las novedades objetivas, y con vocación de permanencia, que viene aportando la crisis del Mar Menor en el ambiente social murciano, hay que señalar a la Fundación Ingenio (FI), una creación surgida a principios de 2020 desde y para el empresariado agrícola (nominalmente, el del Campo de Cartagena, pero sus servicios vienen al pelo a todo ese sector). Con esta fundación, el agropoder que envenena la tierra y las aguas de la región, y que viene sometiendo a (casi) toda la sociedad, pero que tiembla por sus cimientos ante los ataques que lo desnudan, acusan y ponen en jaque, reacciona y contraataca.

Los intereses económicos en juego en esta crisis radical de la agricultura murciana son inmensos, proporcionales a la magnitud del crimen ambiental continuado y agravado del que es responsable, con sus numerosos e influyentes apoyos expresos o tácitos. Y aunque ha tardado en percibir el peligro —tan seguro se creía y tan impunes quedaban sus fechorías— este agropoder ya ha lanzado su desafío contra una realidad que lo atrapa: así, esta FI pretende ser la punta de lanza de una ofensiva (a la defensiva) con todos los medios necesarios (¿será por dinero?), con la fidelidad descontada de sus satélites y con la seguridad —poderío y manipulación mediantes— de seguir manteniendo intacto su poder, su inviolabilidad y sus ganancias.

El programa de acción que presenta se basa en un conjunto de notas u objetivos propios y tradicionales del cinismo que se ve obligado a desplegar el empresariado cuando se ve en apuros y cogido en falta. Nos valen, para relacionar todo esto, las frecuentes declaraciones de sus primeras figuras, en especial Natalia Corbalán, escogida para esos menesteres como experta en relaciones públicas que parece dotada de la capacidad suficiente para representar adecuadamente (es decir, con las habilidades del caso) los intereses económicos del sector. De las líneas de acción que componen esa estrategia general, describiremos una decena, que expresan muy bien el doble objeto que da sentido a esta FI:

---

26 *elDiario.es*, 5 de noviembre de 2021.

la exculpación de sus evidentes abusos ambientales y la insistencia en mantener el modelo depredador.

Hay que empezar, en consecuencia, por el ciego empeño —comprensible: el negocio les va en ello— en defender una agricultura química y destructiva que, sin embargo, quieren presentar como la única productiva, rentable y de futuro; a esto añaden lo de *sostenible*, claro, para diversión máxima de quienes conocemos las hazañas del sector; y *de precisión*, queriendo impresionar con un pretendido rigor, nivel y modernidad. No está ausente, faltaría más, la advertencia de que la ruina de esta agricultura (que tantos persiguen, según ellos) afectaría a 47 000 empleos. Ni aclaran qué proporción de trabajadores de esta abultada cifra trabaja en condición de esclavitud, de semi esclavitud o de miseria y explotación, legal o ilegal.

La segunda nota es la prédica/soflama sobre las soluciones científico-técnicas para esta agricultura, que según estos vanguardistas son capaces de resolver todos los problemas planteados, presentes y futuros. A esto añaden el paradigma de la *innovación*, como si en vocablo tan prestigiado cupiera alguna facultad milagrosa. Presumo que será inútil decirles, y demostrarles, que el problema del Mar Menor no es técnico ni científico, ni que su mantra de la "eficiencia del riego de precisión" tenga que ver con ahorrar agua o eliminar la contaminación. Sí hay que advertir que la "perspectiva científica" de la FI es, por fuerza, la de una ciencia comercializable, es decir, que se compra y se vende según el interés de compradores y vendedores (de la misma).

La tercera aparece como la contrapartida a esa aparente seriedad con que dicen deberse a los argumentos científico-técnicos, y por eso se declaran ajenos a cualquier dogma o "intereses políticos", como si nos chupáramos el dedo. Observando a sus miembros, así por encima, veremos fácilmente cómo todos ellos son, por origen u opción, de la onda del PP y de Vox, e incluso más a la derecha todavía.

La cuarta consiste en la intención/maniobra de hacer recaer sobre el Estado y sus competencias la catastrófica situación del Mar Menor, así como la obligación de realizar las inversiones que serán necesarias para que, aplicando la tecnología adecuada y más moderna, las cosas se arreglen. No pensarían, seamos realistas, de otra forma si el Gobierno central fuera de su cuerda, ya que saquear al Estado es el norte de nuestro empresariado (sea liberal, sea neofranquista, sea ultra en general).

La declarada inquina contra Madrid hace que, correspondientemente, se apueste por la alianza básica de este empresariado con el Gobierno murciano (quinto punto de su filosofía), a cuyas responsabilidades en la devastación del Mar Menor, que son abrumadoras, no suelen aludir. En origen, esta FI funciona como una nueva agencia de blanqueo de los que manejan la Comunidad Autónoma, dedicados a proclamar su inocencia y hasta su ignorancia, ya que los malos son los de la CHS y el Ministerio.

Para concentrar, a modo de eslogan, su ofensiva contra el Estado, sus pretensiones de neutralidad científico-técnica y su espíritu innovador, la FI asume como estrella de su programa (punto sexto) el "Anillo Protector Ambiental", que debería suponer un despliegue financiero descomunal (del Estado) con inversión y derroche de tecnologías (aventuradas o engañosas) y sin que se toquen, en lo esencial, los procesos corrosivos de la agricultura marmenorense, que son intrínsecos.

Esta posición, que es eminentemente política, la sustancian —emparejados con los de la Autonomía y como séptima nota— con la negativa radical a que los caudales del Trasvase Tajo-Segura sufran merma o sean reconsiderados a la luz de los crecientes problemas que lo acompañan: reducción global de recursos hídricos, escandaloso incremento del regadío ilegal, legítimas exigencias de las comarcas del Tajo, etc.

Otro objetivo, pongamos que octavo, íntimamente vinculado con el neto protagonismo de esa agricultura industrial en el crimen del Mar Menor, es diluirlo para minimizarlo, aludiendo a "todos los factores que han contribuido al deterioro de la laguna", con el propósito de confundir y embarullar su papel; y ni que decir tiene que sus nitratos, plaguicidas y venenos varios son —como demostrarán rápida y contundentemente— lo de menos en ese proceso de degradación.

No podía faltar la sutil referencia a los ecologistas, enemigos de cuidado, a los que quieren, para desposeerlos de legitimidad, meter en el saco de los *lobbies*, se supone que para combatirlos en pie ético de igualdad, confundiendo —y pasándose de listos— a grupos de interés general con clanes de intereses particulares, como ellos mismos. (Pongamos este prometedor asunto en penúltimo lugar de esta lista, aun provisional).

Finalmente, y como detalle propio de pueblerinismo murciano, la FI pretende "situar a la Región de Murcia como uno de los centros principales en la investigación contra la desertización a nivel internacional", que no es que esté mal, pero más le valdría trabajar para que mejore la pésima imagen mundial de esta tierra que, más que en "Huerta de Europa" se ha convertido en un agrocantón tóxico e intratable.

Se espera con interés que la FI haga público su Código ético, que se anuncia como moderno y arropado por instituciones y estándares internacionales; pero que no costará mucho desenmascararlo como expresamente contradictorio con los objetivos proclamados; y calificarlo como la cortina de humo que ha de disimular una burda operación de lavado de cara de esta agricultura de rostro tan siniestro.

¡Queremos que llueva, aunque sea con granizo![27]

Era el pasado 20 de septiembre y, a través del océano, me lo iban contando en tiempo real y con gran copia de fotos evolutivas. Sobre Moratalla iba a descargar, inevitablemente, una tormenta que se había ido generando a primeras horas de la tarde; pero cuando más inminente era el chaparrón y algunos gotones empezaban ya a salpicar el sediento terruño de nuestro Noroeste, comenzose a oír, desde las entrañas negras del nublado, el agresivo ruido de un artefacto aéreo que debía revolotear en su interior, osado y juguetón, con alguna misión, sin embargo, inconfesable. La secuencia fotográfica es precisa: entre las 16,15 y las 16,45 los nefastos claros del cielo amenazador sucedieron rápidamente a los hermosos nubarrones heraldos de santa lluvia: el artefacto rompía la marcha natural de la benéfica tormenta, conculcando la ley humana y la divina (que prohíben, ambas, alterar los ciclos naturales), así como el imperativo ecológico, que califica al espantar las nubes de crimen contra la Tierra.

En una región como la nuestra, de tan escasas precipitaciones, donde la exigencia de agua para el campo adquiere una categoría política prioritaria, casi obsesiva, la constatación de que hay intereses (poderosos, nadie lo duda) empeñados en que no llueva, significa que nos hemos instalado, no ya en un absurdo insuperable sino, sobre todo, en la indecencia política, social, agronómica y, por supuesto, ecológica. Consentir que haya quien destruye las nubes cuando "amenazan" sus intereses pertenece a lo grotesco y lo criminal. La agricultura intensiva ha llegado, entre otras corrupciones, a ese extremo: combatir la lluvia del cielo y exigir el agua de la tubería, mucho más tranquilizadora por remoto (o ilegal) que sea su origen.

Del amplio espectro de actores en este espectáculo procaz, prohibido pero impune, secreto pero atronador, repetido y canalla, nadie dará razón, descreyendo o disimulando, como pueden, unos y otros. De entre los más cualificados ignorantes figura Aviación Civil, que dice no tener jurisdicción

---

27 *La Opinión*, 31 de octubre de 2018.

por debajo de los 10 000 metros de altitud, que es un ámbito libre, así que no sabe nada de lo que sale y entra, con propósito anti nubes, en los catorce aeródromos de la región. El Mando Aéreo no quiere saber nada, fuera de las áreas restringidas concretas existentes, y no detecta esos vuelos. Por supuesto que las autoridades agrarias, Consejerías, CHS, etcétera, tampoco saben o no contestan, lo que suele acompañarse de una sonrisa que tanto puede ser de condescendencia con el denunciador como de complicidad con el rompenubes. Sin embargo, bastaría con medir la concentración en metales pesados del agua de lluvia tras un episodio de "disolución de nubes" para encontrar bario, estroncio y, sobre todo, aluminio, en lugar de agua pura, es decir, H_2O, sin más.

Los indignados en primer lugar, es decir, los que a más de ser murcianos hartos de la inacabable "saga de la avioneta", sufren en su actividad el boicoteo de las lluvias son los que viven del secano, concretamente del heroico arbolado de frutos secos. Dentro de la Federación de Cooperativas Agrarias de la Región de Murcia (FECOAM), hay una sección que combate estas manipulaciones contra natura y reivindica la lluvia. ¡Que llueva, aunque sea con granizo!, es su grito de combate, lleno de lógica y de ética: la tierra y no sólo la cultivada, los espacios forestales, los acuíferos... necesitan el agua en la forma que sea, y no puede asistir derecho alguno a quien se oponga a esto (y se salga con la suya).

Hay tres formas de intervención contra la nubosidad: las avionetas que difunden microcristales de metales pesados en forma de aerosol, los cañones de ultrasonidos y los cohetes que esparcen yoduro de plata. La eximia CHS prohibió hace años el uso de cañones antigranizo, pero los autoriza cuando le da la gana. Y se han usado, hace bien poco, tanto en Riópar como en la rambla del Judío, en Jumilla. Estos cañones se siguen fabricando, en Valencia concretamente, y la propia Guardia Civil decomisó hace pocos meses 26 de estos artefactos en un almacén de Alhama, y ayer mismo otros 15 en el campo de Cehegín. La plataforma Salvemos la Biosfera ha llevado a la Fiscalía este asunto, que lo conoce desde 2014 por las protestas y denuncias de la FECOAM (que también las ha llevado ante la Delegación del Gobierno), pero exige tantos datos —concretamente de las avionetas— que da la impresión de que olvida (la Fiscalía, digo) que la investigación la ha de hacer ella. Guardia Civil, Fiscalía y Delegación del Gobierno deberán explicar todo esto —quién fabrica, quién comercializa y quién utiliza estos explosivos— e informar a los denunciantes, verdaderos defensores de la tierra, pero no encubrir a los ilegales. Debido a los supuestos escasos medios y la cada vez más abundante presencia de entidades cívicas competentes que se enfrentan a los múltiples desmanes en la región, los fiscales se están acostumbrando a "pedir aclaraciones" sobre los textos de denuncia, que en casos más parece un intento de aburrir al demandante y archivar el asunto.

En su dominio invasivo y exclusivista, el regadío intensivo y masivo le ha declarado la guerra tanto al regadío tradicional —codiciando sus caudales y derechos— como al secano, al imponerle sus intereses hasta el punto de infligir un daño inconcebible al bien común, social y físico. Pero serán precisamente este regadío tradicional —sabio, comedido, enriquecedor de la tierra— y el secano complementario las fuentes de la supervivencia a medio y largo plazo, teniendo en cuenta la evolución climática y la situación internacional, en la que nuestras exportaciones masivas (pero inútiles para el consumo interno) tendrán cada vez menos salida.

Por supuesto que no es sólo la agricultura intensiva la que se siente perjudicada por la lluvia, a la que diaboliza por caer, eventualmente, como granizo; pero sí es esta la agricultura que aparece en el origen de las manipulaciones climatológicas, y contra las que más quejas se dirigen. Así que es verdad que hay varios ámbitos de negocio que han declarado la guerra a la lluvia: son la representación del disparate y la impunidad. (¿Merecerá nuestra tierra, por infiel y blasfema, que llueva sobre ella fuego y azufre?).

A favor de los meteorólogos perspicaces[28]

Vaya por delante el buen efecto que me produjo el titular —"El diablo está en el suelo, no en el cielo", *La Opinión*, 1 de noviembre— de la respuesta con que la Asociación Meteorológica del Sureste quiso puntualizar mi artículo del día anterior; también me gustó que sean "del Sureste" lo que, rehuyendo la significación política que pudo tener en el pasado, refleja muy exactamente una región natural de una homogeneidad que también es histórica y cultural.

El valor periodístico del titular no implica necesariamente un rigor teológico implícito, desde luego, ya que ubicando tan a la ligera al diablo en tierra y no en el cielo olvida que se trata del ángel malo y por esto mismo no se le debe situar ajeno, tan expeditivamente, al espacio sublunar. Además, esa apreciación excede claramente las competencias profesionales de los

---

28 *La Opinión*, 28 de noviembre de 2018.

meteorólogos que, entre otras, consisten —digo yo— en ver y mirar lo que sucede sobre sus cabezas (y las nuestras). Deduzco de la contestación del portavoz de la Asociación, Ginés Mirón, que rechaza mi alusión a la avioneta de la saga antilluvia, a los cañones de ultrasonidos y a los cohetes que esparcen yoduro de plata; no sé si en su radical negativa, que quiere ser científica, incluye también las nubes contaminantes (seguramente cancerígenas) procedentes de la quema pirata de residuos plásticos y vegetales tóxicos y las (malas) artes empleadas para prevenir heladas mediante la quema de alpacas de paja y botes de parafina, que también perjudican a la atmosfera próxima por el capricho comercial de adelantar cosechas y explotar mercados apetitosos. No entiendo cómo se me quiere explicar que el capitalismo, malvado pero sesudo, no está como para gastar dinero en esos aparatos y técnicas, tan costosas, queriendo ignorar los grandes beneficios obtenidos empleándolos sin mayor control.

Tampoco puedo pensar que mis meteorólogos estén defendiendo estas artes de la agricultura intensiva, ya que me hacen una detallada relación —innecesaria en mi caso, pero vale— de las diversas clases de contaminación atmosférica en nuestra región, y me resulta imposible deducir que no creen en nada de lo que he relatado, atribuyéndolo a "teorías que corren por las redes sociales" (un mundo que no trabajo en absoluto, y que critico). No sé si es que miran pero no ven o ven pero no miran, ya que los supongo pendientes del cielo, que es donde se expresan los meteoros de sus amores. Porque si, estando tan preocupados en situar al enemigo en tierra, miran, pero no quieren ver o ven, pero no quieren mirar, cosa que se me hace muy difícil de admitir, tendría que alinearlos con la larga lista de encubridores de estas malas artes que, en manos generalmente de potentes empresas agrícolas, nos perjudican a la mayoría, directa e indirectamente. Les haré ver, mejor y por el momento, que no tenemos enemigos diferentes, animándolos a que aclaren sus ideas en general.

Interesante es el argumento utilizado para desacreditar lo que consideran supuesta lucha antilluvia: que las precipitaciones, por ejemplo, en el Noroeste, son las mismas desde que se tienen registros, si bien es verdad que añaden la nota, que para mí no es trivial, de que esta constancia es "más o menos". Pero eso ya lo sé, y por eso no lo menciono en mi texto, aunque me atrevo a decir —en línea con casi todos los estudios e informes relativos al cambio climático en marcha, referente a las precipitaciones en el levante y sur de la península— que éstas se reducirán y que probablemente ya lo hacen, además de ser más irregulares (aún) y violentas. Pero más importante que esto, que romperá ese cierto optimismo que traslucen mis contradictores, es un hecho cierto y que tampoco puedo pensar que lo ignoren, y es que lo que buscan los empresarios interesados para preservar sus cultivos del granizo, la lluvia, la humedad o el frío es quitarse la amenaza de encima, echándola a otros, sean vecinos o territorios.

En Águilas he oído muchas veces que "se formó la nube, se oyó la avioneta y al rato descargó en la mar, donde no hace ninguna falta". Con esto quiero decir que sé que las técnicas a las que aludo (y condeno) no reducen la lluvia, sino que trastornan las nubes, alterando su trayectoria o proceso de formación y descarga. Hacia 1976 o 1977 dediqué un artículo (semanario *Qué*, Madrid, no he podido consultar la fecha exacta) a las manipulaciones atmosféricas que se iban a llevar a cabo en el entorno del aeropuerto de Villanubla (Valladolid): "Ya no hay que sacar al Santo", en el que zahería esa intención ridiculizando sus pretensiones (no al santo, líbreme Dios, ni a esa credulidad que permanece y es estimulada por la jerarquía eclesiástica), advirtiendo sobre sus consecuencias secundarias. Así que yo también estoy en que esas prácticas no reducen la lluvia, sensiblemente, en valores cuantitativos, ni es eso lo que se busca.

Así que lo que pido a los meteorólogos del Sureste es que digan lo que saben —no me creo, ya digo, que no sepan nada, como podría deducir de sus posiciones— y también lo que sospechan, si es que reconocen incapacidad, técnica u otra, para conocer todo lo que sucede en esas alturas; y que opten por la responsabilidad de su oficio o afición, tomando parte activa en la polémica que sacude la región en relación con el inmenso y negativo impacto de la agricultura intensiva, que también afecta a la atmósfera y sus fenómenos, se pongan como se pongan estos nuevos amigos; sin permanecer por más tiempo en ese feliz anonimato (del que acaban de salir, para mí, que ignoraba su existencia).

Al periodismo activo, que es el que yo quiero practicar, corresponde ver, oír, estudiar, procesar y contar. Y a las organizaciones profesionales y similares, responder sin circunloquios ni desviaciones, con la mayor precisión posible, sobre lo que puedan y, sobre todo, deban contestar. Dejando a ser posible aparte a los diablos de pega y sus andanzas, fijándose más en los de carne, hueso y poder, que sí son los que de verdad nos maltratan así en el cielo como en la tierra.

Granja porcina industrial de El Pozo.

Capítulo 3

GANADERÍA INSOPORTABLE

Introducción

Aquí se recogen los artículos publicados en torno a esa "explosión" de la ganadería industrial, que ha ido afectando de forma acelerada en los últimos años, sobre todo, al Sureste peninsular, aunque ya fuese bien conocida en otras comarcas del Valle del Ebro o del Duero; y cuya crítica emprendí después de interesarme por la agricultura intensiva y al sentir con horror el tétrico avance de esta plaga insufrible.

Inicio el capítulo con la crítica esquemática de esta ganadería intensiva, que incluí en la exposición hecha en Yecla y Cuevas del Almanzora durante 2019, y a la que aludía en el capítulo anterior. La lucha antiporcina a la que quise contribuir, que ha enfrentado a la magnífica Plataforma "Salvemos el Arabí y Comarca" a la macrogranja de 20 000 cerdos que CEFUSA, filial del conglomerado Fuertes (marca El Pozo), pretendía montar, ha podido considerarse como felizmente culminada en esta primavera de 2022, varios años después de iniciada, con el logro de la oposición final del Ayuntamiento de Montealegre del Castillo (Albacete), que es el territorio donde se iba a ubicar, aunque su afección era mayor para con el de Yecla (Murcia) y su valioso yacimiento arqueológico del Monte El Arabí; esta negativa ha seguido a la de la CHS, que ha negado su permiso para la extracción de aguas del acuífero subyacente, al considerarlo sobreexplotado.

Tengo que advertir que, al ser esa una exposición anterior al desencadenamiento de la pandemia de la Covid-19, no tuve conocimiento entonces (2019) de hasta qué punto la ganadería intensiva era responsable de la transmisión de virus mortales, según explica el magnífico libro Grandes granjas, grandes gripes, *de Rob Wallace, "biólogo evolutivo y filogeógrafo de la salud pública" (como se identifica al autor, con esa nota profesional tan interesante, en la solapa del libro); texto que leí durante 2020 con tiempo, menos mal, para incluir su análisis en el capítulo final, sobre la crisis climática y sanitaria, de mi libro* Manual crítico de cultura ambiental *(aparecido en octubre de 2021).*

Sí lancé esa advertencia sobre la ya detectada transmisión de los virus zoóticos desde las granjas masivas e intensivas, principalmente las aviares, pero también las porcinas, en algunos de los artículos que recoge este capítulo 3, así como el 4, al haberse publicado ya entre 2020 y 2022.

Mi entrada en este debate tuvo lugar con "El Sureste porcino y El Pozo tóxico", que me valió el rechazo de elDiario.es, de Murcia, a donde iba dirigido en un principio, porque los editores de este medio lo consideraron demasiado directo contra la empresa El Pozo y se temían una reacción por vía judicial; lo remití a cuartopoder.es, donde colaboraba desde 2010 sin el menor problema. Siguen dos artículos en los que describo la aberrante situación del término de Lorca, siendo el primero "Pedanías altas de Lorca: devastación física, política y moral" que, tras el desconcierto que me produjo la negativa de elDiario.es, lo publiqué en el Facebook que abrimos cuando la polémica de la compraventa de Cabo Cope (que recogerá el tercer volumen, La saga de Cope, de estos Escritos de Agitación), aludiendo especialmente a esos páramos altos del municipio; estas pedanías se han convertido en el receptáculo de una verdadera fiebre de granjas porcinas que suelen tener como promotores y dueños a los empresarios Juan Jiménez y Fernando Francés, y como conseguidores y apoyos, a una pléyade de auxiliares necesarios que les sirven sin imponer límites a esta invasión (todo lo contrario, ya que el negocio es muy próspero). El otro artículo sobre Lorca, el que trata del secuestro del río Turrilla a manos del empresario Francés (ese mismo que ha sido identificado, y luego imputado, en los vergonzosos hechos de Lorca, ya descritos en el capítulo 1, artículo "De un fascismo rampante en el agrocantón murciano") mereció mi especial indignación, tanto contra ese osado empresario como hacia la CHS, que lo consiente; una indignación que se ha extendido al ámbito ecologista (Ecologistas en Acción) y político (IU de Lorca), con sendas denuncias y, en consecuencia, una demanda formal, y muy bien estructurada, en los Juzgados de Lorca, ya que ni la CHS ni su Comisaría de Aguas han actuado como debían en este caso escandaloso (mis últimas noticias, de fuente judicial, señalan que la CHS, ateniéndose a su bien conocida tradición prevaricadora, se viene negando a entregar al Juzgado la documentación sobre el expolio del Turrilla).

A partir de los excesos y abusos de este sector porcino en el (enorme) término municipal de Lorca, se va abriendo camino una "indignación organizada" que pretende poner en solfa cuanto viene sucediendo en torno a este asunto: prepotencia desvergonzada de los empresarios, actitud escasamente vigilante del Ayuntamiento lorquino, inexistencia de control o denuncia de parte de las instituciones... todo lo cual contribuye a la multiplicación de trapacerías e irregularidades por parte de los granjeros (sobre todo, los grandes), con un impacto ambiental generalizado y creciente, que hay que frenar con contundencia.

Lorca es importante en el contexto murciano, y merece la máxima atención por cuanto viene sucediendo en su agro, y ahora de modo especial en el granjerío apestoso que la invade y acogota. Para mí, que siendo aguileño pocos asuntos lorquinos pueden resultarme ajenos, siempre me he interesado por los ambientales desde que en los años 1970 el combate antinuclear nos unió a la gente de ambos municipios. De ahí que me haya permitido algunas iniciativas que he considerado que podían acompañar, con fruto, a mis artículos y agitaciones con los afectados y sus organizaciones, a los que querría imprimir más marcha y acritud de la que observo. En esas intervenciones he de incluir a mi entrevista con el alcalde lorquino, Diego José Mateos (que ya tuvo, en febrero de 2022, la deferencia de entregarme el premio de la Tortuga Mora que otorga anualmente la organización ACUDE, de custodia del territorio), con el que me comprometí a colaborar en el censo, riguroso y amplio, de las granjas porcinas existentes, ya que las sospechas de que muy pocas son enteramente legales se han ido acrecentando por días, y el Ayuntamiento debe preocuparse por esa situación, que excede claramente a lo urbanístico-municipal pero que le afecta en lo político-ético.

Esta preocupación no es retórica, ni mucho menos, ya que en esos mismos días de la primavera de 2022 se supo de una circular que, desde la Dirección General de Ganadería de la Comunidad Autónoma, pedía a todos los promotores y titulares de granjas que completaran la información que obligatoriamente ha de aparecer en el Registro General de Explotaciones Ganaderas (REGA), y que comprende "evaluaciones, declaraciones, informes, autorizaciones y licencias" que —al parecer, según el tenor de esta circular y para pasmo general— no figuran en el REGA, de donde se deduce que tanto esa Dirección General como la entera Consejería y el Gobierno regional llevan de esta explosión ganadera un control próximo a cero, permitiendo el desmadre (sobre todo el ambiental) con que ahora nos encontramos.

Por supuesto que los verdaderamente afectados por el esperpéntico contenido de esa circular —que nadie tomó por ultimátum— se echaron a reír, con sonoras carcajadas, cuando leyeron que se les concedía un plazo de 15 días para que aportaran esa (extensa) documentación. Con motivo de lo cual se ha sabido que, primero, la mayor parte de las granjas carecen de esa documentación que ahora la Comunidad Autónoma les solicita (sin llegar a exigirlo, visto el literal y conociendo la desvergüenza con que se conduce en este asunto porcino), y, segundo, que esta situación debe atribuirse a la directísima responsabilidad de Antonio Ibarra, principal (si no exclusivo) conseguidor de licencias para esas granjas y redactor de los proyectos correspondientes (que visa el Colegio Oficial de Ingenieros Técnicos Agrícolas, de Murcia, donde también hay que investigar algún asunto estratégico); un técnico activísimo que viene haciendo de su capa un sayo ante el consentimiento de los escalones administrativos municipal y autonómico, y en quien confían los directamente afectados, que ahora se ven en la tesitura de adecentar su situación con un papeleo que les va (necesariamente) a complicar la vida.

Otra iniciativa que me permití, en el fragor de esta tormenta, fue concertar un almuerzo con los dos principales protagonistas del desmadre porcino lorquino, el empresario Fernando Francés y el ingeniero Antonio Ibarra, al que no pudo acompañarme ninguna de las personas más directamente afectadas por las hazañas de estos dos personajes, como era mi intención ya que se trataba de un encuentro, tirando a encontronazo, al que solamente suavizaría la buena educación y el buen estar en la mesa. Aunque esas ausencias me decepcionaron, obtuve el beneficio de conocer a los personajes y de que ellos me conozcan a mí. En la medida de lo posible, me ha gustado siempre conocer, directamente, a las personas con las que me enfrento, y sigo pensando que es bueno en todos los casos y para todos los militantes de cualquier causa.

Los tres siguientes artículos vinieron a cuento del "atrevimiento" que tuvo, un buen día, el ministro de Consumo, Alberto Garzón, de criticar a la ganadería intensiva y al fondo del asunto, que es el excesivo consumo de carne, alegando lo que todo el mundo sabe y la buena alimentación recomienda: que hay que comer poca carne. El asunto fue interesante, con mucho de divertido y no poco de grotesco, ya que el simple (y sensato) pronunciamiento de un ministro responsable de su trabajo trastabilló al Gobierno entero —en rigor, a su mayoría socialista— y no sólo hubo que oír al ministro de Agricultura, el indescriptible Luis Planas, decir los disparates y chorradas a los que nos tiene acostumbrados, sino que el propio presidente del Gobierno, Pedro Sánchez, se vio obligado a intervenir haciendo el ridículo, tanto en la desautorización de su ministro (que tuvo que sufrir no pocas intemperancias, pero que supo tenerse) como en su defensa del "chuletón bien hecho", con expreso menosprecio de la salud pública. Miserias del político obligado a someterse al poder empresarial, aun a costa de la verdad (y de su honor).

Y cierran el capítulo dos artículos que —aun siendo ajenos al territorio del Sureste y tratándose de una granja de vacas, no cerdos— contribuyen a ilustrar la locura creciente en la que incurre la ganadería industrial en la España actual. Este es el caso del proyecto de macrogranja para 23.520 vacas lecheras ("la mayor de Europa") que la empresa navarra Valle de Odieta pretende llevar a cabo en la pequeña localidad de Noviercas (Soria), con el abrumador apoyo institucional y mediático típico de la España interior y subdesarrollada; pero (¡pero!) con la oposición de la muy bien organizada plataforma soriana Asociación Hacendera, que ha asumido el mando de la operación de rechazo de esa aberración, enfrentándose en primer lugar al desierto informativo soriano (medios escasos y necesitados del apoyo de administraciones y empresas), y en segundo lugar al no menos desolador papanatismo político-administrativo, teniendo que buscar los apoyos necesarios entre críticos independientes y gente de buena voluntad.

El proyecto de Noviercas me llegó al alma por su brutalidad material y por la desfachatez de sus promotores, que han regado —y así siguen todavía— los medios de comunicación locales con tanta generosidad como insidia: no parecen darse cuenta, por su ceguera y codicia, que sus pretensiones de "granja limpia" son inaceptables por falaces, que las dimensiones de la instalación son una andanada decisiva contra el medio rural soriano (quizás el más despoblado y desesperanzado de España) y que sus promesas redentoras para la entera provincia de Soria son vanas y embusteras. Este cronista recordaba, en el segundo de esos artículos, la lucha de 1976-1978, semejante en muchos aspectos a la de la macrogranja, contra el novedoso, avanzado y salvífico Centro de Investigación Nuclear que se pretendía ubicar sobre el Duero, aguas debajo de la capital soriana: una inquietante y peligrosa instalación que pretendía, nada menos, que la construcción de la "bomba atómica española", y que mereció el decidido rechazo de los ciudadanos sorianos que tampoco entonces comulgaban con ruedas de molino (y con los que estuvo, a tope, este ecologista andarín).

La proliferación de estas granjas, así como sus efectos demoledores sobre el medio ambiente, son prueba fehaciente de que ni las empresas ni las administraciones se han tomado en serio su impacto. Y han llegado a preocupar seriamente a las autoridades de la Unión Europea (que durante años las han estimulado y apoyado), reaccionando ante la contaminación química de los acuíferos, según la normativa comunitaria en vigor (y que tampoco la agricultura intensiva cumple); de ahí la denuncia de la UE a España en diciembre de 2021 ante el Tribunal Europeo de Justicia, como resultado del expediente abierto tres años antes y en el que se señala, con otras regiones, a la Región de Murcia como (pertinaz) incumplidora.

También se viene advirtiendo de la inevitable "burbuja" productiva hacia la que se dirige esta locura porcina, entre otras razones por el constante incremento de producción propia de China, que hasta ahora es la principal receptora de nuestras exportaciones. Cuando (ineluctablemente) esa burbuja estalle, vendrán los lamentos y peticiones de ayudas e indemnizaciones de quienes, ahora enloquecidos por la avaricia, se enriquecieron contaminándonos.

La ganadería intensiva: aberración máxima[29]

En la crítica de la producción masiva de carne de cerdo a partir de granjas de cría y engorde con miles de ejemplares, hay que empezar cuestionando el objetivo de esta producción, que es la exportación (con China como principal país cliente); porque exportar alimentos (o cualquier otro artículo) que inducen contaminación trastoca esencialmente las habituales ventajas atribuidas a la exportación, ya que equivale a "importar" todo el daño ambiental producido y su impacto sobre los recursos naturales básicos: suelos, aguas, atmósfera, en el caso del agro intensivo. Claramente, se exportan productos "limpios de polvo y paja" y se "importan" las contaminaciones generadas.

Esta, la falacia de la exportación como negocio de interés general, es el primer objetivo a batir en la ofensiva antiporcina, continuando con el rechazo, *per se*, de la masificación productiva —la estabulación productivista, en este caso—, es decir, negándonos a aceptar esa otra falacia de las ventajas de las economías de escala, es decir, de la acumulación en el espacio de la inversión, la tecnología y la materia prima: esto resulta en ventaja crematística, pero también en desastre ambiental y (frecuentemente) social.

La larga nómina de impactos, serios y duraderos, de una macrogranja, hay que estructurarla en diversas áreas o entornos, tanto si son típicamente ambientales como si afectan a la salud humana, al bienestar animal o al paisaje.

1) *Los atmosféricos.* Las granjas porcinas emiten, sobre todo, compuestos nitrogenados, con el amoniaco (NH_3) en primer lugar y característicamente, así como otros gases nitrogenados. El amoniaco es un gas de efecto invernadero, aunque sea mucho más potente el metano (CH_4), que también está presente en estas instalaciones, siendo emitido, como el amoníaco, a partir de los purines producidos y depositados.

Contaminación atmosférica es también la de los olores y ruidos generados en las macrogranjas, constituidas en fuentes contaminantes complejas y de gran impacto; así como el molesto acompañamiento de moscas y otros insectos.

---

29 Incluido en la misma ponencia-presentación, ya citada, expuesta en Yecla en apoyo de la Plataforma "Salvemos el Arabí y Comarca", el 30 de marzo de 2019.

2) *Los edáficos.* La contaminación de los suelos, de resultas de las explotaciones porcinas, se relaciona con la deposición de estiércol, los llamados purines —principal origen de los nitratos—, sobre cuya gestión los productores procuran escurrir el bulto y depositarlos allá donde pueden y se les consiente, eludiendo en lo posible los costes necesarios de un tratamiento adecuado.

3) *Los hídricos.* Son también los purines los principales agentes de contaminación hídrica, ya que tanto en su deposición como en su acumulación dan lugar a un lixiviado que se dirige al acuífero o a la red hidrográfica superficial, bien por escorrentía, bien por filtración. Los casos en que estos purines se diluyen en balsas o en reductos discretos son el pan nuestro de cada día, y esto se comprueba recorriendo los campos de Lorca y Caravaca, por ejemplo.

4) *Los estético-paisajísticos.* La visión que ofrecen estas granjas dispersas por el territorio, de arquitectura vulgar, homogénea y repulsiva, es demoledora, ya que altera la belleza de nuestros paisajes, que son tanto más sensibles a estas irrupciones cuanto más áridos y solemnes. Y también hiere nuestra sensibilidad, a poco cultivada que esté y por mucho que la realidad de un mundo productivo, feo y repulsivo, acabe obligándonos a soportarlo.

5) *Los sanitarios.* Los impactos en la salud humana se generan y extienden de dos formas: por transmisión atmosférica directa, desde la masa animal y su entorno patológico, y desde los alimentos producidos y procesados. En el primer caso, tanto las emanaciones químico-gaseosas (insalubres, generalmente) como los vertidos de purines (saturados de productos químico-biológicos) e, incluso, la acción de insectos vectores o de roedores, pueden transmitir diversas dolencias o enfermedades a los trabajadores en primer lugar, pero también a las poblaciones del entorno. En el segundo caso, se trata de la existencia de residuos químicos o biológicos en los alimentos producidos industrialmente, como los nitratos o ciertos metales pesados (plomo, cadmio...). Sobre los nitratos, así como los nitritos, compuestos utilizados para hacer más atractiva la "imagen" de los productos cárnicos, diversas agencias alimentarias, sean de las Administraciones públicas o de ONGs independientes, advierten que poseen efectos cancerígenos.

6) *El malestar animal.* El espectáculo que ofrecen estas macro granjas, de inmensas naves en las que se hacinan miles de ani-

males que apenas pueden moverse y que no llegan a ver la luz del día en su miserable vida, hiere cualquier sensibilidad no embotada por la costumbre o la codicia. No hace falta apelar a la tenaz (casi heroica) actividad de los defensores de los animales (una marea que poco a poco va incidiendo en la conciencia general y en las legislaciones) para considerar indignas de las sociedades civilizadas estas instalaciones productivas. Y cuando reparamos en que los animales encerrados y humillados son mamíferos —como los cerdos o las vacas, que sufren de forma cercana a como sienten los humanos— algo debiera mover la mente y el corazón del ciudadano corriente, e impulsarlo a la protesta.

El Sureste porcino y El Pozo tóxico[30]

En los últimos años vienen proliferando las construcciones y los proyectos de macrogranjas porcinas en las provincias de Murcia, Almería, Granada e incluso Albacete, instalaciones que amasan miles de cerdos con destino final, en su mayor parte, la fábrica de embutidos El Pozo, en Alhama de Murcia. El Pozo es una firma de crecimiento sostenido durante cuatro o cinco décadas, que suministra a los mercados nacional e internacional embutidos procedentes de esos cultivos ganaderos intensivos, dedicados a la cría y engorde del cerdo blanco.

El aumento desmedido y acelerado de estas granjas, cada vez más tecnificadas, masivas y contaminantes, ha dado lugar inevitablemente a un malestar social del que, en su detalle y globalidad, hay que hacer responsable a la citada firma alhameña, generadora de una demanda que aparenta ser insaciable y beneficiaria principal del negocio. Una empresa que no ha cesado en expresar su poder y su influencia política sobre la administración autonómica y que tampoco ha dejado de beneficiarse de la feroz burbuja inmobiliaria pasada destinando sus excedentes a la especulación del suelo, principalmente en el entorno de la capital murciana. Su impacto ambiental, pues, ha ido diversificándose y agudizándose, hasta llegar al momento actual, en que ha ocasionado el malestar —y la sublevación en varios casos— de numerosos pueblos de al menos tres provincias. En consecuencia, El Pozo ya es un serio elemento de perturbación social, además de ambiental, y se hace necesario pararle los pies.

---

30 *cuartopoder.es,* 22 de septiembre de 2020.

Inició este rechazo la gente de Yecla, arropando al grupo Salvemos El Arabí y a sus tenaces líderes, y consiguiendo infligir una primera derrota a El Pozo y sus designios. Luego han ido levantándose grupos y pueblos en el noreste granadino, en el valle del Almanzora y el norte almerienses y también en Albacete. La lucha parte, inicial y aparentemente, de la negativa a aceptar estas enormes instalaciones en las cercanías de los núcleos poblados por las evidentes molestias que ocasionan, pero ya hace tiempo que incluye la condena del modelo de ganadería estabulada e intensiva, con todos los elementos de una actividad contra natura, como crimen contra el medio ambiente y los propios animales (mamíferos que sienten y sufren).

En estos momentos, y por lo que a la expansión de esta plaga en la región de Murcia se refiere, interesa seguir en detalle los casos de Jumilla, con una respuesta popular de rechazo vigorosa, y el de Cieza, donde el Ayuntamiento dice oponerse a la instalación de tres macrogranjas, pero (¡ay!) no consigue transmitir confianza, ya que más bien parece ocultar, con un aparente forcejeo con el Gobierno regional, su decisión de fondo de pasar por el aro (de El Pozo y de San Esteban). Hay que recordarle a la mayoría socialista gobernante en Cieza que, cuando un Ayuntamiento tiene las ideas claras y se planta en beneficio de sus vecinos, no hay fuerza político-administrativa que lo pueda doblegar. Mucha atención, pues, a las maniobras que tienen lugar en el consistorio ciezano.

Si bien la toxicidad más seria de este negocio tiene que ver con el trauma social provocado, también abarca al impacto ambiental de estas granjas, demoledor para el acuífero, los suelos y la atmósfera. Un impacto que es bien conocido y que no admite pamplinas ni subterfugios, frente al cual la legislación —siempre pensando en las empresas— sólo prevé como necesaria la evaluación de impacto cuando las granjas llegan a 2000 unidades porcinas (lo que hace que la mayoría de ellas declaren 1999). De forma semejante a como funciona la agricultura intensiva, esta actividad debe considerarse de verdadero saqueo de los recursos naturales más esenciales, así como de incidencia perniciosa en la salud humana, tanto por la dudosa (si no imposible) calidad de sus productos como por la amenaza latente de enfermedades, las estrictamente porcinas (con las ocasionales mortandades conocidas) y las que, eventualmente, podrían traspasar el entorno animal y llegar a los humanos. Y, también al igual que la agricultura intensiva/masiva de exportación, la súper producción de El Pozo se basa en exportar (a otras regiones o al extranjero) alegres y atractivos embutidos dejando la contaminación (la mierda, con perdón) en nuestra tierra.

Este caso de la "explosión porcina" nos demuestra que son falsas las pretensiones de concienciación ambiental que —se dice, sin fundamento alguno— se están derivando de la pandemia actual y el análisis de sus causas. Sólo haciéndole frente con decisión desde los sectores afectados se podrá obligar al capitalismo depredador (como este de la ganadería y la agricultura intensivas) a rectificar sus desvaríos y respetar al medio ambiente. Una iniciativa gubernamental, mínima pero crucial, que refleje claramente que se está aprendiendo de los terribles errores de nuestro sistema económico, deberá desechar, desde ya mismo, las instalaciones de ganadería intensiva por sucias, crueles e inquietantes.

En la creación de una red en auge de estas macrogranjas El Pozo utiliza tanto a la filial CEFUSA como a particulares atraídos por el negocio que, debido a la usura de esta empresa, sólo lo es si se crían miles de cerdos, dada la miseria con que paga estos suministros; más una constelación de ingenieros, proyectistas y otros agentes comprometidos y entusiasmados por esta actividad tan prometedora.

Con más oportunismo que habilidad, El Pozo quiere rodearse de un aura de respetabilidad ambiental e incluso científica, adoptando iniciativas que pretenden demostrar su interés por el buen trato animal, con estudios, proyectos y financiaciones que repugnan intensamente, también por la farsa que representan. Ahí nos encontramos, una vez más, a la Universidad Politécnica de Cartagena arrimando el hombro en este desatino, ignorando que ciencia y técnica están para servir a la sociedad, no para dorar la píldora al depredador, y manteniendo esa Cátedra conjunta que financia El Pozo. No nos extrañemos si, en las granjas que suministran a esta factoría y en las propias instalaciones centrales alhameñas se acabe instalando, para los pobres cerdos condenados, música ambiental clásica y se pintarrajeen de alegres colorines los pasillos de la muerte.

Las "políticas de bienestar" que se puedan aplicar a animales destinados al sacrificio (que, insistimos, sienten y sufren), nos remiten a la necesidad de reducir nuestro consumo de carne, concretamente la de cerdo, y muy militantemente si proceden de las granjas intensivas. Y sobre la firma El Pozo, es de esperar que las plataformas que surgen desafiándola, le declaren la guerra pidiendo a la ciudadanía el boicot a sus productos, por la cadena tóxica que arrastran tras de sí.

Caída en desuso —por casposa, tonta y amarilla— la reivindicación de un Sureste político que, en torno a la Transición, quiso construir una región administrativa con las provincias de Murcia, Alicante, Almería y Albacete… nos encontramos ante una resurgencia de la idea, esta vez sin decirlo y por la vía de los hechos, con una configuración geográfico-económica y antiecológica que no tiene por centro la Orihuela de la cora de Todmir o la Murcia de los taifas andalusíes, sino la Alhama de Fuertes y El Pozo, productiva capital de una región porcina desde donde se irradia una toxicidad múltiple (social, ambiental), una influencia perniciosa (política, normativa, universitaria) y amenazas sanitarias que —es el momento de advertirlo— nadie debe considerar descabelladas.

Pedanías altas de Lorca: devastación física, política y moral[31]

Han sido varias horas de recorrido, de descubrimientos, de sobresaltos y, sobre todo, de indignación, mucha indignación para la escueta expedición que montamos para fustigarnos con la indecencia de los consentidores del drama. Porque el entorno lorquino de las pedanías altas de Zarcilla de Ramos, Doña Inés, Coy y La Paca ya forma un a modo de planeta estéril y marginal que, pese a su austeridad climático-ambiental, un día no muy lejano reunió condiciones para la vida, tanto la humana como la naturalística, con sus verdes oasis de cimbreantes álamos en torno a las sonoras fuentes, siempre fieles y accesibles; sus discretos ríos de caudal salvífico, flanqueados de junqueras, cañaverales y espadañales; sus lagunas endorreicas y sus ramblas serpenteantes de espesa y muy verde vegetación; su vida alada, sus mamíferos compartiéndolo todo, su flora relicta y resistente, siempre bella…

Pero una visita actual sólo arroja devastación, consumada y en marcha, saqueo de las fuentes y de cualquier mancha verde anteriormente existente, terraplenados salvajes de laderas y de la red hidrográfica… todo ello con la marca omnipresente del abuso, la ilegalidad, la discrecionalidad general y el caos que imponen los empresarios del marraneo ubicuo e implacable, que comparten con sus cómplices, a la sazón, todas (¡todas!) las administraciones públicas, con las que se coaligan para menospreciar y saquear al territorio, a la biodiversidad, al paisaje… y al ciudadano inerme.

El itinerario fue incompleto, pero ahí van estos datos, por si al fiscal de medio ambiente se le ocurre (que no creo) fijar su atención en estas tierras maltratadas por todas las figuras del Código Penal que versan sobre la protección del medio ambiente y el territorio; si se siente aludido y

---
31 *Facebook*, 13 de septiembre de 2021.

le pica el amor propio, déjese acompañar por los dignos ciudadanos de las asociaciones locales, que le llevarán por los caminos adecuados para que, pese a su natural indiferente, se le caigan los palos del sombrajo. Y señalo al fiscal De Mata (del que, como digo, no me fío ni un pelo, pero es lo que hay) porque los agentes del SEPRONA andan por allí de adorno, concitando una ira que alcanza, como debe ser, a su jefe supremo en la región, el coronel Arribas, de la Guardia Civil (que pasa del asunto y se adapta a la inutilidad de sus seprónicos agentes y a la eficacia de la cadena depredadora general, sin trasladar la menor alarma de tanta delincuencia impune a su general o a la directora general del Cuerpo). Y miro a los guardianes de la Ley porque el Ayuntamiento de Lorca no ejerce en esas latitudes, entusiasmado como está por la invasión porcina y metido en vereda por un asesor, de nombre Antonio Ibarra —de cuyo poder da razón el que se le llame el "concejal Ibarra"—, principal apoyo de las trapacerías de los implacables criadores de la gran cerdada. Tampoco consta la intervención debida de la Confederación Hidrográfica del Segura, principal consentidora del caso que nos ocupa, y no digamos la Consejería ambiental de Antonio Luengo, cuya misión en la vida, de *facto*, es estimular en la medida de sus posibilidades todo tipo de atentados ambientales, como refleja su activa e impávida agenda diaria.

¡Pero si lo sabe todo el mundo, oigan! Si nosotros no descubrimos nada nuevo en una tierra bajo proceso de demolición de todos los valores que en su día llegó a poseer. ¿Pero es que ustedes se van a creer que ni los guardas fluviales o forestales, ni la Guardia Civil, ni los fiscales, ni la Policía Municipal ignoran que el empresario Fernando Francés (FF, "el Francés", como se le conoce por esos pagos) es el principal autor de esa lista de desafueros, en su mayor parte punibles (si hubiera punidores con ganas, desde luego), que ya ha adquirido varios miles de hectáreas con sus puntos de agua, que ha amasado unas cien mil cabezas de ganado porcino en decenas de granjas que atufan con olores insoportables y violan el paisaje con su insoportable perfil carcelario, que hace lo que le da la gana cuándo, dónde y cómo quiere, con el beneplácito general de quienes debieran pararle los pies? ¿Se van a creer que nadie de esos dignos cuerpos y entidades tiene información del dique que FF ha hecho para cortar la corriente del río Turrilla y así retenerlo, bombearlo y aniquilarlo, haciendo desaparecer su corriente a partir del paraje de Don Gonzalo? ¡Este exitoso empresario se ha tragado el río Turrilla para que lo sorban sus cerdos! (¡Fiscaaal!).

O la depredación consumada, también en las Casas de Don Gonzalo, ese cortijo de hermosos edificios, comprado por FF, cuya hermosa fuente existente, que formaba un oasis con álamos poderosos y alegre vegetación, ha sido saqueada y su agua derivada, produciendo, entre otras cosas, la muerte de un álamo negro (*Populus nigra*) milenario y catalogado, cuya ruina progresiva contemplaban todos los guardas de la zona sin decir ni pío. O los mordiscos que le está dando este mismo ínclito emprendedor al cerro del Tornajo, declarado de interés paleontológico, al que ha empezado a desmochar, y con una fuente histórica, la de Don Juan Pedro, a la que ya parece haberle echado el ojo con el fin de bebérsela entera. O la técnica empleada para hacer desaparecer del paisaje esas resistentes manchas de pino repoblado que compra, cerca y deja invadir por sus ganados ovinos que, amontonados, los sobreexplotan, machacan y desecan, por eliminar obstáculos. O la acumulación de los purines donde mejor le viene en gana a tan privilegiado empresario, riéndose de la normativa de gestión, que impone estrictos estándares tanto para las emisiones del amoníaco como para la superficie de asimilación de esa porquería (¡normativas a FF!).

También en el Tornajo hay dos grandes granjas, terminadas y declaradas ilegales (cosa rara, porque hay otra muchas, no menos ilegales), sobre las que pesa incluso una orden de demolición, supongo que más por un descuido administrativo que por la voluntad municipal de que se cumpla la ley. Pero me apuesto con ustedes lo que quieran a que ni se derriban ni tardan en ser legalizadas y santificadas, como gesto de "buena voluntad" de unos y otros. Apuesten, venga.

Pero, ¿es que no vamos a ver nunca, en esta Región desesperante, el menor punto de inflexión en la poca vergüenza y en la irresponsabilidad de los implicados en tanto desastre (como este de Lorca, con su millón u medio de cerdos)? ¿Hay que doblegarse siempre a las iniciativas y ocurrencias de empresarios codiciosos que actúan tan creídos, y sin que les falte razón, de que tienen de su parte a toda la red de poderes públicos que necesitan dominar? ¿Qué pueden hacer los ciudadanos que se sienten insultados y humillados por este espectáculo empresarial, político y policial, y desconfían por experiencia de los fiscales y de la intervención de la justicia?

La marranería avanza y se extiende por toda la geografía, por las instituciones y por las conciencias. Y hasta la Comunidad de Regantes de Campo Alto, en La Paca, que disfrutó de un suministro de agua de emergencia desde la empresa municipal Aguas de Lorca, ahora trajina (me hablan de Juan García Corbalán, más conocido como *Juanillo*, un lince) para consolidar esto y hacer negocio con ese suministro a las granjas porcinas (con agua de la red pública y con la aquiescencia del Ayuntamiento, mayoritario en la concesionaria). Y a todo esto, miles y miles de criaturas sienten y sufren, hacinadas para ser sacrificadas y enviadas, previo despiece, a la China voraz, sin que inspiren el menor sentimiento de compasión y deshonra en nuestra sociedad.

Hay que apartarse de este horror, hay que hacerlo, tenemos que hacerlo. Que toda esta ignominia quede señalada, para mejor perseguirla y derrotarla.

Cuando la Comisaría de Aguas ni ve ni oye ni entiende (o el "caso del rapto del río Turrilla")[32]

Las entidades son sus funcionarios y sus políticos dirigentes, y la denostada Comisaría de Aguas del Segura (CAS) es, sobre todo, un organismo fuertemente ideológico (ultra) dedicado a amparar tropelías sobre el agua pública, lo que hacen con fruición muchos de sus funcionarios. Veamos, si no, las cuatro líneas del escrito que firma José Manuel Ruiz Sánchez, jefe del Servicio de Policía de Aguas y Cauces de esa CAS, órgano principal de la Confederación Hidrográfica del Segura (CHS). Cuatro líneas de nada, y además redactadas como con desgana y por cumplir, no por obligación, no se vayan a creer, que tampoco la denuncia es para tanto: como perdonando la vida a los atrevidos ciudadanos que, desde la Asociación para la Custodia del Territorio y el Desarrollo Sostenible (ACUDE), denuncian el atentado cometido contra el río Turrilla, en las pedanías altas de Lorca, cortando su curso y bombeando el agua para consumo de las granjas porcinas del entorno.

Breves líneas, sí, pero tan enjundiosas que merecen un esfuerzo para ver si se le acaban atragantando, que lleva tiempo al mando del control de las denuncias, es decir, de la función básica de la CAS y, en definitiva, del papel antisocial y antiecológico de la CHS como un todo; y eso es mucho. Me ceñiré al análisis del estilo, o técnica redaccional empleada, porque de ahí se derivan tanto la filosofía, o ideología, como los objetivos del funcionario, de la CAS y de la CHS en el incontrolable agrocantón murciano.

---

32 *elDiario.es*, 11 de noviembre de 2021.

De la técnica empleada en ese escrito, tres "reflejos" pueden observarse: la mentira, la deformación y la ocultación. La mentira en el escrito de don José Manuel pertenece al tipo "fluyente", es decir, sobre la marcha, casi cantarina y como si fuera lo más normal del mundo: algo muy reconocible entre los funcionarios con el colmillo retorcido, existentes en todos los lugares y servicios. Mentira es, por ejemplo, que las obras denunciadas se realizaran para "retener las aguas del manantial…", ya que lo que hacen es cortar el flujo hídrico para absorberlo en su totalidad. Aludir al Arroyo de los Campos cuando hablamos del río Turrilla no se sabe muy bien si es por despistar o corregir un defecto (inexistente) de la denuncia, como si no supiéramos todos de qué cauce público se trata. También es falso que "desvíen parte de las aguas" del río: es todo el caudal el que se beben.

El apartado de las deformaciones de la realidad se enriquece, primeramente, con la observación de que las aguas se desvían "para usos que no se han podido determinar", cuando lo más fácil del mundo es enterarse de a dónde van a parar esos caudales, bien siguiendo la tubería, preguntando a los vecinos o —en un extremo de arrojo administrativo—, consultando la documentación existente: tareas todas ellas que dependen de este funcionario, y que ni ha cumplido ni cumple. Y, en segundo lugar, subrayando, con estilo insuperable, que la presa fue construida "al menos hace 50 años", como si el tiempo transcurrido quitara validez o importancia a los hechos denunciados, o como si hace 50 años (o 100) se hubiera podido permitir a un concesionario que se adjudicara toda el agua de un río (grande o pequeño). El oficio en cuestión deforma la realidad, por otra parte, cuando se refiere a que "las obras consisten en la reposición y acondicionamiento de la presa construida…", ya que bloquear el libre curso de un río no puede describirse con esas palabras, que quisieran dotar de inocencia a los autores.

Oculta mucho ese escrito, que ya digo que es de circunstancias y no revela el menor celo profesional. Por ejemplo, cuando alude a los tres predios a donde van a parar esas aguas escamoteadas se guarda mucho de citar al verdadero beneficiario, el empresario Fernando Francés, o bien su empresa, Explotaciones el Francés, S. L. Y eso que cita el expediente que regula esos usos del agua retenida, APM-52/2010, en el que debería figurar la denominación a que aludimos.

Todo esto explica la filosofía. o ideología, de esta práctica funcionarial, que evidencia los esfuerzos por proteger, o castigar poco (en realidad, simbólicamente), a los grandes aguatenientes pese a sus trampas e ilegalidades, haciendo la vista gorda por costumbre. A esta "pulsión protectora" del poderoso pertenece la alusión a que la presa denunciada desvía "parte de las aguas para usos que no se han podido determinar": es toda el agua la que se capta y va a las granjas de El Francés.

Para proteger al poderoso, las denuncias, numerosas e insistentes, se encaminan por una ruta sin salida, a veces simplemente van a un cajón/pozo sin fondo donde se pierden, ya que ni siquiera pasan a registro ni dan lugar a expediente alguno. Otras veces, los expedientes se alargan para que caduquen o se pierdan. Las denuncias procedentes de ciudadanos normales y corrientes, o de asociaciones de modesta entidad, suelen seguir ese itinerario del pozo, o cajón, negro. Esta filosofía aparece, pues, íntimamente ligada a un objetivo que, dada la situación hidrológica e "hidrostrófica" (entiéndase: gestión catastrófica de las aguas, desde el punto de vista ecológico y ético) de la Cuenca del Segura, puede resumirse, sin miedo a errar, que es proporcionar sus aguas, con largueza y amabilidad, a empresas y personajes conocidos del negocio, al mismo tiempo que se actúa, directa o indirectamente, mediante mecanismos que llevan a la ruina o la desaparición de los pequeños regantes o propietarios, hacia los que se dirigen todo tipo de dificultades y castigos.

Curiosa es, también, la forma que adopta el "acuse de recibo" de la denuncia de ACUDE por parte del jefe de Policía de la CAS, al que seguimos en su cuidada redacción: se cita la denuncia, sí, y también la visita girada por parte del personal de Guardería fluvial de este Organismo (personal, aclaro, que no se había enterado antes del abuso sobre el Turrilla, aunque se ve perfectamente desde la carretera), pero a continuación adjudica esta inspección al "escrito del Teniente de Alcalde del Ayuntamiento de Lorca, adjuntando denuncia realizada por el SEPRONA, recibido con fecha 10 de junio de 2021". Como si, al denunciar los de ACUDE, ya estuviera en marcha la maquinaria de vigilancia de la CAS, martillo de infractores. Nada se dice de otras denuncias por el mismo asunto, anteriores a todo esto, como las que llevan fecha de septiembre y octubre de 2019, también ante el SEPRONA y que fueron dirigidas por este Servicio a la CHS, sufriendo —según todas las apariencias— el triste destino del insondable, a la vez que bien nutrido, pozo negro.

Un funcionario de tan altas condiciones no debería pasar desapercibido, por su trabajo por las empresas y contra el agua pública. Por eso son los ecologistas quienes mejor lo conocen y con más interés siguen sus andanzas funcionariales. Esos ecologistas que tienen al susodicho que echa chispas porque —según quienes lo han oído— "están consiguiendo que se le dé más importancia a cuatro ranas que a una empresa"; lo que confirmar la sensibilidad y las preocupaciones de don José Manuel.

Son esos ecologistas, representados en este caso por Ecologistas en Acción, los que le acaban de lanzar una denuncia penal, junto a su jefe el señor comisario de Aguas (quien respalda, por cierto, con su firma escrito tan ejemplar), y la empresa del Francés. A ver si todos ellos, y en amigable compañía, dan oportunidad a los jueces de airear el caso y mostrarse un poco más interesados por el agua, la cosa pública y los piratas que la acosan y saquean, tan seguros siempre de su impunidad.

La guerra del bistec: el ministro que se sincera y el agropoder que se insurge[33]

La aparatosa polémica producida por unas moderadas (pías, incluso) opiniones de Alberto Garzón, ministro de Consumo, acerca de la ética y saludable costumbre de reducir el consumo de carne, ha dejado nítido que nuestro sistema político-económico no quiere moverse de su necedad sanitaria y ambiental. Aclaremos —y este cronista trata de hacerlo una y otra vez— que un Ministerio de Consumo resultaría estratégico para un Gobierno que quisiera adaptar España a los peligrosos tiempos que vivimos, con una agenda de supervivencia que evitara, o suavizara, daños y amenazas tanto para las personas como para los ecosistemas. Pero ni Pedro Sánchez ni Alberto Garzón debieron contemplar ese Ministerio con esa óptica, dada la pelea y el equilibrio que hubo de manejarse con carteras y personajes cuando se formó el Gobierno de coalición. Sánchez y los suyos se reservaron los ministerios económicos previendo, concretamente, los conflictos ecológicos de una España herida y en caída libre ambiental, todo ello por causas económicas, para lo que pusieron especial atención en la dirección de los ministerios más delicados, dada la situación y las perspectivas: el de Agricultura y el de Transición Ecológica. A su frente se situó a dos burócratas (Luis Planas y Teresa Ribera) que, claro, no han sabido contener el asalto de los ecologistas y las poblaciones en guerra contra la agricultura y la ganadería intensivas.

Cuando Garzón, semioculto en gestionar problemas menores del consumo y, con toda probabilidad, consciente de su birrioso ejercicio político

---

33 *elDiario.es*, 11 de julio de 2021.

(y del poco justificable papel histórico como líder de IU donde, precisamente, debiera de dedicarse a construir, de una vez, la Izquierda Ecologista al abrigo del PCE), ha decidido salir de un anonimato que ni le ahorra los reproches ni le augura un futuro despejado, y se ha expresado como le corresponde, la respuesta ha sido tan violenta como aclaratoria: el sistema productivo depredador que practica España, en perfecta sintonía con las directrices de la Unión Europea y, en consecuencia, del empresariado globalizante, no se toca ni se desvía. Es anatema pedir reducciones de consumo, ya sea de carne, de electricidad, de gasolina o de vacaciones, y el afán de España, bajo un gobierno progresista, de cara al preocupante futuro que nos espera, es pintar de verde a ministerios, políticos y carteles, ponerse en manos del empresariado y forjar día a día, discurso a discurso, una farsa ambiental coordinada e intocable.

Del ministro Planas, un personaje oscuro, escurridizo e inmutable (o sea, plano), se sabe casi todo lo que hay que saber, puesto que se expresa muy claramente en entrevistas y comparecencias, de las que se deduce sin género de duda que sus ideas, políticas y objetivos son, casi exactamente, todo lo contrario de lo que necesita España para aliviar en alguna medida la situación general del campo, la agricultura y la ganadería. Este ministro flota sobre una irrealidad confortable (de ahí la beatífica sonrisa que nos regala), aupado y sostenido por el poder agrario, sin más ideas sobre el tema que las que le insuflan sus protectores, y con sensibilidad ecológica nula. Lo que no quita que sepa rozar el cinismo y la provocación, como cuando dice, por ejemplo, que "el sector agroalimentario está en el centro de la resistencia a la pandemia", apuntándose a la propaganda del sector sobre el papel de suministrador de alimentos en los duros momentos pasados. Momentos en los que la agricultura no ha cedido un ápice en sus actividades exportadoras y en su consolidada impunidad ampliando el regadío pirata, contaminando las aguas superficiales, marinas y subterráneas, envenenando nuestros campos con productos químicos y purines, y poniendo en el mercado, en definitiva, alimentos de más que dudosa calidad y salubridad. (Y, por cierto, sin enterarse del papel, o el riesgo, de la ganadería industrial en la propagación y mutación de virus como el que nos azota.)

A Planas no le dice nada que medio país proteste de los regadíos ilegales que su Ministerio y el de Transición amparan (más la mayoría de las Consejerías autonómicas de Agricultura); regadíos que fortalecen un sector empresarial instalado en la impunidad y el abuso, que desarrolla, enloquecido, una ganadería intensiva —aviar, porcina, bovina— que es bárbara e inmoral, además de letal para el medio ambiente. Y promueve, en buen bruselista, un desarrollo agrario que elimina a los pequeños con sus trapacerías y la ayuda de los "planes de modernización de regadíos", tan queridos por ese Ministerio pero que despueblan nuestros campos ante la intensificación de todas las inversiones y una competencia insoportable para los pequeños. Todo lo cual no impide que lleve adherido a su discurso la cantinela ambiental, aunque su actitud esté en perfecta contradicción con una agricultura sana, accesible y social, es decir, de calidad global. Su tarea consiste en consagrar lo insostenible en lo ecológico y lo pérfido en lo social. Y, por supuesto, tampoco se ha parado a pensar que las protestas contra este estado de cosas lo han convertido en ministro tóxico e inaceptable que, en su respuesta indignada a Garzón, ha actuado como cónsul y encubridor de un agro intensivo y crematístico, en avanzado proceso de encanallamiento. Es de suponer, por otra parte, que no querrá ni hablar de la deuda que su agricultura ha adquirido, y que incrementa, con la sociedad española y nuestro medio ambiente, depredando sin piedad las aguas, los suelos y las personas.

Más cauta, la ministra Ribera nos vende una transición de cartón piedra a precios de autos eléctricos, y avanza con firmeza en la (mucho más) decidida transición empresarial hacia esos nuevos negocios que en su Ministerio definen como ecológicos, sostenibles, circulares o verdes: la jerga del tiempo, disimulando que, en gran medida, el agro intensivo y maltratador se refuerza gracias al desmadre legal que ella consiente desde las Confederaciones Hidrográficas, donde el agropoder se ha asentado como en su casa. (Y, en socialista de pega, se atreve a hacer lo que el franquismo nunca hizo, prohibiendo por ley, por ejemplo, que los ayuntamientos puedan oponerse a las instalaciones de residuos nucleares).

Algo habría que decir, en este divertido remolino levantado por las acertadísimas palabras de Garzón, sobre el Ministerio de Sanidad, que parece creer que con las tareas de la pandemia se le acaban sus responsabilidades como máximo vigilante de la salud de los españoles. Porque tampoco quiere pronunciarse ni sobre la alimentación industrial ni sobre el empeoramiento general de la salud ambiental de los ciudadanos debido a un campo en tan altas cotas de agresividad. (Y, como ente que todos los sectores que nos contaminan quieren controlar, lejos de reaccionar se allana ante los enemigos del pueblo y, por ejemplo, consiente que el *lobby* de las telecomunicaciones coloque a sus peones en sus despachos y pasillos, cerrando los ojos ante el apabullante problema sanitario de las comunicaciones electromagnéticas.)

Puras y estrictas cuestiones de salud pública —la alimentación, los transportes, la telefonía móvil... — ante las que el Gobierno de España apenas muestra inquietud, y que cuando siente que se le llama la atención, incluso por alguno de sus miembros, evidencia su clara entrega a poderes económicos de todo tipo y pelaje, mereciendo por parte de la opinión pública organizada (ecologistas, plataformas, ciertos medios) la denuncia, el repudio y la oposición más agria.

Pecados políticos de la carne y el ridículo[34]

Que la mitad de los jueces del Tribunal Constitucional muestre su mala baba hacia el Gobierno, y que el Gobierno continúe sus avances antisociales pretendiendo eliminar la acción pública de la Ley del Suelo y la soberanía municipal frente a las instalaciones nucleares, no debe impedirnos señalar, con la dureza debida, a esos políticos que, con ocasión del ya célebre "caso de la carne", utilizan sus privilegiadas tribunas para reírse de la ciudadanía mostrando su desprecio hacia la salud y el medio ambiente; porque todo esto nos muestra una democracia que se degenera con pasos decididos, allanándose ante los intereses económicos y la mentira instituida.

¿Cómo describir el significado del debate, perdón, de la reacción provocada por las sinceras, rigurosas y oportunas expresiones de Alberto Garzón, ministro de Consumo, recordando los daños para la salud y el medio ambiente derivados de comer demasiada carne, sobre todo si procede de la ganadería industrial? El vocerío ha resultado, en efecto, equivalente a una encuesta, si bien sin los aditamentos academicistas de la metodología habitual, que describiera el estado mental de nuestra sociedad extrapolando, sin gran riesgo, lo que han dicho ciertos políticos a una situación general en la que, por cuanto a la salud y el medio ambiente se refiere, predominan claramente la ignorancia, la indocilidad o la mala fe.

Los ecologistas sabemos muy bien —conscientes y doloridos por la situación del medio ambiente y por rodo lo que esto representa— que vamos para atrás en casi todo lo que caracteriza a una sociedad civilizada o (para entendernos mejor) culta, y que gobiernos, leyes y desarrollo eco-

---

34 *elDiario.es*, 23 de julio de 2021.

nómico no paran de empeorarlo todo, faltos de sensibilidad, convicción y (en tantísimos casos) decencia. Por eso el tiempo nos ha hecho pesimistas: casi todo lo que se dice sobre conciencia ecológica expansiva, economía verde en auge y medidas ambientales adecuadas compone una redomada farsa, publicitada desde administraciones, instituciones, empresas y medios de comunicación que, por gozar del respaldo de esos poderes, pretenden convencer y, al tiempo, sofocar al punto cualquier disidencia o desafío a la insensatez.

Aludamos, para ilustrar esta indignación, a casos concretos: dos políticos cuyas opiniones sobre las ejemplares advertencias del ministro Garzón, no tienen desperdicio. El primero es el presidente de Cantabria, Miguel Ángel Revilla, un demagogo de éxito que, capitaneando un partido independiente, o sea, amarillo, representa una curiosa anomalía en el panorama nacional desde una hermosa región (geográfica, que no histórica) donde parece que nunca pasa nada. Y aunque se le notaba cierto apuro cuando se le pedía su opinión desde una cadena de televisión en busca de (nunca mejor dicho) carnaza informativa, como cántabro distinguido y a título de estrella mediática, creyó que debía de rendir tributo al oportunismo con una vibrante defensa de la carne y de una ganadería que, como debiera saber, nos envenena física y moralmente. Y nos abrumó con la dramática visión del líder comunicativo siempre en riesgo de devenir en compulsivo charlatán.

Creyó, erradamente y con desdoro de la sutileza que muchos le atribuyen, que debía hacer del chuletón cántabro el mismo elogio que de las anchoas de Santoña, y dejó de lado —porque quizás ya lo ha olvidado y visita más los platós que las comarcas deprimidas sobre las que gobierna— que su tierruca puede que haya sufrido la mayor devastación económica y cultural de la España húmeda con la "transición" desde una espléndida ganadería extensiva y familiar, que mantenía viva la Cantabria rural, hacia una región con restos de ganaderos resistentes y empobrecidos, un auge humillante de la ganadería intensiva y... una autonomía en permanente búsqueda de identidad. Esto, y no otra cosa, es lo que debía de haber dicho a las cámaras, dejando pasar la oleada de histeria (que lo comprometió y envolvió, en un lamentable episodio de político ambiguo y acomodaticio) y dando de lado a su condición de economista ortodoxo con la obligación debida de poner el precio y la competitividad antes y por encima de todo.

El otro caso lo retomo de la Murcia de siempre, en un año de los más brillantes de su ejemplar historia política, y son los pronunciamientos, del caso, de Antonio Luengo, consejero de Agua, Agricultura, Ganadería,

Pesca y Medio Ambiente (el agua delante, claro; el medio ambiente al final, normal), que ha defendido resueltamente esa ganadería intensiva, en el fondo y origen de la polémica, con la cerrada defensa de un sector que —según él— se esfuerza por hacer sostenible esa actividad, reduce las emisiones de CO_2, reutiliza los purines y apuesta por la eficiencia energética de sus explotaciones. Ahí está el defensor (oficial) del medio ambiente en modo feriante ganadero, con su mundo al revés, sin la menor atención al serio cuestionamiento de que es objeto esa ganadería y faltando en buena medida a la verdad meridiana.

En su panegírico de la plaga que envenena buena parte de la región murciana debido a las granjas de cerdo que proliferan sin orden ni control, Luengo ha creído que resultaría elemento de eficaz exculpación una sorprendente (por misteriosa) afirmación: que "el agua que se usa en ganadería procede de la lluvia". Los más finos analistas al servicio de este ejecutivo regional se han movilizado para encontrar explicación fiel a tan críptica expresión, sospechando que se trata de una genialidad difícilmente accesible a mortales del montón (como este cronista, que en un pasado encuentro con Luengo no consiguió penetrar, sin duda por propia incapacidad, las cualidades dialécticas, lógicas y sintácticas de tan formidable, y quíntuple, consejero). Pero esos escrutadores de secretos tan poco vulgares se han frenado, bien a su pesar, cuando se les ha advertido que esas granjas que sublevan y envilecen, sobre las que tan potente Consejería cierra los ojos y deja hacer, suelen nutrirse de agua de pozos (a los que alimenta el cielo, bien es verdad: ¡ahí debe de estar el toque de Luengo, tan perspicaz!) que son en gran número ilegales, sin vigilancia ni seguimiento. Nuestro consejero Luengo se beneficia, así y todavía, de la incompetencia y la desgana del actual fiscal de medio ambiente de la Región, lo que nos pone de relieve que, aunque parcialmente, el subsistema judicial murciano está inserto en el sistema depredador general, simbolizado en el control privado (y con escalo) del agua, y el descontrol público (y premeditado) de la misma.

Más que la ignorancia material, sólo aparente, más que el atropello discursivo, que sustituye a la seriedad, es el menosprecio hacia las realidades más evidentes lo que nos muestran estos prohombres sometiéndose a pretextos economicistas o a la impunidad de un alegre descaro político. Por eso, ni se preocupan de cuidar los hechos (no digamos la prudencia, a que se debieran ceñir siempre) ni se abstienen de provocar, desde una posición tóxica y vicaria, simplemente antisocial.

Esta reacción frente a verdades elementales define a los personajes, los abisma en el ridículo y los exhibe como incapaces de entender de qué va la cosa. Para ellos — portadores de una filosofía inepta que abandera el ministro Planas, del que nadie debe esperar cualquier concepto agrario no estándar— el desarrollo rural es una constelación de grandes explotaciones agrícolas o ganaderas destinadas a la exportación, sin población asentada y, sobre todo, a salvo de cualquier responsabilidad ambiental y social (la UE y su refinado cinismo agrario, amparan la fechoría).

La histeria porcina y el Gobierno cínico-ambiental[35]

Gracias a la sinceridad del ministro de Consumo, Alberto Garzón, excepcional en la historia del Consejo de Ministros, va elevándose el tono de la polémica sobre la espantosa invasión de nuestros campos por macrogranjas de porcino y ovino. Una polémica que ha sido levantada por las organizaciones civiles —ecologistas, plataformas populares— ante el silencio de la mayor parte de los partidos, las administraciones y los medios de comunicación. Un debate que pone en solfa un modelo agrario enloquecido por una productividad obsesiva de patente industrialista, que envenena nuestros campos y aguas con una agricultura y una ganadería intensivas, tóxicas e insalubres. Un agro insostenible al que pretende sostener un Gobierno antiecológico, un empresariado codicioso y unos sindicatos agrarios enemigos del campo y de la vida.

Como en la anterior expresión de responsabilidad del ministro de Consumo, cuando el ridículo "escándalo del chuletón", el Gobierno al que pertenece ha desautorizado sus palabras cediendo a la presión del sector. El Gobierno de Pedro Sánchez somete su pretendida sensibilidad ecológica a los grandes intereses económicos, llevado por la agresividad ambiental que lleva aparejado el actuar siempre por el corto plazo, sin atender a un futuro que, globalmente, se perfila catastrófico. Y así, creó un Ministerio para la Transición Ecológica y el Reto Demográfico (MITECO) sin la menor filosofía básica para afrontar ambos objetivos y poniendo al frente del mismo a una burócrata, Teresa Ribera, extraída del mundo de las organizaciones internacionales, bien conocidas por su doblez ambiental. De ahí que consienta esta oleada de granjas masivas e intensivas a sabiendas de que sus exigencias en recursos y la contaminación que producen, van

---

35 *elsalto.es*, 8 de enero de 2022.

contra los acuíferos en gran medida sobreexplotados y envenenados por los nitratos de origen ganadero; y que se muestre incapaz de reconocer que la agroindustria y las economías de escala en el campo expulsan directa y ferozmente gente del medio rural. Aunque el MITECO procure no entrar en esta polémica, consintiendo la tropelía mientras trata de disimular unos objetivos falsificados, el otro Ministerio de esta farsa antiecológica, el de Agricultura, es el que se encarga de presentar, y representar al sector, al frente de la algarada y de la necedad, exigiendo al ministro Garzón que renuncie al tratamiento científico, ecológico, sanitario y político del asunto. "Que nadie me toque a mis agricultores y ganaderos", decía el ministro Luis Planas, un tecnócrata educado en la perniciosa política agraria comunitaria y cómodamente instalado en la filosofía abusiva del sector, cuando estalló la divertida "crisis del solomillo", asumiendo personalmente la crítica a Garzón.

Se trata de ministros que no quieren afrontar el núcleo ideológico del problema, que no es otro que el liberalismo que profesan (que subyace a un socialismo degradado, estéril y complaciente), que es intrínsecamente incompatible con cualquier política ambiental sincera, y que pretenda salvaguardar los recursos naturales básicos. Las ministras Portavoz y de Educación también han demostrado —tratando de aislar las opiniones de Garzón— que la parte socialista del actual Gobierno se ríe de esa sostenibilidad con la que dicen, una y otra vez, sentirse comprometidos ante el país y la comunidad internacional.

Otros destacados socialistas, que también se han sentido ofendidos por las verdades como puños del ministro de Consumo, confirman la banalidad de sus posiciones y la estrechez de su perspectiva: el castellano-manchego García Page, porque parece no haberse enterado de que su propio gobierno autonómico ha decretado una moratoria para las granjas porcinas en su región, reconociendo estar ante un serio desatino; y el aragonés Lambán porque no parece sentirse afectado por la alarmante situación de los acuíferos (sobreexplotados y contaminados) en prácticamente toda la Cuenca del Ebro. La actitud de Garzón —unas declaraciones al diario británico *The Guardian*— resulta muy oportuna, también, como secuencia a relacionar con la vergonzante coalición que, en torno al PSOE y constituida por el PP, Ciudadanos y Vox, rechazó hace dos meses la moratoria propuesta por IU-Podemos sobre estas granjas estabuladas, pese a que aludía solamente al caso de los proyectos a ubicar sobre acuíferos sobreexplotados.

De todas formas, la primera reacción contra Garzón ha provenido, de nuevo y con el mismo tono brutal, ignorante e intimidatorio, de varios sindicatos agrarios —ASAJA y UPA, destacadamente—, que hace años vienen demostrado su desarraigo del campo al que esquilman, su permanente traición a la sabiduría y la prudencia de la cultura campesina y su obsesión por una productividad que —como saben muy bien— sólo la consiguen machacando el medio ambiente y eludiendo asumir el inmenso coste económico del impacto ecológico que infligen a la naturaleza común; porque cumplir con esa obligación les alejaría radicalmente de cualquier rentabilidad. No parecen captar estas organizaciones (que nada tienen que ver con los sindicatos tradicionales), con su escandalera antiecológica, que son víctimas de la tensión permanente a la que las contradicciones y perversidades de la Política Agraria Común los somete, y son incapaces de reaccionar planteando un modelo agrario radicalmente distinto al que siguen y se les dicta desde Bruselas... No deja de observarse en ellas, con la repetición de su griterío contra las críticas crecientes y bien fundadas hacia su actividad, una cierta alarma, lo que, lejos de hacerles recapacitar y velar por su supervivencia, endurece su respuesta, ya que ese mundo sabe muy bien que o intimida a los políticos o sus destrozos ambientales tienen los días contados

Demasiada consideración vienen teniendo con estas organizaciones los ecologistas, testigos alarmados de la acelerada degradación de suelos y aguas, debido a un antiguo sentimiento de (natural) alianza con los pobladores y defensores del campo y la vida campesina, como referencia en su lucha contra la industrialización salvaje y el ninguneo de la actividad agraria. Porque hace mucho que esos sindicatos no sostienen reivindicación campesina alguna, sino que hacen causa común con las grandes firmas explotadoras y se han reconvertido, sin solución de continuidad, en gremios de intereses agroindustriales de lo más convencional. Desde estas posiciones, con mucho de histeria y de mala conciencia, se muestran impasibles ante la despoblación de la España rural e insensibles a cualquier motivación ambiental, lo que los hace objetivo de duras acusaciones, empezando por la primera y más global, la de ser protagonistas directos de la ruina física y cultural del campo. Ya perdieron su estado de gracia frente al ecologismo cuando empezaron a declararse enemigas implacables de la protección de espacios naturales, demostrando su nulo vínculo con la conservación del territorio y sus recursos, que prefieren explotar a lo salvaje, obteniendo el máximo partido posible y en el más corto plazo.

El caso es que hay que celebrar el empujón que el ministro Garzón da, con su honestidad política, a la insurrección generalizada ya por todo el territorio español, contribuyendo eficazmente al desbloqueo y la popularización de una lucha agria y tenaz, de rechazo y denuncia de las consecuencias de esta alianza de administraciones, organizaciones agrarias y empresas del sector. Una alianza de entes irresponsables que se traduce cada día, a más de una lluvia constante de nuevos proyectos a cuál más osado, en una apremiante tensión, en primer lugar, sobre los ayuntamientos, pero también sobre las Confederaciones Hidrográficas, lo que da lugar a creciente corrupción político-administrativa y a abundantes arbitrariedades en la administración de las aguas públicas.

Sólo una economía enloquecida, que somete al territorio y el medio ambiente a una presión criminal, hace posible que el sector agrario intensivo sea productivo sobre un suelo y unos recursos hídricos tan castigados por procesos emponzoñados y forzados a la declinación de sus cualidades básicas: fertilidad, capacidad de regeneración, fuente de salud pública... Y sólo esta coalición de intereses económicos ciegos, enviciados por la exportación, puede incurrir en la imprudencia ante la más que probable burbuja (eminentemente) porcina en ciernes. Como en otras ocasiones, los sectores directamente beneficiados por su codicia, saben que cuando estalle esa burbuja recibirán, en pago a sus intimidaciones y lamentaciones, exenciones e indemnizaciones, que serán cargadas sobre el erario público de la misma manera que cargan las tropelías ecológicas sobre el medio ambiente común.

Es por todo esto, es decir, por la impasibilidad ambiental de ese frente funesto y patológico, y la temeridad de las prácticas agrarias intensivas, que vienen llenando nuestros campos de una peste múltiple —contaminación atmosférica, edáfica e hídrica, pestilencia, emisiones de metano y amoniaco, dispersión de purines...—, por lo que la ciudadanía más sensible y resistente está en pie de guerra y, por supuesto, anima al ministro Garzón en sus periódicos ejercicios de sinceridad, porque le asiste la razón ecológica y política (ya que, a estas alturas de la película, o la izquierda es auténtica *ecoizquierda*, o no sirve para resolver nada esencial).

Porque, aunque parezca mentira, hay que recordar a ese conjunto depredador al que venimos señalando que el campo no puede ser sólo producción y negocio, bajo el lema apremiante de la productividad y la competitividad con el objetivo de exportar, sino que ha de ser, en primer lugar, riqueza renovable, en segundo lugar, sector estratégico de autoabastecimiento y, englobándolo todo, una cultura que no solamente ofrezca un contraste estimulante frente al medio urbano, sino que retenga los valores que necesita la sociedad para hacer frente a la apremiante crisis ecológica.

Noviercas y la macrovaquería: nunca tamaño disparate...[36]

La irrupción del proyecto de acumulación de 22.500 vacas de leche en la comarca soriana del Moncayo, en un territorio asolado por continuadas políticas de abandono (iniciadas, como en casi toda la España interior, con la industrialización al modo franquista en la década de 1950), conculca todos los principios —los generales como los específicos— de la ordenación del territorio y el desarrollo humano: esta mega granja es antiecológica y es antisocial, y en realidad no hay por dónde cogerla.

La principal —por determinante— dificultad para ser aceptada esta inversión es su propia y gigantesca envergadura, es decir, el recurso, inconsiderado y obsesivo, a las economías de escala: la concentración a ultranza, material y financiera, sin duda es clave de rentabilidad económica, pero es casi siempre un desastre en términos ecológicos y sociales. Añadamos que, en el actual momento, tan tenso y especulativo a escala internacional, la ganadería intensiva no solo necesita de la concentración masiva de inversión y tecnología sino, también, de la elusión (no asumiéndolos, quede claro) de numerosos otros costes, particularmente, los ambientales que, siendo descomunales, ni se conjuran ni se eliminan, ya que si esto se cumpliera adecuadamente, las explotaciones serían inviables. Quede claro que las proclamas de la empresa promotora sobre un proyecto limpio (ecológico, verde...), carecen de fundamento y la desafiamos a que nos contradiga: ya va siendo hora de que se dé a conocer —pública y formalmente— el dichoso proyecto, porque parece que sus dueños temen al análisis crítico público, y tratan —tan ingenua como inútilmente— de que sus aspectos controvertidos o inaceptables pasen desapercibidos.

Se trata, pues, de una inversión extraordinariamente perjudicial para el medio ambiente, tanto por la generación masiva de estiércol y líquidos con sensible composición química, como por la generación, también masiva, del metano originado en los propios rumiantes, un gas miles de ve-

---

36 *heraldodiariodesoria.elmundo.es,* 18 de mayo de 2021.

ces más activo que el carbónico en su incidencia en el efecto invernadero. Si, como nadie debe dudar a estas alturas, es inaceptable contaminar nuestros territorios interiores mejor conservados y seguir provocando el cambio climático, la ganadería intensiva queda clara e inmediatamente contraindicada, y debiera someterse a muy duras restricciones en cantidad y características, quedando la macrovaquería de marras radicalmente descartada.

Por otra parte, concentrar la actividad ganadera al modo intensivo y en esa escala exagerada elimina a decenas, quizás centenares, de pequeños ganaderos en Soria y en toda la región, lo que induce forzosamente a la ruina de más y más pequeños empresarios y profesionales: la macrogranja se ríe del espantoso problema de la despoblación y las autoridades e instituciones que la amparan incurren en una verdadera traición al pueblo, al territorio y a la necesidad y la emergencia de sobrevivir. ¡Menudo ejemplo para el empeño nacional hacia una transición ecológica y un decidido freno a la despoblación!

Es hacer las cosas al revés, y esto es políticamente imperdonable. No tuvieron bastante las medidas impuestas desde la década de 1980, que arrasaron con miles de pequeños ganaderos y pequeñas explotaciones en toda la Cornisa cantábrica y el norte de la región, por mor de la aproximación a la Unión Europea y su perspectiva dogmática de productividad, y ahora continúa el proceso ensañándose con los restos de esa actividad cuando la población de nuestras comarcas interiores ha llegado a mínimos, por debajo de la estabilidad vegetativa.

La obligación de las distintas Administraciones es promover, proteger y subvencionar la ganadería extensiva de pequeño tamaño, garantizando la supervivencia de esta actividad a pequeña escala. Esto sí merecería el nombre de verdadera política de desarrollo en lo social, lo ambiental y lo territorial, porque la ofensiva combinada de apoyos, maniobras y presiones para allanar la instalación de la mercantil Valle de Odieta, no es más que una algarada irresponsable contra el hombre y la tierra. Y la tensión que va acumulando la (aparentemente) imperiosa marcha de la empresa en la provincia, pronto habrá de ser frenada en los Tribunales, si las Administraciones persisten en alinearse con los agresores; que así empieza a ser la tónica en otras zonas de España donde esta ganadería —odiosa por el mero hecho de su intensividad— se extiende, tan creída de méritos y derechos.

Pero, con todo, es esa filosofía, tan ciega y lesiva, de los grandes proyectos agrarios, la que debe ser combatida y condenada. Principalmente porque el freno al espeluznante abandono de nuestros pueblos y campos, con sus inmensas desgracias personales, familiares, culturales e históricas, y la recuperación de nuestra historia y territorio, exige políticas y actuaciones meditadas, que influyan y se adapten localmente, que mantengan el empleo y la producción, y que genere ámbitos de esperanza, no conflictos desgarradores en los que, una vez más, las empresas se ven híper protegidas y los ciudadanos afectados, desamparados y menospreciados.

Parece increíble que haya que apelar a la sensatez a estas alturas, cuando ya los procesos de desolación y abuso parecían haber cumplido su nefasto papel, arruinando media España, y cuando se creía llegado el momento de las ofensivas político-administrativas y empresariales por un desarrollo económico con responsabilidad social y ecológica. La empresa interesada debiera renunciar urgentemente a sus pretensiones, ya que son ilegítimas. Y debiera prever que las dificultades frente a a las que ya se encuentra anticipan otras aún mayores, confirmando que ese proyecto es inviable. Así sucede con la negativa de la Confederación Hidrográfica del Duero a la explotación de acuífero del Moncayo, limitado y de calidad; y así deberá suceder por el rechazo inevitable a la pavorosa contaminación que promete.

Esa verborrea de la sostenibilidad, la economía verde y el rollo ecológico, tan manoseada por todas las administraciones hipócritas y el empresariado oportunista queda en evidencia una vez más en el proyecto de Noviercas, y por eso suscita tan cerrada y activa indignación: un rechazo que va adquiriendo las formas y el estilo de las grandes protestas reivindicativas, y exitosas, que va conocemos en España y también en Soria (Este cronista recuerda muy bien las lucha contra el Centro de Investigación Nuclear y contra los proyectos inconsiderados hacia el Duero machadiano, todo ello en la década de 1970.)

Así es: nunca tamaño disparate debió cernirse sobre tierra tan castigada, necesitada y perpleja.

Caciquismo soriano redivivo: de la locura de la bomba atómica a la amenaza de las 23 520 vacas[37]

La algarada que las fuerzas sorianas más reaccionarias e irresponsables han montado para apoyar la macrogranja —una concentración indus-

---

37 *elsalto.es*, 18 de diciembre de 2021.

trializada de 23 520 vacas de leche— que la empresa navarra Valle de Odieta pretende montar en el municipio de Noviercas (Soria) y que ella misma califica de "la mayor de Europa", tiene ese familiar olor de lo ya visto, oído y... rechazado. Un aroma que envuelve a la coalición bien tramada de las fuerzas políticas y económicas locales, provinciales y autonómicas con el inversor ajeno, que engatusa, miente y amenaza a tenor de su poder económico y del vasallaje de la amplia coalición formada para allanarle el camino. Nada nuevo, en esencia, si recordamos otro tiempo pasado, hace menos de 50 años, con la desolación inevitable de encontrarnos con muy parecido paisaje, hecho de falacias, maniobras y manipulaciones. Y antes como ahora, las fuerzas políticas y económicas aparecen íntimamente vinculadas con las mediáticas para humillar al pueblo y la tierra, sin que la neta estupidez de sus proyectos las haga recapacitar.

En 1976 la inversión venía del propio Estado, que se resistía a dejar de ser franquista, y al que había que ayudar en sus estertores. Tuvo que ser la minoría activa antinuclear la que opusiera su tenacidad e inteligencia a la locura del Centro de Investigación Nuclear JEN-II (llamado CINSO), en el que el franquismo degradado pretendía construir la bomba atómica española, a despecho de la vigilancia internacional. A ello estaba destinado el reactor rápido regenerador y la planta piloto de tratamiento de combustible irradiado, instalaciones que el proyecto recogía sin ocultación ni disimulo (se añadía otra instalación "para trabajar en fusión", como elemento que completaría el desvarío).

En esta repetición del escenario histórico, llama la atención la insidiosa información de los medios de comunicación provinciales pegados a la empresa Valle de Odieta y sus intereses, a despecho del inmenso daño que esta prevé ocasionar a la comarca elegida, derivado tanto de las propias dimensiones de la vaquería como de la masiva producción de contaminantes. Si hace casi medio siglo era el periódico (trisemanal) *Soria, hogar y pueblo*, de un Fidel Carazo indescriptible (pero que este cronista describió, ya lo creo, tras entrevistarlo, para un reportaje, "Soria y el caciquismo nuclear", publicado en la revista *Triunfo* con fecha 16-10-1976), ahora el bullicio de la información propagandística aparece en diversos medios, de entre los que hay que destacar *El Día de Soria* por su estilo y objeto, que parecerían considerar a esa explotación ganadera como negocio propio y clave de supervivencia.

Si en su día, *Soria, hogar y pueblo* era propiedad de Fidel Carazo, alcalde de la capital soriana y procurador en Cortes por el "tercio familiar", debelador de los opositores antinucleares, pero escasamente peligroso, actualmente *El Día de Soria* cumple el mismo papel, actualizado y acrecido, a manos sobre todo de su director, Iván Juárez, tan beligerante y provocador como ignorante y malvado: es la tipología del lacayo, exhibida con la debida (y remunerada) devoción.

Fiel voz de su amo, este servil órgano informativo pertenece al conglomerado PROMECAL, de trece medios extendidos por Castilla y León, así como por Castilla-La Mancha, La Rioja y Navarra, que es utilizado como punta de lanza de los negocios, distribuidos en más de 60 empresas, de su patrón, Antonio Miguel Méndez Pozo, empresario burgalés de la construcción. Méndez Pozo es famoso por haber protagonizado en los años 1990 uno de los primeros grandes escándalos de corrupción urbanístico-municipal en España, que implicó también el alcalde de la capital burgalesa, José María Peña, que concedió licencias al empresario en abierta contradicción con la legalidad urbanística vigente. Un escándalo que acabó con pena de siete años de cárcel para Méndez Pozo, aunque por ciertas circunstancias (todas, sorprendentemente, favorables) sólo cumplió en prisión nueve meses. Esa condena (creo recordar que por "falsificación de documentos públicos y privados", lo que encaja con la mayor parte de las informaciones con que su *El Día de Soria* pretende llevarse al huerto a la opinión pública soriana) marcó, lo que son las cosas, un despegue espectacular de los negocios de Méndez Pozo, que no ha hecho desde entonces más que incrementar su poder económico y político, al que ha añadido el informativo de sus numerosas cabeceras. Así que *El Jefe*, como es denominado en ese mundo en el que medra y prospera, sigue cabalgando hacia los mismos horizontes en los que se enmarca desde siempre.

En este lamentable panorama, en el que los grupos opositores al proyecto se las ven y se las desean para que su voz tenga eco en estos medios, el frente provaquería se ha topado con un obstáculo administrativa y legalmente insalvable, que es la negativa de la Confederación Hidrográfica del Duero (CHD, dependiente del Gobierno de Madrid) a conceder el uso del agua del acuífero Borobia-Araviana, al sur del Moncayo, debido a su escasez, al riesgo de contaminación y a la prioridad de otros usos y destinatarios. Esto tiene de los nervios a tan desvergonzada coalición, que se dice dispuesta a torcer el brazo de la CHD y doblegar tan estratégico obstáculo. Uno de los episodios más vergonzantes de esta ofensiva ha sido la iniciativa anunciada por el presidente de la Diputación Provincial de Soria, Benito Serrano Mata que, alterado por el agravio que él y su institución deben sentir, ha exigido entrevistarse con los responsables de la CHD, con la piadosa intención de hacerles volver sobre su decisión y dejar expedito el camino de la granja (en sintonía con sus amigos de Valle de Odieta, que se dicen dispuestos a recurrir esa decisión negativa, que bloquea su inversión).

Un espectáculo, como puede verse, de maniobras y necedades que indigna al ciudadano avisado que, entre otras cosas, comprobará cómo se mantienen los lazos entre los poderes de la España negra, desierta, pobre y marginada, a la que se le añade este caciquismo de viejo cuño, adaptado sin embargo para dejar sentir su presencia, casposa y tétrica, en los tiempos que corren... Y ahí vemos, coaligados en tan pecaminosa causa, a los responsables de Gobierno autonómico de Castilla y León, que proclaman que todos sus informes ambientales son positivos, con los líderes de ASAJA, que nos recuerdan el trecho de traiciones recorrido desde que esta organización fuera reivindicativa y pensara en el campo y su rejuvenecimiento.

Es este un enfrentamiento total, en tiempo de farsa ecológica y suelta generosa de todo tipo de intereses económicos, muy especialmente los informativos que, abusando de su dependencia del dinero, conculcan la verdad, la decencia y el futuro. Claro que sí: si el gigantismo de las 23.520 vacas es rechazado tajantemente por los opositores y el propio Ministerio de Agricultura ha decidido aprobar un decreto que limite a 750 cabezas vacunas las futuras granjas, la coalición contesta defendiendo las economías de escala y la productividad, que es todo lo que va en contra del medio ambiente y de los pequeños ganaderos. Si se acusa al proyecto de entrañar más y más desertización, al ir directamente contra la existencia de los pequeños y medianos ganaderos, la coalición —una vez más abanderada por el trepidante clarín de *El Día de Soria*— responde calificando como agravio a la España vacía, pretendiendo trastocar los hechos y la lógica. Y si la Unión Europea advierte y encausa a España por contaminar los acuíferos con nitratos en amplias áreas del país, la coalición responde que esa granja es perfecta, y que ni envenenará las aguas con nitratos ni emitirá metano a la atmosfera: promesas a las que tantos estamos acostumbrados desde hace años y que ni se cumplen ni se pagan cuando se falta a ellas (y por eso son tan fáciles y baratas).

Y es que, sí, se trata ni más ni menos de un enfrentamiento homérico, belicoso y legendario, que repite el ambiente ya vivido en los años

1970 y que, por eso mismo, indigna y desespera. Quizás sea la turbulenta ofensiva mediática un dato que empeore la situación que planteaba en la pugna nuclear el monopólico y tremebundo *Soria, Hogar y Pueblo*, cuyo dueño, Carazo, no dejaba de ser un defensor exótico y mesiánico, porque ahora el pulso se sostiene con un complejo empresarial-informativo de mayor potencia y capacidad, puesto que lo mueven intereses que no son informativos.

Pero la novedad positiva, respecto a entonces, es esencialmente que la Administración del Estado, a través de la CHD, se ha tomado en serio el cuidado y buena gestión de las aguas subterráneas, sometidas a un generalizado acoso, ya que la violación sistemática —de objetivo y articulado— de la Ley de Aguas se ha convertido en un deporte alegre repetidamente practicado por la agricultura y la ganadería intensivas, que ya son actividades que deben considerarse como "extractivas" de recursos escasos y sensibles, más que productivas; y eso se tiene que acabar.

Como reflexión final (aunque provisional, desde luego), parece legítimo preguntarse si la desgracia de muchas de nuestras tierras y paisajes no es consecuencia directa, en gran medida e innumerables casos, de la estupidez y la estulticia de políticos e instituciones de pensar tosco e ideales romos que, aunque pase el tiempo, no son capaces de interrogarse sobre la "afinidad" de proyectos espectaculares, nada inocentes (como el Centro Nuclear o la macrogranja), por territorios marginales socioeconómicamente; ni se detienen en analizar por qué Valle de Odieta considera al municipio de Noviercas "un sitio privilegiado", sin explicar por qué no lo es otro emplazamiento dentro de la misma Comunidad de Navarra, donde se ubicaría el futuro mercado lechero y donde esta misma empresa ya posee una granja de grandes dimensiones, con 7000 vacas. Al contrario, se muestran siempre proclives, caso de Soria, al requiebro del empresario prometedor y adinerado, de muy consolidado estilo a medio camino entre la presión y el embaucamiento (lo que, en relación con los medios informativos, incluye el decisivo factor de los pagos publicitarios).

Mina de hierro abandonada, en Cehegín.

Capítulo 4

SALVAJE Y LEJANO NOROESTE
(CON INSÓLITO *SANTUARIO MARIANO*)

Introducción

Para explicar este capítulo he de empezar aludiendo a la creación informal, en 2017, del Consejo para la Defensa del Noroeste, una decisión a la que llegamos un grupo de ciudadanos de los municipios del área noroeste de la Región de Murcia (inicialmente, de Caravaca, Moratalla y también Cieza), para hacer frente a los numerosos atentados ambientales, así como amenazas en ciernes, en ese territorio. Teníamos la percepción, fundada en hechos muy serios, de que tras la meticulosa destrucción del Mar Menor, atribuible, por sobre cualquier otro agente de impacto, a la feroz agricultura intensiva crecida en el Campo de Cartagena, que se inclina y vierte sobre la albufera mártir, se desarrollaba un

145

desplazamiento de empresas, inversiones e insidias hacia el Noroeste, dada la relativa abundancia de aguas y su carácter de comarca marginada en la región murciana, de cuyos problemas, existentes o anunciados, se venía hablando mucho menos que de los del entorno del Mar Menor, constituidos estos en el más grave escándalo existente en una región que se ha superado a sí misma en la inquina antiecológica.

Es imposible no encontrar la relación entre ambos procesos: degradación ambiental máxima, con agotamiento de recursos e inevitable entrada en acción de los Tribunales en el espacio agrario del Mar Menor, y multiplicación de inversiones —casi todas ellas altamente depredadoras del medio ambiente y los recursos naturales— en el Noroeste, donde los inversores, algunos presentes y señalados en el entorno de la albufera, consideran que, además de agua prometedora, se cuenta con alcaldes dóciles. Y en nuestras primeras reuniones ya supimos de un hecho alarmante, directa y aviesamente relacionado con la práctica de pozos de gran caudal para los nuevos regadíos: la caída de las aportaciones del rico sistema de fuentes y manantiales de los términos de Caravaca y Moratalla, base de la agricultura tradicional comarcal, sin la menor reacción oficial de protección.

En distintas ocasiones, el Consejo ha celebrado reuniones en los otros municipios del Noroeste, que son Bullas, Calasparra y Cehegín, tanto para tratar alguno de los problemas ambientales presentes —casi siempre relacionados con la gestión del agua y sus vicisitudes— como para explicar los objetivos del mismo y allegar apoyos personales. Cuando escribo esto, nos disponemos a actuar, decididamente, en Cehegín[38], al hacerse oficial la "reanimación" de la mina de hierro en el paraje de Gilico, asunto que traerá cola por lo aventurado y falaz, y que nos traslada, e invita, a las luchas que muchos pueblos del Tercer Mundo mantienen contra las empresas mineras, generalmente arrogantes y voraces.

Ha sido en relación con este Consejo —es decir, preocupado por sus problemas y asistido por sus miembros más entregados— como he ido analizando los problemas de la comarca dándolos a conocer en mis artículos, toda vez que estuve entre sus fundadores. Y también se debe a mi vínculo con el Consejo el que se me invitara a pronunciar la conferencia inaugural de la 4ª Feria del Cordero Segureño y la Ganadería Extensiva, de noviembre de 2019, cuyo texto aparece aquí en primer lugar. Y viene bien iniciar los artículos por este texto porque, a continuación, los hechos fueron dándonos la razón de que aquella Feria, tan alegre y colorista, no

---

38 Con un acto público celebrado el 27 de mayo en esta ciudad.

tenía nada que ver con la nueva realidad del Noroeste, cuyo ejemplo más candente y negativo lo daba precisamente el Ayuntamiento de Caravaca que, lejos de responder a la llamada desesperada del secano y del cordero, ya se había introducido en la miserable senda de una economía agraria intensiva y de gran impacto: los regadíos sin control y la ganadería porcina aniquiladora. Aquel mismo día, y tras breves palabras con el alcalde de Caravaca, pude transmitir a los amigos mi impresión (respaldada por la experiencia acumulada en el trato con políticos municipales) de que el primer edil ni me parecía sincero ni podríamos contar con él para defender una economía de sabio secano y de valores tradicionales. Y así lo demostraron inmediatamente los hechos, concluyendo en que aquella Feria y su significado no contaban para nada en la conciencia ni los propósitos del susodicho alcalde, que se alineaba con esas políticas agrarias que —en métodos y finalidad— resultaban exactamente lo contrario de lo que pretendía hacernos creer.

A continuación de aquel texto para la Feria (en cuya redacción puse todo mi interés, creyendo firmemente en mis palabras), reproduzco dos textos del propio Consejo de Defensa del Noroeste: un Manifiesto con su filosofía y objetivos, y una nota de prensa, posterior, de abierta condena al Ayuntamiento de Caravaca, señalando implícitamente a su alcalde por su comportamiento cínico y pertinaz en la tramitación y aprobación de varias de las granjas porcinas existentes y en proyecto en ese municipio. Sobre el Manifiesto he de decir que, aunque inicialmente fue obra mía, pasó por sucesivas revisiones y discusiones, hasta darlo por bueno y ser aprobado por el conjunto de los miembros del Consejo en la fecha que se cita.

Los dos siguientes artículos van directamente contra la corporación caravaqueña y su alcalde, por sus "pecados porcinos" y por las irregularidades, crecientes y graves, en las que están incurriendo. Los problemas del municipio de Caravaca —como los del de Moratalla, que luego comento—, definen un territorio que es un verdadero quebradero de cabeza para quienes pretendan salvaguardar el medio ambiente comarcal, pero en el que, sin embargo (o precisamente por ello) hay que actuar y enfangarse sin miedo a la pelea política.

Con todo, y pese al desafío que la corporación municipal caravaqueña plantea a la legalidad y la sensatez, nuestro Noroeste posee una "perla" de insoportable carácter escandaloso y que viene desafiando a la Tierra, la Sociedad y la Ley, removiendo las conciencias de los ciudadanos mejor informados (así como las tripas de los más templados). Este caso tiene por soporte físico la finca llamada *El Chopillo*, en las inmediaciones del embalse del Cenajo, sobre el Segura, término de Moratalla; por móvil, digamos, agronómico, tiene a la transformación masiva a regadío de un suelo forestal afectado por el feroz incendio de 1994; y por protagonista de excepción (aunque el tiempo haya diluido su papel personal), al juez Mariano Espinosa Rueda, magistrado durante años del Tribunal Superior de Justicia de Murcia (y emérito desde 2013), como dueño, parcial pero decisivo, del Chopillo.

La verdad es que las hazañas que tienen por marco natural El Chopillo y como figura principal a Espinosa dan para un grueso volumen de contenidos multidisciplinares, ya que ahí tienen lugar muy llamativos hechos que afectan a lo hidrológico, agronómico, económico, ecológico, legal y ético. Y que antes o después habrán de describirse y desvelarse por el bien de la verdad, por el buen uso de los recursos naturales y en desagravio de cuantos se han estrellado en el empeño de dar a conocer lo que ahí ha venido sucediendo desde los años 1980, con el agua extraída del entorno hidrológico del embalse del Cenajo (acuífero de Almírez). Es imposible no pensar que los golpes judiciales recibidos por quienes han querido poner de relieve los sucesos del Chopillo —por ejemplo, la revista Interviú, la organización Ecologistas en Acción de la Región de Murcia o el mismísimo fiscal del TSJ de Madrid, Emilio Valerio— de resultas de la acción del empresario Espinosa y los tribunales que han entendido en las causas con él relacionadas, no tienen que ver precisamente con su condición de juez en ejercicio cuyos asuntos han sido juzgados por compañeros de profesión. Sobre todo, si tenemos en cuenta la escasa conciencia ambiental de la judicatura murciana y su falta de interés por poner orden en el desmadre existente, especialmente escandaloso cuando se trata de los abusos del agua y del regadío ilegal, lo que se traduce en una inoperancia exasperante (asunto al que aludo repetidamente en este volumen y que también haré en los siguientes). Que, para más inri, se le haya permitido a Espinosa juzgar y sentenciar una y otra vez sobre asuntos del agua siendo él mismo empresario del agua, no mejora este concepto que yo mismo —y tantos más— tenemos del poder judicial murciano.

Yo he podido comprobar, cuando me ha llegado el turno, cómo se las gasta el juez-empresario en un episodio que trato de resumir, como continuación al artículo "Por una Murcia otoñal (y bananera)", con un texto que lleva por título ""Mariano por sus fueros, La Opinión intimidada y Montiel descolocado", y que se "resolvió" con la exigencia (revestida de fórmula *legal) que Espinosa lanzó contra el diario* La Opinión, *sin atreverse a ir directamente contra mí como autor del texto que lo sublevó. El caso es que El Chopillo continúa floreciendo sobre realidades, unas, incomprensibles y, otras, indignantes, que sigue siendo necesario aclarar pero que presentan obstáculos extraordinarios para ser conocidas en su integridad, y que se desarrollan en un espacio privado productivo donde resulta dificilísimo entrar, no ya por particulares interesados en el buen uso del agua pública, sino por una justicia que viene contorneándolo sin el menor interés por que haya luz y taquígrafos. Esta es la conclusión a deducir de la larga historia de sospechas, denuncias y conflictos en El Chopillo, que este mismo cronista ha podido conocer estudiando el grueso dossier de documentos relativos al caso, así como viviéndolo en primera persona, tanto a cuento del artículo citado, que provocó la ira del juez y el allanamiento de* La Opinión, *como en el trato con el fiscal de Medio Ambiente, Miguel de Mata, y en relación con la sentencia —cuyo comentario constituye el penúltimo texto de este capítulo— de la jueza de Caravaca, Marta Rodríguez.*

En varias ocasiones me he referido al fiscal De Mata como insensible, indolente e incompetente, que es mi conclusión tras haberlo conocido cuando le presenté un extenso dossier *sobre la corrupción urbanística en Águilas y cuando lo vi actuar en el juicio del caso del "Castillo del Esfuerzo", asunto del que incluyo aquí, en el capítulo 5, los dos artículos que le he dedicado, "'Castillo del esfuerzo' (y del mamoneo)" y "Atentado ambiental, sentencia exculpatoria, testigo perplejo". Pero, sobre todo, ha sido con ocasión de hacerlo depositario de la extensa denuncia presentada durante 2018 por Alfonso Sánchez, miembro fundador del Consejo para la Defensa del Noroeste, queriendo llamar la atención del susodicho fiscal por el gran número de roturaciones, regadíos y bombeos ilegales en el Noroeste (señalando concretamente al Chopillo) y otras comarcas de la Cuenca del Segura, a lo que reaccionó procurando dejar pasar los plazos de investigación: hubo que pedir la intervención de su superior, el fiscal jefe del TSJ, Díaz Manzanera, para que impidiera el primer archivo del asunto, a lo que había llegado "automáticamente", sin actuaciones ni indagaciones que pudieran pasar por tales. Cuando, finalmente, se vio obligado a justificar el archivo (al que llegó en un segundo intento, que lleva fecha del 12 de junio de 2019), lo hizo con una argumentación que nos pareció enteramente inadmisible, a la que daba cuerpo con la documentación recibida de la propia CHS —a la que se señalaba directamente como responsable y prevaricadora de buena parte de los temas incluidos en la denuncia— y con una indignante lista de excusas: que si se aludía a hechos lejanos en el tiempo, que si las presuntas irregularidades resultaban excesivamente amplias, que si lo que se solicitaba podía ser tildado de "causa general", y que no se puede pedir que se investigue "a ver qué sale" (anotación que nos molestó especialmente y que se la tenemos guardada a este fiscal), que si muchas irregularidades había que atribuirlas a falta de medios... Como señalo en el artículo citado, que el fiscal De Mata sea oriundo de la comarca del Noroeste no nos ha tranquilizado, y en cualquier caso nos resulta evidente que este funcionario no se atreve a entrar, de verdad, a ver qué hay concretamente en El Chopillo en materia de pozos y regadíos, investigando con autonomía y rigor (no esperando a que la CHS le remita los documentos que les dé la gana aflorar a sus funcionarios, en gran medida comprometidos en estas irregularidades).*

El artículo sobre la última sentencia de la extensa saga del Chopillo, firmada por la jueza Marta Rodríguez, del Juzgado de Caravaca, quisiera reflejar ese sentimiento que vivo desde que conozco algunos hechos y varios misterios del Chopillo: que se trata, en efecto, de algo así como de un santuario de nada fácil acceso y que llamo mariano porque en él destaca por sobre cualquier otra personalidad o empresario, Mariano Espinosa; se trata de dejar bien claro lo difícil que es acceder a esos misterios, y al hecho de que, cuantos lo han intentado se han encontrado con la corácea (y hasta ahora, invulnerable) presencia empresarial y judicial de Espinosa. Dados los asuntillos que podían deducirse del conflicto juzgado por doña Marta, quise mantener una entrevista con ella, y hablar del Chopillo, claro, pero ella optó por quitarme de encima con una excusa inválida: "No me reúno para tratar ningún tema relativo a mis resoluciones judiciales, ni tampoco con personas ajenas al procedimiento que no están personadas y no son parte legítima" (recado para mí, del 13 de septiembre de 2021). Una respuesta que no correspondía a mi petición ni a mis pretensiones, que me hizo reflexionar sobre que, en puridad, no es que El Chopillo esté fuera de la ley sino que, más bien, es la ley la que no quiere entrar en El Chopillo.

Y, como digo, a última hora el Noroeste se ha visto "enriquecido" con un nuevo asunto intrínsecamente conflictivo: los planes para reanudar los trabajos en la mina abandonada de Magnetitas de Cehegín, S. L., lo que "redondea" un panorama comarcal en el que se han ido acelerando los proyectos y actuaciones en los últimos meses y años. A esta novedad per-

turbadora va dedicado el último artículo de este capítulo, que con seguridad habrá de ser seguido por otros en fechas próximas ya que, una vez más, las instancias administrativas implicadas —Ayuntamiento, Gobierno regional, CHS— se han lanzado a favorecer el proyecto empresarial sin, aparentemente, prestar atención a los ingentes problemas ambientales que implica, y que necesariamente han de tenerse en cuenta (tanto si les gusta como si no).

Elogio del cordero segureño, del secano protector y de la vida austera[39]

He sido encargado para abrir esta Feria con unas palabras y no sé muy bien si este encargo se me ha hecho como murciano de la mar, y por lo tanto escasamente ducho en afectos y saberes de interior, o como ecologista antiguo, empeñado desde hace décadas en retener en nuestras vidas la memoria, la tradición y el apego, en abierta oposición a tantas insidias con que la modernidad nos asedia y enajena.

En mi elogio del cordero segureño, no debe faltar la alusión a la economía de su cría y desarrollo, y mucho menos a la calidad de sus cortes, guisos y asados. Se trata de un patrimonio genético y agroalimentario inmenso y maravilloso, al que hace justicia la IGP, es decir, la Indicación Geográfica Protegida de que ha sido objeto (equivalente, supongo, a la Denominación de Origen de otras especies alimentarias, vegetales y animales). Pero destacar esto, que no añade gran novedad a vuestra vida y conocimientos, es, sin embargo, la finalidad principal de esta Feria, y no es ciertamente mi especialidad, que se escora más bien en el sentido de destacar los valores culturales del propio cordero y del mundo que lo rodea e ilustra. Razón de más para agradecer, especialmente, esta invitación.

Aun así, y a título de introducción que tiene que ver con mi significación, ya inocultable, en este mundo de la defensa e identificación con la naturaleza y los seres vivos, siento cierto temor de que arremeta contra este elogio e incluso contra mí el movimiento vegetariano, vegano y ani-

39 Texto leído en la 4ª Feria del Cordero Segureño y la Ganadería Extensiva, celebrada en Archivel (Caravaca), el 2 de noviembre de 2019. En los agradecimientos aludí, especialmente al concejal de Agricultura, José Antonio García, por haberme invitado a ese acto.

malista en general que —digno y racional, emotivo y militante— me llegue a declarar abiertamente osado y contradictorio, cínico y pecador. Apelaré, no obstante, aunque sin pretensiones de exculpación, a dos argumentos de explicación, tan vinculados a la ciencia y la biología como lo está el vegetarianismo a la ética. Recordaré, primero, que las leyes de la naturaleza establecen cadenas tróficas inapelables en las que unos seres vivos devoran a otros, para que se mantenga la sucesión de la vida, teniendo como depredadores últimos a los humanos en varias de esas secuencias. Y añadiré, a continuación, y en clara vinculación con lo anterior, que es el momento de reivindicar nuestra animalidad intrínseca, originaria y fecunda, como hacen muchos antropólogos en este trance dramático en el que las sociedades humanas, utilizando su inteligencia, llevan al planeta y a ellas mismas a la catástrofe por causas climáticas y por motivos ecológicos en general. En efecto, por creerse poco animal, o menos animal que otras especies (y no sólo pienso en los mamíferos, especies consideradas superiores en razón del desarrollo de su inteligencia), el *Homo sapiens* se ha convertido, desde hace milenios (con especial constatación desde hace 250 años), en la única especie que camina contra ella misma, que se empecina en destruirlo todo y que no muestra ninguna señal de enmienda o arrepentimiento (sino todo lo contrario).

Oportunamente, me he encontrado con un artículo en el diario francés *Le Monde* (25 de septiembre), en el que el portavoz de la Confederación campesina y ganadera de la región del Jura protesta contra un llamamiento de 200 celebridades en contra de la ganadería intensiva y a favor, "en una segunda etapa", de una sociedad sin explotación animal y, en consecuencia, sin pastoreo". El portavoz de esa organización se muestra de acuerdo en la lucha contra la ganadería intensiva, por supuesto, pero recuerda que la crisis ganadera, producida en parte por la industrialización que busca rentabilidades en la intensificación y la masificación, pretende, y así lo va consiguiendo, "acabar con los campesinos y con los animales domésticos"; añadiendo que la abolición del pastoreo, que esos firmantes promueven, "destruiría la agricultura campesina y los ecosistemas, desvinculando definitivamente el mundo vegetal y el mundo animal".

Pero volvamos a nuestro asunto. Retomo el significado, expresamente protector de la IGP, para evocar y destacar que, necesariamente, este reconocimiento conlleva la vigencia de ciertas normas e instrucciones como consecuencia, y que esa protección resulta claramente incompatible con ciertas formas de contaminación —actuales o posibles— en el medio ambiente en el que se desenvuelve nuestro cordero y nuestra ganadería tradicional. Y me atrevo a decir que son precisamente otras formas de cría ganadera, pero en condiciones intensivas y masivas, las que resultan ecológicamente perjudiciales o, al menos, llamativamente contradictorias. Nuestro cordero y sus benéficas características ponen en solfa, también, el exceso de utilización de ese concepto tan manido de la "compatibilidad" de usos y actividades.

El pastor, nuestros pastores

Tenemos que hablar del cordero y glosarlo, sí, pero también del pastor, ese agente clave que intermedia entre la naturaleza y el rebaño. Mis recuerdos campesino-ganaderos se remontan a mis vacaciones en el Garrobillo, en la parte alta de la Marina de Cope, en la finca que trabajaban mis padrinos y mis primos, y me llevan a rememorar los ratos que pasaba con el pastor y el *ganao* de cabras y ovejas. Un pastor ajeno a la familia que vivía, digamos interno, que tendría dos o tres años más que yo, o sea que era un chiquillo, y con el que me gustaba estar, charlar y acompañarlo, rambla arriba, rambla abajo, y aprender a tirar piedras —a estilo pastor, decíamos los chiquillos del pueblo— a las cabras y ovejas para controlar su desmadre. Era el *Maturano*, y cuando yo le contaba la última película que había visto en el pueblo siempre me preguntaba: "¿Y salían caballos?".

Más tarde, recorriendo España y especialmente pateando la Castilla eterna, luminosa y cerealista, y sobre todo por la Tierra de Campos (campos de Urueña o vegas del Cea o del Esla, por ejemplo), siempre me ha gustado detenerme a charlar con los pastores de churras y merinas, envueltos y curtidos por la luz, el viento y las variaciones del tiempo; sobre todo por acompañarlos, siquiera unos minutos, en su llamativa soledad (para mí, siempre atractiva, creativa, casi envidiable). Y me asombraba, sobre todo, su locuacidad agradecida, su dominio de la actualidad (manejando siempre una radio golpeada y ajada, sujeta con una goma o una cuerda) y, sin saber nunca si era verdad, me maravillaba en especial que me dijeran que sí, que conocían, una a una, a todas sus ovejas.

Cuando mi amigo el naturalista Jesús Garzón inició a principios de los años 1990 esa hermosa campaña de recuperación de las cañadas, movilizando cada año centenares de ovejas como rememoración y reivindicación de la Trashumancia, me adherí varias veces a ese viaje hacia el Norte (pastos de la Sanabria zamorana, Babia y la montaña de Riaño, ambas leonesas, o las faldas de Picos de Europa), contribuyendo, con otros muchos y de forma entusiasta a la retirada de alambradas, vallados y otros numerosísimos obstáculos interpuestos en esa red inmensa de caminos ganaderos —cañadas, cordeles, veredas y coladas— que son desde la Edad Media de titularidad pública, pese a haber sido destruidos, enajenados u ocupados. Y participando de la alegría popular de los pueblos que atravesaba el cortejo gnadero, rememoración de cuando los rebaños llenaban este país, esta España interior que ahora lamentamos como triste y vacía.

Ya que he sido informado de que en este mismo Noroeste murciano la red de caminos ganaderos ha sido maltratada y apropiada, no puedo abstenerme de daros una consigna de urgencia: hay que atacar ese abuso y recuperar para la ganadería y el uso público en general ese patrimonio inmenso, con la ayuda de una ley *ad hoc*, la 3/1995, de Vías Pecuarias, que fue directo resultado de la campaña de esos promotores de la nueva Trashumancia, así como de las organizaciones ecologistas. Cada año (esta vez ha sido el domingo 20 de octubre), ese espectáculo de vida y color que es la marcha de las ovejas por la madrileña calle de Alcalá nos llena de entusiasmo y hace rebrotar lo que queda de atávico en nosotros, en nuestro poso campesino, sintiendo sin disimulos el regusto por recuperar esa cultura oscurecida y en serio peligro mortal, ¡pero tan hermosa!

En esa Ley 3/1995 se dejó establecido que son nada menos que 125 000 los kilómetros de vías pecuarias de dominio público en España, que teniendo en cuenta su variable anchura (desde las 100 varas de las cañadas, es decir, unos 80 metros) suponen 450 000 Ha, es decir, 4.500 Km^2, o sea, una provincia como Pontevedra o Logroño. Y no olvidemos que esos caminos ganaderos son, al tiempo, corredores bilógicos de muy alta importancia, así como canales de comunicación rural y cultura campesina viva.

Elogio del secano protector y la ganadería extensiva

El secano es adaptación, fortaleza, despliegue de inteligencia y de identificación con la naturaleza, que es siempre pródiga a condición de que no nos separemos de ella ni provoquemos su ira o su castigo. Lo otro, es decir, la agricultura intensiva e industrial y la ganadería masiva y concentrada, es todo lo contrario: desafío, fragilidad, necedad y ofensa manifiesta a la naturaleza.

El secano no es sólo un paisaje: también es un medio natural integral, una memoria, un ideal y hasta una vida interior. En nuestra tierra, que es mediterránea y árida, a la tríada clásica del secano —trigo, vid, olivo— añadimos una cultura de huerta, un apego a los frutales, de regadío o de secano, y un amor, telúrico y moral, a ese nuestro paisaje, siempre punteado de rebaños (*ganaos*) ovinos y caprinos de lento e incansable caminar, perfectamente adaptados a la tierra y sus determinantes. Así, nuestra trilogía particular, adaptada a la tierra, a sus recursos y al clima, se constituye, esencial y heroicamente, con el pastor, el rebaño y la naturaleza, envueltos casi siempre en un cielo azul.

Se trata de una actividad ganadera que, en crisis como todo nuestro mundo campesino, sigue lanzándonos llamadas de atención, de auxilio y de sensatez. Estoy seguro de que en el espíritu y la dinámica de esta Feria consta, o al menos late, ese deseo de responder, esa voluntad de recuperar, no ya, o no solamente, un recurso de acrisolado prestigio y aquilatado valor económico, sino también de constatar, de levantar acta y de formular la reivindicación pertinente a favor de un mundo agrario que desfallece por sus problemas y sus preocupantes perspectivas, pero al que necesitamos y nos debemos permanente e ineludiblemente.

El ejemplo o la comparación no resulta ni fácil ni cercano, pero cuando contemplo o estudio la vida campesina en el Altiplano de Guatemala, siempre dura, siempre necesitada, os aseguro que recibo permanentemente lecciones de adaptación, de sabiduría y, desde luego, de reivindicación y lucha por la propia cultura y los derechos inalienables de quienes se aferran a la tierra y muestran su expreso rechazo al imperio de los cultivos intensivos y masivos de la caña, el café, el cacao o, plaga de los tiempos más recientes, la palma africana. Bueno, pues la disconformidad, la inquietud permanente, la lucha, son y deben ser universales, ya que los seres humanos somos exactamente los mismos, y vibramos por y con los mismos sentimientos ante las pérdidas, las amenazas y los abusos.

Ya veis ahora, ante el escándalo por los daños de la agricultura venenosa de regadío, cómo se levantan voces —no todas sinceras, pero bueno— en favor del secano y del freno a esa agricultura letal... La consigna es buena, y hacía falta revivirla, pero hay que castigar a los que han envilecido nuestros campos y nuestras aguas

Elogio de la vida austera

Nuestro paisaje, nuestra historia, nuestras gentes nos recuerdan y reclaman la vida austera. Es decir, la vida de contención en todas las formas del comportamiento: el profesional, el familiar y el social, que en el campo se resumen en enunciados sencillos y redondos, sabios y disciplinados: consumir lo justo, destruir lo mínimo, compartirlo todo, adaptarse y ser sensatos; o también así: cuando trabajar, trabajar; cuando pensar, pensar; cuando cantar y bailar, cantar y bailar; cuando descansar y platicar, descansar y platicar; cuando reír, reír; y cuando llorar, llorar.

Nuestra cultura —que los libros llaman civilización, aunque al mismo tiempo dedican sesudos capítulos a criticarla— nos ha conducido, decididamente, por la vía de la anti austeridad, del consumismo y del egoísmo, y con especial entusiasmo a maltratar la tierra. Libros, modas, negocios, televisiones, programas electorales... nos han enseñado a contemplar —y conformarnos ante— las pérdidas visibles del medio ambiente, la lejanía de la gente, las tristezas del alma como bueno y positivo, como progreso e incluso como felicidad.

Y también se nos ha llenado el mundo de líderes y predicadores supuestamente sabios que pretenden —con gran éxito, por cierto— no ya que nos conformemos a todo eso, que en nuestro fuero interno vemos como pérdida y fracaso, sino que lo asumamos como ventaja, avance y modernización. Hemos tenido que llegar a los límites, al miedo climático, a la destrucción generalizada de todos los ecosistemas esenciales para la vida... para que nos pongamos a repensarlo todo y a dudar de nuestra conducta.

No nos vayamos muy lejos: la destrucción biológica del Mar Menor, ¿es fruto del progreso o del atraso? La urbanización de ciertos sectores de nuestra costa, consumiéndola y deformándola, ¿es una gozada turística o un espectáculo deprimente? La contaminación y consiguiente inutilización de la mayor parte de los acuíferos de la Cuenca del Segura, ¿es un éxito de nuestra sociedad, que se ufana de su carácter agrario, o es su negación? La alarmante reducción de los caudales de nuestras fuentes y manantiales, ¿es un signo de que vamos bien o de que vamos mal?

Dejando por un momento aparte las realidades políticas y económicas, que casi nunca permiten sentirnos en y con la libertad necesaria, y mirándonos cruda y lealmente en nuestro interior más infranqueable, hay que reconocer que a todo esto se llega, en gran medida, por no ser austeros, es decir, sensatos e inteligentes. No es verdad, definitivamente, que el *Homo sapiens* sea, en efecto, *sapiens*, ya que demuestra, muy fehacientemente, que es más bien un necio incorregible.

Cuando reparamos seriamente en nuestra situación de crisis generalizada y añoramos la sabiduría antigua, presente todavía en nuestros padres y abuelos, y contemplamos el esfuerzo titánico de numerosas culturas indígenas que, aunque reducidas en número, resisten y sobreviven (y a las que con gesto evidente de menosprecio, llamamos tradicionales e incluso subdesarrolladas), reparamos en que una de las claves de su permanencia y sobre todo de su fuerza y su oposición al opresivo mundo que las rodea es el respeto a lo sagrado, al tabú: esto no se debe hacer, ni se debe tocar, ni se debe trabajar de forma distinta a la de nuestras costumbres y de nuestros viejos; ¡aunque podamos o pudiéramos hacerlo! "En ausencia de lo sagrado", dice un utilísimo texto reivindicativo de las culturas amerindias, todo se banaliza, disgrega y envenena, arrastrándonos a la ruina moral, cultural y económica. El agua y la tierra, mis queridos amigos y paisanos, son sagrados, y para quien las envenene debemos reservar nuestra condena y nuestra más activa hostilidad.

La vida austera, por lo demás, está mucho más cerca de la alegría de vivir que de la obsesión por tener y consumir: no me digáis que no. Y es el molde en el que encajan todas estas modas —aunque no estén totalmente exentas de oportunismo, cuando no de trampa, mentira y mercantilización— del vivir *slow*, lento, de atemperar el ritmo general de nuestra vida, de reparar en tantas cosas que hemos decidido ignorar y que acaban pasando desapercibidas en nuestro vivir frenético.

Ved el caso de la agricultura ecológica, tan de moda y que causa furor y logra éxitos crecientes, pero que no es otra cosa que la agricultura de siempre, la que dábamos por liquidada y olvidada, y ahora nos reclama justicia y atención: y prospera y se expande demostrando que podemos recuperar lo perdido y retomar el camino adecuado.

En este marco de sensatez, en este entorno de respeto y vuelta a la tierra como solución, surge y toma forma esta reivindicación del cordero segureño, como recurso natural y excepcional, como impulso regenerador del campo en apuros y como riqueza amable, como símbolo de sabiduría nunca perdida y hasta como tótem.

Y para darle utilidad a estas palabras, siguiendo mi costumbre de incitar al trabajo y la lucha, y reconociendo que el momento es favorable, os propongo, y me dirijo ante todo a los amigos responsables del Ayuntamiento de Caravaca, pero también de Moratalla y de todo el Noroeste murciano, un triple programa de acción: (1) un programa inicial —de mínimos, diría— de revitalización y adecentamiento del campo, que se estructure en los tres niveles necesarios: municipal, autonómico y nacional, (2) una operación prudente y decidida de limpieza y reivindicación de las vías pecuarias públicas, y (3) un plan vigoroso de defensa de las fuentes y manantiales de siempre, y contra sus enemigos, que no sólo lo son del agua pública, sino también de todos y cada uno de nosotros, de nuestra dignidad y de nuestra supervivencia.

¡Viva el cordero segureño y viva la gente y la cultura del Noroeste y de la Cuenca del Segura! Defendamos todo esto y hagámoslo vivir con responsabilidad, emoción y tenacidad.

Manifiesto, desde el Noroeste, contra un agro devastador[40]

Los ciudadanos de los municipios del Noroeste de la Región de Murcia y de las comarcas interiores de la Cuenca del Segura, queremos expresar nuestra indignación ante la situación general del campo en la Cuenca del Segura, caracterizada por:

1) El avance arrollador de una *agricultura* injusta, intensiva y depredadora, acompañada de una *ganadería* igualmente intensiva y de semejante impacto social y ambiental, que se imponen a las tareas y actividades tradicionales, respetuosas y sostenibles, haciéndolas imposibles y negando en consecuencia la supervivencia de nuestras poblaciones y culturas, así como los derechos históricos de los pequeños agricultores. Todo ello deja en nuestra tierra costes inmensos que los culpables no pagan.

2) La constante e imparable puesta en *regadío intensivo* de espacios de secano tradicional, de monte o forestales, que no figuran como agrícolas en los planes municipales de ordenación urbana ni poseen esta vocación ni son aptos para ese cambio de uso, exigiendo para ello, además, una alta aportación de agroquímicos.

---

40 Fechado en Caravaca de la Cruz/Calasparra, el 27 de enero 2020. Se adhirieron las siguientes entidades: ARECA, Club Atalaya, Plataforma El Arabí, Plataforma en Defensa de los Ríos y Fuentes del Segura y el Mundo, IU de Moratalla, IU de Cieza, Plataforma anti Fracking de la Región de Murcia, Segura Transparente, Ecologistas en Acción, Prolitoral, Podemos de Cieza, PSOE de Molina de Segura.

3) *El abuso y mal uso de un agua siempre escasa,* progresivamente apropiada por determinados empresarios poderosos que, codiciosa e irresponsablemente, la convierten en la protagonista de un negocio muy productivo, pero insostenible e insaciable, y que nada o casi nada respeta. Esta apropiación no pocas veces constituye un robo manifiesto de recursos públicos hídricos a costa de mermar nuestros recursos tradicionales, y alimentan negocios privados descarados que casi siempre acaban afectando seriamente a los manantiales y fuentes existentes, generadores de una agricultura sabia y respetuosa que, además, fija la gente a la tierra.

4) Los *daños ambientales,* con la aniquilación de ecosistemas naturales y especies silvestres, la contaminación del aire, los suelos y las aguas, tanto las superficiales como, sobre todo, las subterráneas, con el resultado actual en una mayoría de acuíferos contaminados. El proceso, implacable y que viene contaminando con nitratos y otros productos químicos los acuíferos en esta cuenca, amenaza con degradar los últimos acuíferos que se mantienen — aunque amenazados— todavía a salvo de este proceso criminal, y que son precisamente los del Noroeste de la Región.

5) La existencia en la Cuenca del Segura de un número importante de masas de agua subterráneas sobreexplotadas que, en su mayor parte, no gozan, o no han gozado, de declaración formal como tales, lo que implicaría medidas que deben aplicarse, al efecto, para corregir su deterioro. Concretamente, más del 40 por 100 de las masas de agua subterránea está afectado por la contaminación de nitratos y otros compuestos de origen agrario; y la mayor parte, cerca de un 70 por 100, sufre un riesgo alto de contaminación, con escasas posibilidades de alcanzar un buen estado global, tanto en calidad como en cantidad. Todo esto en datos de 2017, que era el plazo temporal máximo marcado por la Directiva Marco de Aguas (DMA) para devolver esos acuíferos a sus condiciones adecuadas de calidad y cantidad.

6) La *impunidad* generalizada con que se infringen costumbres, normas y leyes, por la indiferencia, cuando no complicidad, de las autoridades político-administrativas y judiciales, que conocen, consiente o amparan estas actividades nocivas e irregulares. Asistimos, asombrados y escandalizados, a la más sistemática e intolerable prevaricación desde las Administraciones públicas en esta Región.

En este desorden, que es voluntario, si no planificado, y que afecta claramente a la mayor parte de las instituciones de la Región y la Cuenca, señalamos como responsables a:

1) La *Confederación Hidrográfica del Segura* (CHS), organismo estatal al que la ley atribuye la obligación de velar por el buen estado de las aguas, así como de su adecuada gestión en el ciclo hidrológico completo, pero que no cumple, ni con mucho, con estas responsabilidades. Por el contrario, ha acabado desempeñando un papel esencial en una red de agresiones e ilegalidades que sigue en pleno desarrollo, convirtiéndose en cómplice necesario de los que han llevado el sistema hidrológico de la Cuenca del Segura a una situación catastrófica y en continuo empeoramiento.

2) La *Consejería de Agricultura,* obsesionada por favorecer la producción y la productividad, sin miramientos por las consecuencias de esta política y sin la menor intención de obligar a los productores al cumplimiento de los códigos de buenas prácticas agrarias, empezando por las zonas más vulnerables.

3) Los *Ayuntamientos* que, acostumbrados a mirar para otro lado y a permitir todo tipo de tropelías en su ámbito territorial, hacen clara dejación de sus responsabilidades permitiendo roturaciones, obras y transformaciones del uso del suelo y del relieve, clandestinas e ilegales, sin vigilancia, sanción o denuncia.

4) Los diversos *servicios de vigilancia* implicados: policía local, agentes forestales y fluviales, agentes del SEPRONA, etcétera, cuya función, finalmente, resulta altamente insatisfactoria por ineficaz, ya sea por falta de medios, ya por miedo a represalias, ya por la escasa motivación en su labor cuando lo que se fomenta es la permisividad o la indiferencia. Especialmente grave nos parece la actitud de los mandos del SEPRONA, que o no prestan la debida atención al trabajo, generalmente encomiable, de sus agentes, o bien renuncian a exigir de los responsables de la CHS, la Consejería de Agricultura o los Ayuntamientos que atiendan a sus denuncias y actúen en consecuencia.

5) El *aparato judicial de la Región, fiscales y jueces* que, siendo testigos como nosotros de esta degradación generalizada y mantenida durante décadas a manos de empresarios, sindicatos y empresas de este sector, perfectamente identificados y activos, sólo actúan, y no siempre, bajo la presión de los acontecimientos o de la ciudadanía indignada. El caso del Mar Menor es paradigmático de esta indiferen-

cia e irresponsabilidad, y no estamos seguros de que el proceso de imputación e investigación de este desastre —evidentemente atribuido a la agricultura intensiva y pirata— que fue iniciado en diciembre de 2017, vaya a concluir en el necesario escarmiento, es decir, en la aplicación estricta de la justicia y la reparación del inmenso daño causado. Es inconcebible que los crímenes diarios contra el río Segura y los acuíferos, por contaminación y sobreexplotación, dejen habitualmente indiferente al aparato judicial.

Y en razón de este panorama, que es catastrófico en lo socioeconómico, lo político, lo legal, lo agronómico y lo ecológico, y que nos avergüenza e indigna, exigimos:

1) A los responsables políticos ya aludidos y, especialmente a los que ejercen en los diversos ámbitos de la Comarca, que se pronuncien claramente ante este Manifiesto y sus contenidos y que, en cualquier caso, antepongan como norma básica de conducta, personal e institucional, los intereses generales y el bien común, particularmente en la protección de nuestros recursos naturales y el medio ambiente como patrimonio vital que debemos transmitir, en las mejores condiciones, a las generaciones futuras. Y que asuman sus responsabilidades políticas, para las que se les vota y elige, defendiendo los intereses de la ciudadanía sin indecisiones ni dejaciones en sus funciones al frente del interés público.

2) A la CHS, de forma especial y como principal actor en la gestión del agua y su ciclo, pero al mismo tiempo sistemático infractor de la Ley cuyo cumplimiento debiera imponer, *que ejerza el debido control sobre las roturaciones, los regadíos ilegales y las dotaciones de aguas concedidas, así como sobre los robos de agua,* mediante pozos pirata o extracción ilegal desde acuíferos públicos; y que exija, de acuerdo con el espíritu y la letra de la Ley, la reversión a las situaciones anteriores a las infracciones e ilegalidades. Exigimos por tanto a la CHS un control efectivo de las superficies regables y los volúmenes máximos autorizados, acabando con la permisividad y la impunidad imperantes en la Cuenca.

También le pedimos la transparencia debida y el *libre acceso telemático* a la ubicación y características de todas las concesiones de aguas existentes y las superficies regables, así como de todos los usos reales y destinos finales, de tal manera que esta información, actualizada, se inserte tanto en el visor público de su web como en la documentación del Plan de Cuenca del Segura.

3) A las autoridades competentes del Estado la realización de un *Informe-Auditoria* que evalúe seriamente el gigantesco —y en gran medida, ilegal— proceso de conversión del secano en regadío desde 1990, siempre a sabiendas de la CHS.

4) *A la Consejería de Agricultura, que prohíba las prácticas antiecológicas de la agricultura y la ganadería intensivas,* que pervierten la tierra que ha de sustentarnos, las aguas a las que hay que mimar y el aire que respiramos, elementos todos ellos que están siendo grave e impunemente envenenados Y que reconozcan la necesidad de abandonar el modelo agronómico actualmente dominante, debido a sus inmensos perjuicios sociales y ambientales, y lo reconduzcan hacia las necesidades propias, regionales y nacionales, manteniendo el ámbito rural vivo y equilibrado y respetando la salud y la fertilidad de la tierra, cuya integridad es la base necesaria de nuestro futuro productivo y de la supervivencia de poblaciones y comarcas.

5) Que la CHS, junto con el resto de administraciones, autonómicas y municipales, arbitre medios e impulse reformas tanto para el control efectivo como para la regulación, con el fin de *establecer las oportunas limitaciones legales a los usos intensivos del suelo,* así como la vigilancia y sanción de las obras, la mayoría ilegales, de toda transformación de secano a regadío intensivo, o de regadío tradicional a cultivo intensivo, haciendo observar que esta responsabilidad última también recae en los Ayuntamientos.

6) Que, en definitiva, los organismos aquí aludidos *cumplan y hagan cumplir la legalidad vigente,* dejando de consentir y amparar ese cúmulo de abusos y violaciones del ordenamiento jurídico del que somos diarios testigos y que constituye un escándalo sin paliativos, que señala a todas las instituciones agrarias, políticas y jurídicas de la Región.

Finalmente, y como resumen de todo lo anterior, desde el Noroeste maltratado y amenazado advertimos de que, en la medida de nuestras posibilidades, combatiremos tanta arbitrariedad e ilegalidad, exigiendo de unos y otros responsables el cumplimiento estricto de la Ley, la prioridad al bien común y la conservación de los recursos naturales, en especial los acuíferos y manantiales.

Nota de Prensa[41]

El Consejo de Defensa del Noroeste contempla, preocupado y escandalizado, la situación de ilegalidad y desgobierno en que se viene desenvolviendo el municipio de Caravaca de la Cruz, que podríamos resumir en una actitud, por parte del equipo de gobierno, de dejación general y sistemática de funciones, permitiendo crecientes casos de ilegalidad, debidos sobre todo a las transformaciones del suelo, tanto por los cultivos intensivos de regadío como por la instalación de granjas de ganado porcino intensivo.

Estas y otras actividades vienen consolidándose contra el Derecho y contra los derechos de los ciudadanos, a los que representa y por los que debe conducirse con rigor y decencia, tanto en materia urbanística como agraria, fiscal y sanitaria.

En consecuencia, nos dirigimos a ese Ayuntamiento para:

1) Advertirle de que se producen continuamente transformaciones de secano a regadío, a manos de empresas de ámbito regional, nacional o trasnacional, en flagrante violación de la Ley de Aguas. El que estos hechos se produzcan con el consentimiento tácito y prevaricador de la Confederación Hidrográfica del Segura no exime a la Corporación de responsabilidad, ya que sus competencias sobre el suelo a través del Urbanismo son indeclinables y consustanciales con la dignidad municipal. Esa Corporación no ignora que, en varios casos, estos regadíos-pirata se desarrollan perjudicando a los acuíferos, reduciendo los caudales de nuestras fuentes y contaminando sus aguas; sin embargo, no nos consta que asuma ninguna actitud de responsabilidad o defensa de los intereses públicos, sino que, por el contrario, se allana al abuso de las empresas.

2) Hacerle saber nuestro decidido rechazo a cualquier ampliación de las granjas porcinas situadas en el paraje de Las Oícas de Arriba, por todo lo que significa esta actividad contra natura, ya que se trata de una ganadería que contamina la atmósfera, los acuíferos y los suelos, y, además, somete a la población, por su insalubri-

---

41 Fechada en Caravaca de la Cruz, el 31 de marzo de 2021.

dad intrínseca, a un riesgo cada vez más cercano de epidemia con origen en la gripe porcina. Acerca de este último aspecto, pedimos a ese Ayuntamiento que exija a las empresas explotadoras porcinas un seguro que cubra, suficientemente, este preocupante riesgo sanitario.

3) Informarle —ya que ese Ayuntamiento parece no enterarse de muchas de las actividades que se ubican en nuestro municipio, o pretenden hacerlo— de nuestra firme oposición a que se instalen antenas de radiotelefonía contra el consentimiento de la población afectada, debido sobre todo a sus efectos sobre la salud. A este respecto, señalamos que ninguna de estas instalaciones debiera de ser posible sin previa ubicación según el Plan de Ordenación Urbana y sin que los operadores cumplan con la legalidad municipal, tanto la urbanística como la económica (se trata de instalaciones comerciales que generan negocio y contaminación). También pedimos que, debido al riesgo acrecido de las antenas del despliegue de la 5G, que entrañan radiaciones altamente energéticas, ese Ayuntamiento debiera exigir a las empresas operadoras un seguro que cubra los posibles y futuros daños a la salud de los ciudadanos.

A propósito de los daños a la salud a causa de las antenas de telefonía móvil, sugerimos al Ayuntamiento que convoque, tanto a las empresas operadoras como a los técnicos de este Consejo para la Defensa del Noroeste, a un debate público, del que los vecinos puedan extraer sus consecuencias.

Pecados porcinos en Caravaca de la Cruz[42]

Cuando se me invitó a pronunciar la conferencia inaugural de la Feria del Cordero Segureño, en noviembre de 2019, me empleé a fondo por reivindicar la ganadería extensiva de tradición y calidad, el protagonismo austero y estratégico del pastor y los bienes en general del secano creativo y respetuoso; creía en ello y estoy dispuesto a defenderlo aquí y ahora. Cuando he sabido que, sobre los varios miles de cabezas de ganado porcino, ya existentes en el municipio caravaqueño y almacenados miserablemente en granjas contaminantes y patogénicas, se quieren añadir otros 5000 cerdos estabulados, quintaesencia de la antiganadería, me he senti-

---

42 *elDiario.es*, 23 de marzo de 2021.

do tocado: no voy a decir burlado, ya que este sinsentido tiene un objeto y un horizonte de alcance y trascendencia; pero sí encrespado por el dislate y la contradicción, y obligado a responder: el cordero segureño, libre y sano, es incompatible con el cerdo blanco, amontonado y pestífero, así que...

Es como si, en una dimensión bien distinta pero igualmente grotesca, en las proximidades y a la vista del santuario de la Santa Cruz, el Ayuntamiento de Caravaca autorizara un prostíbulo más o menos camuflado, provocador y hasta desafiante, y estuviera promovido por algún emprendedor de estos a los que ahora tanto se corteja, con su influencia política y su discurso baboso. Y que, cinco siglos después, al eco de los pasos, suaves pero infatigables, de la Madre Teresa (de Cepeda y Ahumada), andarina, fundadora, sabia y divina, rebotara, escandalizado, en esas paredes de exaltación de humanos goces, si bien pecaminosos. No hago esta comparación gratuita ni irrespetuosamente: la Santa de Ávila se incrustó en mi cultura infantil durante mi etapa abulense, cuando tenía a la vista, cada día, a la Encarnación teresiana y al cerco fuerte y ascético de ciudad tan bien murada. Así que por esto me molesta, y mucho, que el rollo que se marcan tantos en Caravaca, con la Cruz y sus circunstancias, con la historia, la fe y la cultura, choque tan descaradamente con la pestilencia porcina que, después de ensañarse con los páramos lorquinos, se ha movido hacia los pagos caravaqueños, donde parece sentirse libre y a sus anchas, anunciando que acabará cercándolo todo.

Recorría, con mis amigos de Archivel, el bello cauce del Argos dejando, a nuestra izquierda, las granjas porcinas de denso y fatídico animaleo, de cuyo agua de suministro no se sabe todo; y a la derecha, una inmensa plantación, ilegal por supuesto, de parral transgénico; a trechos, la orilla derecha del propio río se mostraba orlada —voto a tal— de colgajos de plástico y tuberías de desecho, todo ello con la marca del parral multigusto, surgido del secano ante los ojos de todo el mundo, en especial de los muy entusiastas amos de la Confederación Hidrográfica del Segura (CHS). Aprovechábamos, al paso, para maldecir a esta CHS, nido de prevaricadores, aun sabiendo que las críticas alimentan su estulticia, ya que todo lo consienten si viene de poderosos, y todo lo castigan, si es cosa de discretos. (No nos entretuvimos, sin embargo, en nuestra animada charla, en el espectáculo que mientras tanto daban los políticos al mando de la región, y eso que sólo conocíamos la traición, antes del chasco, de los listillos de Ciudadanos, no la requetetraición, bien remunerada, de los villanos de Ciudadanos: cosicas murcianas, puaf, propias de lo que da la mata.)

Un rato antes habíamos departido con el alcalde y el concejal de Agricultura poniéndoles, blanco sobre negro, la llamativa conjunción de ilegalidades y desvergüenzas en ese paraje, Las Oícas de Arriba, con la sorprendente impresión —que quisiéramos acertada— de que apenas conocían de la misa la media. Aprovechamos para enterarnos de que un empleado municipal, de nombre Andrés Torres, se dedica a obstaculizar la información legal sobre la proyectada ampliación, con duplicación, de una de esas granjas porcinas, burlando y potreando a los vecinos afectados (lo que, bien es verdad que es parte del paisaje, habitual, en los ayuntamientos donde irrumpen agresivos empresarios, con sus apoyos de rigor, siempre a la vista). Alcalde y concejal ya saben del caso y supongo que habrán abierto expediente al susodicho currante (que, más bien, parece que actúa como pachá), además de indagar por el tipo exacto de sus relaciones con el empresario Juan Jiménez, de Lorca, que campea a sus anchas por el citado paraje y el histórico Ayuntamiento.

Creo que conseguimos que nos vieran con pocas ganas de broma, pese a nuestro educado y leal ofrecimiento de colaboración. Los munícipes que se dejan querer por esta peste debieran saber que estas granjas de cerdos son intrínsecamente ruinosas, debido a las draconianas condiciones impuestas por la gran industria cárnica (en este caso, El Pozo, de Alhama), pero que se convierte en rentable (1) cuando son masivas, con un mínimo de 2000 cabezas, (2) cuando evaden impuestos municipales y regionales, urbanísticos o industriales, (3) cuando no declaran el agua que consumen, (4) cuando no pagan los costes de su tremebunda contaminación, y (5) cuando no se responsabilizan del riesgo sanitario a que someten a la población.

Se nos olvidó decirles que, puesto que la cepa H_1N_1 de la gripe porcina anda suelta por el mundo desde 2009, habiendo pasado ya a las personas, el Ayuntamiento (los ayuntamientos, todos, de este nuestro Sureste de los lastimeros gruñidos) deberá exigir a los productores de cerdos una póliza de seguro que cubra los daños epidémicos que puedan tener lugar, algo inevitable a plazo: nuestra propuesta, y para que no caiga sobre las administraciones y los contribuyentes los excesos de tan peligroso negocio, es que se exija la cobertura de 100 millones de euros por cada 1000 cabezas porcinas. Si no, acabará siendo el Ayuntamiento, a la hora de la epidemia, el responsable civil o penal. Queda dicho.

Caravaca: noticias y pifias de un alcalde en peligro[43]

Dormitaba yo en mi mecedora al persistente sol de un invierno equívoco, y fungía de vacacional atípico, sin que la incesante información que me llegaba me diese cuartelillo. Mayormente, eran alcaldes los que perturbaban mi merecida tregua, como el de Lorca, que se hace el loco cuando le piden que mire hacia sus pedanías altas; o el de Mazarrón, que le da por discursear en vacío cuando se le requiere sobre sus playas tentadoras; y el de Caravaca se me plantaba, con novedades de alcance, entre mis neuronas alarmadas, haciendo finalmente imposible el descanso apetecible.

De don José Francisco García Fernández, alcalde popular de la ciudad de la Cruz, me llegaba su bloqueo, escasamente diplomático, a que se celebrase una mesa redonda sobre recursos naturales y culturales del municipio, con motivo de la anual Fiesta de las Cuadrillas prevista para finales de enero. Se atrevió el preocupado edil a motivar sus reparos en el riesgo de "desorden público" lo que, haciendo sonreír a mis informantes, a mí —que estaba entre los afectados por ese veto— maldita la gracia que me hizo.

También me dijeron, con escaso margen para diluir el cabreo, que el señor García Fernández, que se ha apropiado la idea de una Mesa del Agua lanzada por el Consejo para la Defensa del Noroeste, entidad creada para salvaguardar esa comarca de los mismos problemas que machacan al Mar Menor, está convocando a todas las entidades locales con la cuidadosa excepción del dicho Consejo para la Defensa del Noroeste: qué detalle más feo. Conociendo su sensibilidad, seguro que teme también algún tipo de "desorden público" en esas reuniones, algo, quizás, que le haga enrojecer de vergüenza sin que para ello, estoy seguro, se haga necesaria la presencia de las fuerzas de orden público.

Este político, que tan empeñado parece en que se le saquen los colores, se las dio al inicio de su mandato de primer defensor de los intereses ecológicos de su pueblo, tratando de hacernos creer que iba en serio y que asumía las exigencias ecológicas que necesita y merece su municipio y todo el noroeste murciano. Cuando se le señaló la necesidad de salvaguardar el muy generoso, y productivo, secano con sus ganados

---

43 *elDiario.es*, 31 de enero de 2022. Este artículo produjo gran cabrero al alcalde José Francisco, que retiró, en (miserable) gesto de venganza, la publicidad que había contratado, con *elDiario.es* con motivo de la Feria Internacional de Turismo de Madrid (FITUR), sobre los fastos del Camino a Caravaca 2024.

de calidad, y la insoportable ilegalidad de la masiva puesta en regadío de cientos de hectáreas ante sus ojos indiferentes aseguró, acerca de esto último, que preparaba una multa millonaria sobre una bien visible, por masiva, plantación de uva de mesa. Pero no ha tardado en olvidarse del prestigio, los intereses y el futuro del cordero segureño, patrimonio de excepción de tanta gente, para apoyar la masiva producción de cerdos estabulados, a la que añade un más que preocupante e incondicional alineamiento con el empresariado invasor, incesante generador de ilegalidad. Por supuesto que tampoco ha movido un dedo por castigar al parral pirata, prefiriendo encubrirlo y esperar a que se olvide el tema.

Más feo todavía: cuando se le ha seguido la pista a un comportamiento tan frívolo y sospechoso, se ha dado con asuntos tan terribles como esa autorización municipal otorgada, bajo su mandato, a una ampliación de granja porcina en Las Oícas de Arriba, que no disponía de concesión de agua ni, en consecuencia, autorización por la Confederación Hidrográfica del Segura; esto apunta a una posible prevaricación, claramente incursa en el ámbito de lo penal: feo asunto del que, sin embargo, no sólo don José Francisco no parece percatarse sino que no impide que esté aceptando con buenísima disposición la oleada de proyectos porcinos que pretenden pespuntear su municipio sin que existan posibilidades legales de disponibilidad de agua. Y él sabe que unas cuantas de estas granjas y sus ampliaciones prosperan sin el agua formalmente adjudicada, es decir, con pozos ilegales.

Le hago saber al alcalde de Caravaca, con el respeto debido y la más fraternal de las intenciones, que su comportamiento rebasa la temeridad y entra en un terreno ciertamente peligroso; y que debe amarrarse, ya que se le ve dispuesto a persistir por ese camino de complacencia con los malos y de hostilidad hacia los buenos, es decir, la gente responsable que no solamente aporta ideas y energías en bien de su pueblo, su gente y su futuro, sino que vigilan sus actos político-administrativos en favor de que la legalidad impere en municipio tan bien dotado (aunque poco bien administrado). En realidad, la prudencia elemental parece señalarle que, lejos de declararle la guerra, debiera aceptar la asistencia generosa de ese Consejo para la Defensa del Noroeste, reconociendo que se trata de una institución oportuna, bienintencionada y capaz. Los tiempos no recomiendan ignorar a la sociedad civil, ni la política municipal, de franca negativa a la protección de los recursos naturales, puede continuar escandalizando e ignorando la colaboración ciudadana.

Para una Murcia otoñal (y bananera)[44]

Venía yo mascullando cómo reiniciar mis artículos en *La Opinión*, tras mi pausa guatemalteca, cando me veo al famoso padre Ángel dispuesto a tomar el mismo avión en la escala de San Salvador. Hola —me dije—, ahora cuando nos acomodemos le voy a preguntar qué negocios se trae con Trinitario Casanova, ese personaje cuya misión en la vida es la de un especulador antisocial, escándalo para cristianos y otros que lo son menos. Pero al poco vi que acudía (el padre Ángel, digo) a la llamada de los de categoría *business*, y como esa sección es objeto de mi más cordial aborrecimiento me dije que no, que mejor dejarlo (al padre Ángel), feliz y paternal, y no turbar su angélica sonrisa evocando una foto, para mí turbadora, en la que también sonreía junto al tóxico empresario.

Déjate, déjate —me dije, imperiosamente—, y mejor trata de evaluar la ingente tarea crítica con que este curso murciano empieza, y que acabará en elecciones locales, autonómicas y quién sabe si también generales. Un curso en el que se alegra el panorama de hasta hace pocos meses al instalarse en Madrid otro poder central, del que debería esperarse —sin que sea seguro, ni mucho menos— cierta hostilidad a los más estrambóticos desvaríos murcianos.

Elecciones a la vista en las que nuestra región volverá a demostrar que le importa un pito la escandalera del PP, al que seguramente seguirá votando en primer lugar, en proporciones sólo comparables a las de recias regiones híper conservadoras, tipo Castilla y León, Galicia y, por supuesto, Ceuta y Melilla. A los del PP se les ve como recorriendo un camino triunfal hacia la recuperación de un poder que —así lo creen, tan convencidos— se les ha de restituir porque se les ha arrebatado injustamente.

Los del PP, en efecto, encabezados por la divertida y siamesa sonrisa de Casado y García, creen que nos hemos olvidado de que ha habido que echarlos del poder por chorizos, una vez que la Justicia no tuvo más remedio que confirmarlo. Y se enzarzan, huyendo hacia adelante, en un acoso —¡moral!— al PSOE de Pedro Sánchez, rebañándole bajas y asustando a los más timoratos de entre sus ministros (entre los que no faltan, verdad es, quienes adolecen de evidente debilidad profesional o

44 *La Opinión*, 9 de octubre de 2018.

dialéctica: pienso, sí, en mi compañero de Politécnica madrileña, el ingeniero aeronáutico Duque).

Al poco de desembarcar me entero de un nuevo problema de agua entre regantes tradicionales que quieren seguir siéndolo y las asechanzas perversas de organismos como la Confederación Hidrográfica del Segura (CHS), punta de lanza de políticas tan contradictorias y perversas como las de "modernización de regadíos", cuyo elegante enunciado encubre, al menos en esta región, el ataque furibundo al regadío tradicional y una espiral de insostenibilidad que incluye el aumento del consumo de agua, de energía y del regadío (ilegal, por lo común), el endeudamiento de los pequeños, la sustracción (generalmente para su venta) de los retornos que debieran ir al río... En el conflicto al que aludo se alían la CHS y la Comunidad de Regantes del Argos contra los intereses de los regantes tradicionales, cuya extinción de derechos persiguen. Y que se ven obligados a recurrir a los tribunales vista la contundencia de la coalición que protege a los grandes regantes y que capitanea una CHS empleada a fondo en proteger a los fuertes y humillar a los débiles.

Y en estas que me dan a leer una sentencia, emitida contra el recurso de un regante tradicional del área del Argos que firma, miren ustedes por dónde, el juez Mariano Espinosa, uno de los aguatenientes que más escándalo ha producido desde que se lanzó, con otros, sobre el secano de Moratalla y el acuífero del Cenajo: hablo de la finca del Chopillo por más señas, de la que las autoridades municipales de Moratalla, cobardes y prevaricadoras, sostienen que "es algo aparte", haciendo como que ignoran sus competencias y obligaciones. Un personaje, este juez, que aún presta sus servicios en el Tribunal Superior de Justicia de Murcia (TSJ), Sala de lo Contencioso-Administrativo, y que se debe tener por intocable, sobre todo desde que embarrancara la ya famosa imputación de que fue objeto en 2004 junto a un nutrido grupo de alteradores del orden hídrico, agrario y ético, contenida en lo que llamo yo los "Papeles Valerio", aquel valiente fiscal que sabía lo que tenía que hacer aunque sucumbió en el intento; unos papeles que, si bien no llegaron a juicio, describen delitos que hoy continúan vigentes. Es evidente que el TSJ tendría que vedarle al juez Espinosa, gran propietario agrícola y de muy conflictiva trayectoria, la intervención en cualquier asunto de regadíos por ser este su negocio; o cuando aparezca la CHS como parte, ya que esta le viene protegiendo, a él y a los socios del Chopillo, desde hace décadas. Sí, la Judicatura murciana tiene un problema con Espinosa y ya va siendo hora de que investigue (a fondo) sus últimos 30 años de juez-empresario.

Pero aun con el viento en contra, la gente viva y esforzada de la región avanza. Al Consejo para la Defensa del Noroeste, creado hace unos meses para enfrentarse a los empresarios pirata del agua, ya hay que añadir una nueva plataforma en el Altiplano, que lidera Salvemos El Arabí y que pretende impedir el saqueo de los acuíferos de la comarca y frenar el paso a los grandes exterminadores, que desde la costa han ido invadiendo el interior para asolarlo y envilecerlo. Exterminadores del agro del tipo Lucas Jiménez, Isidoro Ruiz, José Martínez… que intimidan a ciertos guardianes del orden, pero no a los ciudadanos de bien. Son líderes de un negocio que se acaba, pero que no entenderán nunca que su tiempo es ido y que más les vale desarmarse, dialogar y salvar los muebles, cambiando ya ese discurso falaz de héroes del campo, salvadores de la patria y ¡cuidadores del medio ambiente!

Por eso resulta inevitable la judicialización del problema del agua (y veo que hasta de la justicia) en la región, por la malvada coalición de intereses que produce la destrucción minuciosa de la región y su futuro. Y por la miseria de la política.

Mariano por sus fueros, La Opinión *intimidada y Montiel descolocado*[45]

El artículo, "Por una Murcia otoñal (y bananera)", publicado en *La Opinión*, produjo la destemplada reacción del juez Mariano Espinosa, al que yo aludía, calificándolo de "ignominioso artículo" y llevándolo a exigir del periódico la "inmediata rectificación", con eliminación en la edición digital del extenso párrafo (doce líneas) que entrecomillo: "Un personaje… 30 años de juez-empresario". En su extenso escrito al director de *La Opinión*, Espinosa desmenuza en tres subpárrafos lo que le resulta inaceptable, asegurando que mi texto "vulneraba gravemente su honorabilidad", que yo le imputaba "sin ningún temor, la comisión de delitos" y que, en fin, "manipulaba la realidad". Aunque el texto de airada réplica del célebre juez es extenso y merecedor de análisis pausado y detallado (que habrá de hacerse dentro del volumen que, en un futuro próximo, deberá editarse con las aventuras de Espinosa y la saga del Chopillo), muestra sin

---

45 Este texto, de la primavera de 2022, lo incluyo aquí de nuevas, sin que haya aparecido en medio alguno y para explicar cómo y por qué acabaron mis relaciones con el diario *La Opinión* después de 30 años de colaboración.

embargo más contención de la que podría esperarse de las "injurias y calumnias" que, de pasada, dice recibir de mí, sin convertirlas en la querella penal a la que parecería invitar tal agravio.

Pero de esto, de los contenidos de la réplica *mariana*, no me enteré hasta un año después, ya que el periódico no me informó de nada. En efecto, cuando el artículo se publicó y el juez protestó (9 de octubre de 2018), el redactor de opinión en *La Opinión*, mi amigo Ángel Montiel, me informó de que el juez Espinosa se había querellado conmigo y con el periódico, a lo que contesté que me parecía bien, porque tendríamos una buena ocasión de sacar a la luz cosicas de Espinosa y El Chopillo que hacía falta airear. Sin embargo, pasó más de un año y, ante la falta de noticias, deduje que el juez había desistido, por lo que mi sorpresa fue mayúscula cuando, tras el envío a *La Opinión* del artículo "¿Por qué llaman modernización a lo que no es más que un expolio? El caso de los regadíos del Argos", que figura en el primer capítulo de este libro y en el que aludo al juez Espinosa y a una de sus sentencias, contra los comuneros de la Comunidad de Regantes del Argos (que yo calificaba de "lamentable y sesgada"), Montiel me espetó que cómo me atrevía a atacar a Espinosa teniendo pendiente el juicio por aquella demanda del artículo de octubre de 2018. Sorprendidísimo, yo respondí que no tenía ni idea de ese juicio pero que, en ese caso el artículo, en efecto, no debía publicarse, al tener con Espinosa un asunto *sub iudice*. La bronca de Montiel me fue acompañada de un tratamiento inesperadamente grosero y vejatorio, e inmediatamente me puse a indagar cómo es que había un juicio en el que yo era demandado y nadie me había dicho nada.

Y así fue como supe, al recibir la explicación de los responsables de la cadena de medios Prensa Ibérica, desde Alicante, que nunca hubo demanda, ni en consecuencia habría juicio, sino aquella réplica más arriba citada, y la petición de retirar del artículo la parrafada considerada infamante por el juez. De lo que deduje que tampoco Montiel había sido informado del asunto, es decir, de que la alta dirección del periódico encajó la interpelación y se allanó ante las exigencias de Espinosa. Me pareció que la actitud de Montiel, a más de intolerable por mi parte, resultaba ridícula, al expresarse (casi) como accionista del periódico y acabar enterándose de que ese mismo medio, en el que trabaja desde hace tres décadas, lo ninguneó tan deportivamente. Por supuesto que el artículo sobre los regadíos del Argos y mis opiniones sobre el juez, rechazado por *La Opinión* y que tanto alarmó a Montiel, lo aproveché, íntegro, sin miedo a Espinosa, y lo envié a *elDiario.es*, que lo publicó rápidamente y que me sirvió para iniciar mi colaboración con este medio digital.

Yo seguí enviando mis artículos a Montiel, sin volver sobre el curioso (y desagradable) episodio, pero al poco dejó de publicarme y de ponerse al teléfono para decirme por qué, así que consideré que ni Montiel (maleducado hasta el final) ni el director de *La Opinión*, José Alberto Pardo (a quien recurrí para que me explicara lo que Montiel no quería explicarme, pero que no dio la cara, dándome la impresión de que Montiel mandaba más que él) merecían más preocupación por mi parte, dando por terminada mi relación, de años, con el periódico y mi amistad, de décadas, con Ángel Montiel. A este lo supuse demasiado estresado, condenado por el castigo de tener que escribir todos los días un artículo de opinión en el que no puede quedar mal con nadie, y en su triste falta de vida social, encerrado como está entre cuatro paredes, con un teléfono y un ordenador como todo vínculo con la realidad.

Esta es la aventura "técnicamente periodística" del caso del mal genio del juez-empresario, pero también ha de considerarse desde otro ángulo, quizás más inquietante, y es el pánico que el juez-empresario Mariano Espinosa insufló sobre el periódico y sus responsables (especialmente, Montiel). Lo valiente, lo ético y lo periodístico hubiera sido —creo yo— llamarme, escucharme y, con mis argumentos y documentación, rechazar las exigencias de Espinosa e ir a la guerra con él en bien de la información y con la intención de contribuir a aclarar algo de la espesa historia del Chopillo; un asunto, por cierto, al que este diario siempre ha tocado de refilón, sin querer entrar en él, de verdad, en los veinte años, si no más, que viene siendo de (reiterado) interés judicial-informativo.

Análisis pasmado de una sentencia: el empresario Alfonso García contra el exjuez Mariano Espinosa (con coda dirigida a la jueza de Caravaca, Marta Rodríguez)[46]

La sentencia del Juzgado de Caravaca (SJC), emitida por la jueza doña Marta Rodríguez, es de abril de 2021 pero merece la pena ser puesta de relieve. El demandante es el conocido empresario cartagenero Alfonso García (AG), y el demandado el no menos famoso exjuez del Tribunal Superior de Justicia de Murcia, Mariano Espinosa (ME). La cosa era que AG le arrendó a ME 127,10 hectáreas del célebre paraje El Chopillo, en Moratalla, para cultivar olivos en intensivo, pero se encontró con que

---

46 *elDiario.es*, 1 de septiembre de 2021.

legalmente solo podía hacerlo en 10,55 hectáreas, por lo que el frustrado exige, a quien considera engañador, ajustes en la renta y compensación económica. Cosa rara, vaya que sí, que los protagonistas no hayan conseguido cambiar la legalidad en tan manoseada finca, y por eso ambas partes se reconocen sorprendidas: ¡pobres! Pero los que conocemos el percal suponemos que el regadío se ha realizado sin recalificar y conociéndolo las administraciones concernidas (que no van a exigir, sería la primera vez, que los terrenos alterados ilegalmente vuelvan a su estado original).

Las crónicas sobre este asunto de la prensa feliz han sido flojas como suelen, ante El Chopillo puñetero, ya que este enclave quema y destruye, y nuestra prensa, jueces e instituciones hace mucho que desistieron de entrar, a fondo, en ese pozo.

Por supuesto que los contrayentes tenían previsto, ambos dos, el aumento del regadío pese a conocer las restricciones legales existentes, ya que el regadío se viene ampliando ahí desde el día siguiente al espantoso incendio de 1994 que, sin embargo, inició la prosperidad de esa finca y de sus dueños, resultando providencial (el fuego feroz) y destacando siempre, como distinguido beneficiario del destino, don ME. Vamos, que don ME aseguraría con la rotundidad esperada a don AG que esa finca, en su mayor parte forestal, se convertiría en regadío sin mayor problema.

El exjuez, pasándose de listo, dejó por tonto al curtido mercader, lo que aprecia la SJC sin darle apenas importancia, ya que el arrendador ME garantizó al arrendatario AG el "uso agrícola" de la finca arrendada, pero sin especificar si ese uso se refería o no a regadío... (¡Qué pillín, don Mariano!). "Ah, se siente", me imagino que le diría al (otrora) amigo decepcionado (y encabronado), ya que le ha "proporcionado el legal y pacífico disfrute de toda la superficie arrendada y del suministro de agua legalmente reconocido" (SJC *dixit*). Suelo y agua en disfrute legal, y pacífico, sí, sí. Doña Marta habrá debido tomar nota de esta misma frase, porque tiene su miga y le puede interesar en su actividad profesional.

El fondo del litigio —atención, señora jueza— es que en El Chopillo se ha cambiado y retorcido la legalidad un día sí y otro también, siendo lo raro que ahora —y en este caso, afectando al pobre AG— no sea posible. Y esto pese a que el perjudicado reconoce en su demanda que se han "documentado numerosas gestiones que las partes de forma anterior, coetánea y posterior a la firma del contrato de arrendamiento llevaron a cabo con la CHS, el Ayuntamiento de Moratalla y la Consejería de Agricultura para la efectiva consecución de las mencionadas hectáreas de regadío". Así que (añado: excepcionalmente) los esfuerzos para recalificar no tuvieron éxito en esta ocasión, de lo que ambas partes se consideraron sorprendidas... Y menudo disgusto: el demandante exhibe un coste de nada menos que 320 000 euros en las obras e instalaciones previas a ese regadío que, contra toda previsión, no ha podido conseguir: ¡qué seguro estaba! Pero los que conocemos el percal sospechamos que esas instalaciones se han usado y se usan en el regadío ilegal, y por eso el (aparentemente) burlado no exige la rescisión del contrato.

Otro destello luminoso que proporciona la SJC es el que aporta la perito consultada, que se apercibió de un vistazo que lo que preveía el contrato, en cuanto a uso del suelo para regadío, no era posible según la legalidad vigente, marcada por la CHS y su UDA 25 (que este organismo creó en su día para violentar la legalidad vigente, claro, ya que estamos en un bosque incendiado, nada más y nada menos...).

Y por lo que se refiere a las aportaciones de los peritos de la demandada, es decir, de ME, se debe destacar la afirmación de que el susodicho "tiene derecho reconocido a recursos hídricos suficientes para el regadío de las 127 ha", lo que, con no ser evidente, suscita la apostilla, sentenciosa, de que disponer de recurso no es poseer un derecho a utilizarlo. Muy divertida es la posición del demandado exmagistrado (del que alguno de sus antiguos alumnos me aseguró que dejaba mucho que desear cuando ejerció como profesor, así como en su supuesta calidad de jurista) que niega las competencias municipales en el control del suelo a favor de la CHS, cuando de las transformaciones a regadío se refiere, quedándose tan pancho. Lo que, aparte de sus escasos, e interesados, conocimientos jurídicos refleja que algún problemilla ha debido de tener con el Ayuntamiento de Moratalla y que, por el contrario y como los hechos demuestran, viene disponiendo de vía libre, casi total, de la parte de la CHS (aunque de vez en cuando le caiga alguna multilla irrelevante).

Por supuesto que de lo que se trata es de que al demandante se le resarza económicamente por no poder explotar la finca arrendada con la intensividad que pretendía y que, según él, se le había garantizado; y a esto, la SJC responde dándole parcialmente la razón. Así, la sentencia se circunscribe, como es usual, a la mera causa planteada, sin entrar en lo que no se le pide. Pero si le prestamos más atención, comprobaremos que, en ese conflicto tan típicamente civil y de vulgar engaño entre mercaderes del agua, subyace un fondo cenagoso y enquistado que afecta gravísimamente al interés social desde 1994, puede que antes. Una ciénaga legal a la que los juzgados se resisten a entrar, pese a que ya en 2000 se había presentado un centenar de denuncias, la mayoría de la Guardia Civil (SEPRONA).

En nuestra coda (de responsable y franca colaboración con la no siempre fiable justicia, que en estos pagos nos tiene poco contentos), lo que proponemos a la jueza doña Marta Rodríguez es que gire un día visita a El Chopillo y acepte incluso la invitación (que seguro que será cordialísima) de don ME, a fin de cuentas compañero del oficio judicial, pero que vaya acompañada y previamente documentada (si no, que no se mueva). Por supuesto que este humilde cronista (que con no poca ingenuidad insiste en creer en la justicia) se ofrece a acompañarla, así como a documentarla, no sin antes advertirle, como ya he hecho notar, que hace años que ni la justicia (apunto sobre todo a los fiscales) ni las administraciones públicas se atreven a penetrar los límites de ese enclave, que son tanto geográficos como legales y morales.

Porque ahí, señora jueza, tenemos usted, la justicia y muchísimos ciudadanos hartos y escandalizados, varios y muy serios asuntos pendientes. Y el primero de los cuales, para que no se pierda en la maraña existente, si llega a interesarse, es el mero origen físico del agua con que se viene trasformando, desde hace décadas, ese suelo forestal roturado y puesto posteriormente en regadío intensivo; y la verdadera y más rotunda coda es que, tras el incendio de 1994, lo que en grandísima medida hay en El Chopillo —roturaciones, pozos, balsas, conducciones hidrológicas y eléctricas y cientos de hectáreas de regadío— o es ilegal o irregular o abusivo o tramposo.

Cehegín/Calasparra y la mina a infierno abierto[47]

Reflexionaba yo, revisando dos vídeos recientes que me maravillaban, sobre la amigable escena de los augustos personajes Moya, Urrea y Ojeda como repartiéndose los papeles en esta nueva saga murciana de la mina dormida de magnetita, en Cehegín.

Una instantánea —más larga que corta, pero igualmente histórica— que ya puede ir encabezando el sugerente relato que nos espera con la reanimación de esa mina de hierro de Gilico, un yacimiento que afecta,

---

47 *elDiario.es*, 18 de mayo de 2022.

primero, al término de Cehegín, luego al de Calasparra y, tras la llegada gozosa de sus miasmas al embalse sobre el Quípar, al padre Segura, soberano receptor en el que acaba buena parte de la miseria ambiental, toxicidad política y conspiraciones agro-económico de esta tierra y cuenca, siempre a mayor gloria de pillos, sátrapas y prevaricadores.

Bueno, bueno. Así que el primer vídeo del caso que comentamos, nos planta al alcalde de Cehegín, Jerónimo Moya, exhibiendo su entusiasmo por la iniciativa de reapertura de la mina que yace sin actividad desde mediada la década de 1980 y que, dice, va a suponer esto y lo otro para el pueblo y la región. A su lado, Mario Urrea, el gran jefe de la CHS, muestra su interés por el proyecto y alude, muy serio, a los tres pasos que ha de dar la empresa, quedándose tan pancho mientras infringe su deber básico de funcionario del Estado, que no es ponerse al servicio de las empresas sino del bien común (matiz que Urrea no acaba de captar en la gestión del agua en la Cuenca del Segura). Esos plazos, dice, "no deberían superar los seis meses".

Y así, cuando le toca hablar al tercero, el empresario Gonzalo Ojeda, la secuencia parece cerrarse muy favorablemente, dadas las palabras y actitudes de sus antecesores en la entrevista. Ojeda añade —creo que cree sabérselas todas— que en realidad la reactivación de la mina es más bien una continuación, ya que en su historial lo que cuenta es que año a año se la ha declarado inactiva, pero muy lejos del cierre, y aprovecha para deformar, en su provecho, el (nítido) concepto de "valor añadido" que sería de aplicación si la siderurgia y, sobre todo, la industria de transformación del acero se ubicaran en esta región. Como no es así, el caso de la mina de Cehegín no es más que el de una explotación que exporta materia prima, es decir, clasificable entre las actividades (típicamente tercermundistas) de economía de saqueo, sin que le sea de aplicación lo del "valor añadido". Así que, dice, dado el interés del alcalde, la explotación podrá iniciarse este mismo año (¡Guau!). Y añade —ya digo que ahí tenemos un pillín que cree moverse en tierra ganada— que como hace tanto que la mina no funciona los técnicos de medio ambiente ignoran el caso y la cosa, como diciendo: así que no vayan a ponerme pegas ni frenar el proyecto, que ese problema ya se resolvió en su día (¿En 1913? Venga ya, tío).

En el segundo vídeo, Moya y Urrea, mano a mano, redondean el —aparente, sospechoso y más que imprudente— pacto y el uno se excita y emociona al proclamar los beneficios para su pueblo, y el otro da un paso más en su extraña percepción de las obligaciones de funcionario y se atreve a decir que la disposición de la CHS es autorizar la mina en el menor plazo posible, así como mantener el contacto directo con la empresa para "poder solventar cualquier incidencia que pueda surgir" (¡Bravo, Mario, tómate algo, seguiremos jaleándote, no lo dudes!).

Así que —me digo— ya tenemos aquí otra movida político-empresarial-ambiental en la que parece que no va a faltar de *na*.

Mientras tanto ya fluyen las informaciones que señalan a una imprecisa presencia empresarial canadiense, lo que viene estupendamente a la lucha antimina, ya declarada, porque se alinea así con ese frente planetario que combate a la todopoderosa —a la vez que siniestra— coalición anglosajona de empresas mineras que remueven y asolan la tierra, indignan a pueblos y hasta países y reciben en compensación el odio y la inquina de medio mundo. Sí, sí, ahí tenemos a ese *pool* de empresas que sangran y destruyen sin piedad a la Madre Tierra y que coinciden —¡qué emocionante!— con esa coalición de espías del mundo, los famosos *Five Eyes* que forman Estados Unidos, Reino Unido, Canadá, Australia y Nueva Zelanda: un gobierno clandestino del mundo que muestra especial interés por el control minero internacional y del que, con toda probabilidad, extrae una parte decisiva de los recursos financieros con los que consolida su dominio.

Esto es interesantísimo, qué duda cabe, pero también lo es que, me dicen, hay una cierta comunidad de amistad, o intereses políticos, entre el alcalde ciudadano Moya y el jefe socialista Vélez (de tan luminoso historial como alcalde de Calasparra). Y —añaden mis fuentes— también es evidente la estrecha relación entre Vélez y Urrea, se supone que por los lógicos vínculos del compadreo partidista.

¡Ay, ay, ay, la que se nos/les viene encima!

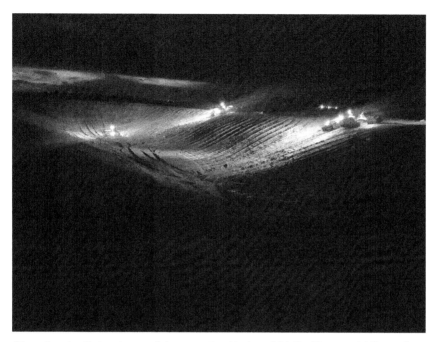

Obras ilegales (balsa de regadío) con nocturnidad y exhibición (Cuenca del Segura).

Capítulo 5

¿LEY Y ORDEN?

Introducción

Este capítulo deberá resultar para el lector tan instructivo como cabreante: vaya una cosa por la otra. Esta es al menos mi pretensión ya que, habiendo pronto "entrado en fuego" con la justicia (en 1979, creo recordar, en plena batalla a causa del puerto deportivo de Águilas, con sus catastróficas consecuencias para mí), no me han faltado vivencias personales en este campo hasta convencerme, como espectador o agitador, de la escasamente ejemplar situación de la ley y el orden en la Región de Murcia y la Cuenca del Segura.

Esto se comprobará fácilmente tras la lectura del primer texto, "De los fiscales", que fue redactado cuando todavía esperaba yo la sentencia del Tribunal Supremo por mi conflicto con el fiscal de Lorca, Martínez Blanco,

179

y pesando sobre mí las dos sentencias condenatorias de Lorca y Murcia. Y, con los siguientes, percibiendo el cambio por mí experimentado en la consideración de fiscales, jueces y agentes del orden. Porque de la implicación en los conflictos agrarios murcianos la consecuencia personal que se deriva, casi inmediata, es una profunda desazón ante el funcionamiento del poder judicial-policial.

Han sido, y son, los fiscales los que más me incomodan, ya que por su oficio y función debieran ser mucho más activos y convincentes, aunque haya que reconocer la escasa "tensión ambiental" de la Judicatura por los problemas ambientales en esta tierra. Hasta el punto de que no me impresionan ya esos fiscales que protestan (con discreción, desde luego) cuando sus instrucciones y denuncias son bloqueadas o maltratadas por los jueces, pero que se muestran encantados (o sea, aligerados del peso y del trabajo) cuando, al no resultar de confianza, los ciudadanos (por ejemplo, los ecologistas) prefieren acudir directamente a los Juzgados con la demanda hecha. A estas alturas, resumiré que de mi experiencia personal no me han convencido los dos fiscales jefes, sucesivos, del TSJ de Murcia, López Bernal y Díaz Manzanera, y menos todavía, el actual responsable de medio ambiente en ese alto tribunal, De Mata (Del exfiscal de Lorca, Martínez Blanco, que se estrelló contra mí empeñado en imponer el derecho al honor de un funcionario sobre el derecho a la libre expresión de un ciudadano, tengo bastantes cosas que decir, pero corresponden a un futuro volumen.)

A la (casi vibrante: en realidad, inocente) defensa de la justicia y de los fiscales que contiene el primer texto siguen dos artículos referidos al caso del "Castillo del Esfuerzo", esa suntuosa residencia construida en suelo protegido y propiedad de una dama lorquina conocida tanto por sus obras sociales como por su amistad con el exalcalde de Águilas, que dedicó años a amparar las ilegalidades de esa vivienda. Los dos textos completan el desfalco judicial habido: yo asistí al primer juicio, ese en el que la dueña y responsable de la obra se hacía la tonta y su abogado el listo; y yo, escandalizado de la desvergüenza de ambos, me decía: se deben creer que el juez se chupa el dedo. Pero, luego, al conocer la sentencia, escandalosa y exculpatoria, me corregí a mí mismo y me dije: en efecto, el juez se chupaba el dedo. Rememoro aquí las fatigas de la víctima de esta saga, mi buena amiga Alicia Uribe, que vino a mí pidiendo auxilio, ya desesperada, después de malgastar años en pelear contra todo el mundo, gastando su (limitado) peculio en documentos, denuncias y viajes, y viendo alarmada como su paz espiritual saltaba hecha añicos por esa conjura de necios.

No me he interesado por conocer en qué quedó el asunto, si es que el fiscal De Mata lo recurrió y volvió a enfrentarse con los cínicos argumentos de la protagonista. Sí sé que la pobre Alicia se autoexilió, abandonando la casita donde se retiraba y meditaba, y que el "Castillo del Esfuerzo" ha cambiado de nombre y de dueño, estando habitado ahora por una familia alemana, muy cordial, que no parece estar al tanto de la historia urbanística de su palacete ni si todavía habrá de enfrentarse a algún molesto problema heredado.

En los siguientes artículos quiero llamar la atención sobre que, en una región saturada de corrupción, de incompetencia y de canalladas ambientales diarias, todo ello achacable a las instancias político-administrativas, el Poder judicial tiene que acudir a enmendar ese perverso caos, no ya porque como tercer poder de la sociedad, histórica e institucionalmente le corresponde sino, más aún, porque los ciudadanos empeñados en impedir este desorden se lo solicitan insistente y encarecidamente. Y me explayo a cuento del inicio del procedimiento acusatorio contra los presuntos responsables de la degradación del Mar Menor, destacando, con el debido escepticismo y algo de (fundada) malevolencia, esos principios, más o menos populares, de que (1) "la justicia no es igual para todos", (2) "la justicia suele ser fuerte con el débil y débil con el fuerte", y (3) "la justicia lenta no es justicia".

Aludo al "poder agrario dominante" y a la "dictadura de los regantes" como entes/causas de la inoperancia institucional en general, beneficiándose de la conspiración de hecho entre la Consejería de Agricultura y la CHS, que disimulan echándose las culpas entre sí (como hacen por el Mar Menor); y también como entes que amilanan/debilitan al poder judicial, consiguiendo una impunidad generalizada.

En "Conspiraciones de silencio, la patria y el espejo delator", señalo a la Guardia Civil y, concretamente al SEPRONA, por su inoperancia clamorosa, queriendo dejar a salvo la labor de la mayoría de sus (declinantes) miembros, así como su colaboración con los ecologistas. Y me veo obligado a precisar el concepto de patria que, como dejo escrito, "ni es una bandera ni un escudo, meros símbolos, sino la tierra y el agua, las nubes y el viento". Por eso somos los ecologistas, sin tanto cuento, los que más claro tenemos el concepto de patria, y por la que luchamos, de verdad, con hechos, sistema, entrega (¡y gratis!), sin someternos a poder político o económico alguno, ni a escalafones jerárquicos.

En *"La Guardia Civil y el medio ambiente (frustraciones murcianas)"*, continúo mis reflexiones sobre este Cuerpo y me muestro un tanto escamado por el menosprecio que el coronel jefe de Murcia me deparó, delegando en su segundo la entrevista que le pedí para solicitarle ciertas y muy concretas explicaciones sobre el itinerario, tan frecuentemente interrumpido, de las denuncias del SEPRONA.

Lo que no impide el recuerdo del buen rato que pasamos María Cano y yo con el teniente coronel Mercader y el sargento primero Fernández (que, aunque reglamentariamente silencioso, me cayó rebién cuando vi que en su estantería aparecían, trabajados y anotados, los dos grandes volúmenes que me encargó ICONA en la década de 1990: la Guía Natural de las Costas Españolas y la Guía Natural de las Montañas Españolas: *muy bien, hombre*). Mercader estuvo muy agradable y nos prometió interesarse por algunos encargos muy concretos que le hicimos. También nos habíamos entrevistado, con anterioridad, con el fiscal jefe Díaz Manzanera, cuando estábamos hartos de la actitud del fiscal De Mata, pero don José Luis vive como envarado, desconfiado y (seguramente) sobrepasado, y se disfruta poco con su presencia. También me reuní, casi un año después, con el presidente del TSJ, Pascual del Riquelme, un buen relaciones públicas que domina el arte de la larga cambiada y que me trasladó esos lugares comunes (que si la justicia es igual para todos y sin ideología, que si los jueces y juezas incumplidoras serían reconvenidos, etc., etc.) que no por bien conocidos son más creíbles. Citas y reuniones, todas ellas interesantes, que permiten a la acción político-ecologista comprobar sus sospechas y desconfiar de personajes e instituciones.

El último artículo, desgraciadamente, me ha servido para reducir a mínimos la ascendencia que el fiscal Díaz Manzanera tenía para mí, lo que queda lealmente reflejado en numerosos artículos míos. Porque eso de proclamar (¡por los Colegios e Institutos!) el trabajo incansable y certero de los fiscales es lo menos oportuno que se le pudo ocurrir, sabiendo él mejor que nadie que la justicia en la región está hecha unos zorros, que las ilegalidades hidro-ecolo-ambientales campan por doquier y que la impunidad es la reina del paisaje. Decepcionante, inquietante e… imperdonable.

De los fiscales[48]

Vengo estudiando a fondo ciertos temas relacionados con el derecho y la justicia, y acertarán quienes piensen que lo que más me interesa es el tema "fiscales", sobre el que experimento un intenso y apasionante aprendizaje teórico (además de práctico, con esos juicios que me condenan y, al tiempo, me subyugan).

A quienes sientan este mismo interés por motivos intelectuales, políticos o judiciales, recomiendo una estupenda tesis doctoral publicada como *Fiscalías: su papel social y jurídico-político. Una investigación etnográfico-institucional* (Anthropos, Barcelona, 2007), de Bruno Amaral, que compara la institución fiscal en Brasil y España tras desmenuzar ambas en su evolución reciente. De entre lo que más me ha interesado destaco las referencias repetidas a aquel pulso, en 2003-2004, entre el fiscal general del Estado nombrado por el PP, Jesús Cardenal, del *Opus*, contra el fiscal jefe Anticorrupción Carlos Jiménez Villarejo, laico y progresista, con la derrota final, cantada, del segundo a manos del primero; la fatal tensión entre ambos estaba motivada por el empeño del primero en "impedir que se indagara en los casos de corrupción que afectaba a miembros del PP". Me ha interesado sobre todo porque, tomando nota del pasado, es de temer que en cuanto gane el PP volvamos a las andadas y toda esta erupción de corruptos quede en nada, o muy poco, si el nuevo fiscal general del Estado decide sofocar, sectariamente, los innumerables fuegos que mandan al PP a la ilegitimidad.

Como ejercicio práctico en este aprendizaje por el que me ha dado, aprovecho mis contactos y entrevistas con fiscales para redondear mis propias teorías e ideas. Primero fue Alfredo Flores, fiscal de Urbanismo de Huelva, que me cayó estupendamente y coincidió conmigo en que no debemos hacernos ilusiones sobre la conclusión de ese montón de procedimientos de imputación en todo el país, y especialmente en la costa. Luego he conocido al fiscal jefe del TSJ de la Región de Murcia, Manuel López Bernal, quien me ha permitido "familiarizarme" con ese grupo de funcionarios aparentemente temibles y estratosféricos, que no es para tanto (aunque sus miembros no siempre están convencidos de que su papel es estar inexcusablemente al servicio de los ciudadanos y el Estado); y ha aceptado muy bien los documentos que le he ido llevando. Otro día visité a Antonio Vercher, fiscal especial de Medio Ambiente que, aunque

---

48 *La Opinión*, 24 de noviembre de 2010.

me conocía y sabía de mis batallas me pareció estresado en demasía. Y luego al fiscal Miguel de Mata, de los "hombres de López Bernal", que se equivocó al decirme que no se podía investigar un *dossier* que describe detalladamente la corrupción urbanística en Águilas por ser anónimo, y yo le dije que sí, que se podía y se debía; estaré cerca de él para jalearlo moralmente cuando arremeta en juicio contra la responsable del" Castillo del Esfuerzo", construido impunemente en zona protegida y que yo llamé del "Castillo del Mamoneo". Y el último por ahora, el fiscal José Luis Díaz Manzanera, también del TSJ de Murcia, que me ha confirmado la impresión, magnífica, que ya tenía de él.

Hombre, conozco a otro fiscal, el de Lorca, ahora jubilado, pero es del grupo de los que ni me gustan ni admiro, y además mis relaciones con él están *sub iudice*.

Total, que no se extrañen mis lectores si les digo que después de todos estos descubrimientos me encantaría ser fiscal. De esos, claro, que, por amor a la ley y la justicia, así como por su profundo sentido de la democracia son implacables con los delincuentes... y no dudan en enfrentarse a sus jefes, así como a los jueces que ni toman en cuenta su trabajo indagador e instructor ni entran en el fondo de los asuntos; de esos que son conscientes de su misión, esencial en una sociedad que se degrada tan vistosa como peligrosamente... De esa, de esa rama de fiscales me gustaría ser a mí, pero como no lo voy a ser me conformaré con incrementar mi cooperación con ellos como ecologista, como periodista, como murciano y como ciudadano alarmado y escandalizado.

"Castillo del Esfuerzo" (y del mamoneo)[49]

Me cuentas, respetada convecina, que va para tres años que te vienes peleando con todo el mundo porque nadie te hace caso. Con el Ayuntamiento de Águilas, donde has depositado un centenar de denuncias, con el SEPRONA, que tan diligente resulta a veces pero que en este caso parece que no se entera; con la Comunidad Autónoma, cuya Dirección General del Medio Natural tiene una idea del medio natural que válgame el Señor (y la Virgen); y contra el Juzgado de Lorca, que hasta ahora sólo ha respondido —una fiscal, cómo diríamos, poco aguda— sobreseyendo un asunto que clama al cielo. Y me lo explicas, alarmada, porque no hay

---

49 *La Verdad*, 26 de enero de 2008.

derecho, y yo te digo que sí que hay derecho, que este es un caso de mamoneo.

Doña Beatriz García, esposa del empresario hotelero lorquino don Juan Montiel, ha construido un castillo —al que, sin intención de disimular, ha puesto "Castillo del Esfuerzo" con letras así de gordas— en la sierra de Almenara, término de Águilas, en zona protegida como LIC y como ZEPA, es decir, y para entendernos, junto a la celebérrima finca de la Zerrichera y afectado por las mismas restricciones. Y de paso, ha alterado las lindes y los caminos, que es lo que a ti en un principio te sublevó, pero lo que me cuentas supera con mucho ese perjuicio personal, alcanzando el mamoneo puro y simple.

El asunto está claro. Sobre una vivienda tradicional de 86 m^2 (certificación al canto), situada allí de toda la vida, doña Beatriz ha construido a partir de 2005 su castillo, es decir, un conjunto de edificaciones —viviendas, aljibe, almacén, trastero, biblioteca, piscina, pérgola, incluso *discoteca* y *casino*, en varios niveles con 336 m^2 construidos en total... —, todo ello, sin licencia de obras y sin autorización de la autoridad ambiental, es decir, un ataque con todos los agravantes a la legalidad vigente; y en una ladera, cerca de la carretera y todo ello pintado de un rojo ocre que canta, circunstancias típicas para que quien debiera enterarse se enterara. Y tú, ciudadana responsable y celosa cumplidora de la legalidad, te pusiste a denunciar esa exhibición piratesca desde abril de 2005 con escritos, fotos y certificaciones. Y ni puñetero caso: cosa de mamoneo.

Al principio atribuías esa inhibición a la ya legendaria, aunque selectiva, incompetencia municipal aguileña, hasta que supiste de las fuertes relaciones de amistad entre la primera autoridad municipal y la pareja don Juan-doña Beatriz (me encantó la anécdota esa de la suspensión del viaje del alcalde a la boda en Toledo de un hijo del matrimonio cuando alguien le advirtió que podía salir en una foto como la de Bascuñana-Casanova). Y por eso ampliaste tu acción de denuncia a otros ámbitos: la Guardia Civil, la Comunidad Autónoma, el Juzgado de Lorca. Con resultados negativos, según veo. ¿Qué tiene este alcalde que cuesta tanto meterlo en cintura? (te preguntas, y me pregunto).

Pero, claro, por poco que vieran los del SEPRONA y la aparejadora enviada, con el tiempo, a ver qué pasaba (las inspecciones de esta técnico, iniciadas en octubre de 2006, tienen su guasa: el mamoneo, sí), la súper infracción estaba allí, y por eso el Ayuntamiento se vio obligado a iniciar uno (el primero, de julio de 2005), dos, tres y cuatro expedientes sancionadores (al ritmo de tus denuncias tenaces, irrebatibles); hasta que un día alguien —quizás el propio alcalde, que de Urbanismo ha aprendido cantidad— encontró la clave para aburrirte, estimada amiga, y para ir salvando a doña Beatriz: los cuatro primeros expedientes se unificaron y cuando el resultado ya empezaba a quemar dijeron y decretaron: vamos a refundirlos y archivarlos (o al revés, ¿qué más da?) e incoamos uno nuevo (setiembre de 2006). Y cuando el nuevo empieza otra vez a engordar, calificado con multa de 49 000 euros (mayo de 2007...), pues se declara caducado el procedimiento por no concluirse dentro del año tras su inicio (por alargarse tanto con el mamoneo) y... se abre otro expediente sancionador (noviembre de 2007). ¡Toma ya!

Mientras tanto, doña Beatriz no ha parado de trabajar y de construir —con denuedo, que se trata de su "Castillo del Esfuerzo"— y ahí están tus fotos, adornadas de insultos de los obreros e incluso de la propia promotora-dueña (lo que me sorprende desagradablemente, dado el prestigio de que goza esa señora: obras de caridad a porrillo, compromisos sociales múltiples, etc.). Se supone que, con sus recursos y la marcha, tan brillante, de este expediente sancionador, doña Beatriz da por seguro que, como mucho, tendrá que desmontar cuatro ladrillos; quizás, ni eso.

Pero además de este comportamiento del Ayuntamiento, lo que más te subleva, valiente y sufridora convecina, es el informe de la Dirección General del Medio Natural que, al tratarse de una zona súper protegida, resultaba fundamental tanto para el propio Ayuntamiento como para el Juzgado (al que presentaste tus denuncias en agosto de 2005, contestadas por la mencionada fiscal ocho meses después, pero esto lo dejamos aparte). El propio director general informa, en febrero de 2007 y aludiendo a las obras mínimas que doña Beatriz ha relacionado en su petición, de casi un año antes, que la vivienda se encuentra en LIC y ZEPA, desde luego, pero que "en la zona objeto de solicitud no existe presencia de Hábitats de Interés Comunitario", y además, "no afecta a ninguna área crítica de fauna". Para que te enteres. Y tú te indignas del morro (el mamoneo, querida amiga, el mamoneo) de los del Medio Natural, pero eso es porque te apasionas, ya que, ¿qué especies protegidas, y más si se trata de la tortuga mora, puede haber en un área de 4000 m^2 que ha sido arrasada? Que no te fijas. El mamoneo consiste —aparte del descaro de decir que sí, que es LIC y ZEPA, pero que y qué— en ignorar que se han explanado esos 4000 m^2, más un camino de tres metros de ancho y tantas obras más, que doña Beatriz calla y el informe omite.

Injusticia, sí; prevaricación, pues tiene toda la pinta, sí, sí, sí... pero, sobre todo, eso, mamoneo contra la Ley, el Derecho y, por supuesto, la inteligencia. Menos mal que me dices que todo esto —con el mismo *dossier* gordo que me has entregado a mí— se lo has ido a contar al fiscal López Bernal, lo que ha sido muy, pero que muy buena idea; así que, si eso es así, me callo, a ver si pone fin al mamoneo.

Salud y fuerzas, duro con estos.

Atentado ambiental, sentencia exculpatoria, testigo perplejo[50]

La vista oral, celebrada en marzo de 2012 en el Juzgado de lo Penal número 4 de Lorca, se desarrollaba así: la acusada, doña Beatriz García, se declaraba ignorante de lo que en su propiedad y con su dinero se había construido: deprimida, ajena, medio tonta; el abogado defensor argumentaba con las pocas luces de su defendida y con la irrelevancia de las obras desarrolladas. ¿Creen ambos que el juez, don José Luis García Fernández, se chupa el dedo?, pensaba este lego, presente entre el público. No, esta es la estrategia combinada de la defensa, si bien algo desesperada en este caso de evidencias materiales volumétricas, murmuraba alguien ya versado en estas vistas y espectáculos. Por su parte, el fiscal acusador, don Miguel de Mata, se limitó, con más seguridad que pasión, a dirigir unas pocas preguntas a la encausada, poniendo en evidencia —para todos los presentes, noveles o iniciados— que el caso trataba de una clarísima violación de índole ambiental tipificada en el Código Penal, un delito contra un territorio protegido como LIC y ZEPA en el espacio Sierras de Almenara-Moreras y Cabo Cope, entorno de La Zerrichera y término de Águilas. Una agresión de bulto consistente en la construcción de un "Castillo del Esfuerzo" (como lo denomina su dueña, y así aparece en notorios caracteres en la entrada queriendo sin duda mostrar sus pretensiones) de una superficie total tres veces, al menos, la original de la casita rústica ahí existente, con secciones tan sugerentes como Piscina, Casino, Biblioteca... todo un conjunto pretencioso, en ocre llamativo e incrustado en la ladera, que cualquiera puede ver bajando el puerto de Purias en dirección Águilas. ¡Ah! Y sin licencia de obras, burlando la norma municipal con la inestimable ayuda del Ayuntamiento de Águilas, que durante años ha dado largas

---

50 *La Clave de Lorca*, 18 de marzo de 2014.

a las denuncias reiteradas y documentadas de una vecina hasta hacer que prescribieran tres veces los expedientes; y con el papel decisivo, claro, del alcalde del momento, Juan Ramírez, íntimamente vinculado a la familia formada por doña Beatriz y don Juan Montiel, constructor y hotelero.

Escandalizado, este cronista estudió a fondo el asunto y, sin dudarlo, atribuyó las actuaciones de doña Beatriz a la seguridad y la prepotencia de quienes se saben protegidos por un poder político afín, y dedicó un artículo al asunto, "'Castillo del Esfuerzo' (y del mamoneo)" en la prensa regional (26 de enero de 2008), celebrando entonces que este espectáculo aberrante fuese finalmente conocido y apreciado por la Fiscalía del Tribunal Superior de Justicia de la Región de Murcia, que asumió la acusación.

La sentencia se conoció nada menos que quince meses después de la vista, haciendo ese retraso temer lo peor. Y se produjo, al fin, absolviendo a la acusada de los dos delitos a que se enfrentaba —contra la ordenación del territorio y desobediencia grave— en base a la "presunción de inocencia", sorprendente conclusión que sigue a una detallada relación de abusos e irregularidades tales que parecía imposible que de su lectura se desprendiese la menor ignorancia en la encausada. El fiscal, evidentemente, ha recurrido el dislate, y en esas estamos.

Puesto que también aparecen en la base de argumentación exculpatoria tan curiosa, quiero destacar los testimonios, *in vivo*, de los funcionarios públicos convocados —guardias civiles, aparejadora de Águilas—, que me parecieron minimalistas, sin vigor, poco competentes: como consentidores, qué sé yo. Y sobre los informes enviados por dos directores generales autonómicos del área ambiental, que reconocían que las obras afectan a espacios de la Red Natura 2000, pero suponen un "impacto leve o nulo", nada que me pueda extrañar, ya que figuran en la línea, ya legendaria, de la incompetencia e insensibilidad ambientales de la Comunidad Autónoma y sus capitostes.

Aludo ahora al espanto, digamos estético, que me ha producido la lectura de esta sentencia (00086/2013), que considero un insufrible amontonamiento de palabras y frases de martirizante lectura y penosa interpretación, con páginas enteras sin un solo punto, con las comas dispersas sin orden ni concierto y los acentos fugitivos, más una reiterada "perjudicialidad"... Una sentencia cuya redacción seguro que nadie revisó. ¿Hay que tolerar que funcionarios, oficiales y jueces incumplan sus obligaciones públicas mínimas —saber escribir— como si la alta misión de hacer justicia no incluyera la de publicarla con una mínima corrección formal?

Era, el atentado gramatical, lo que le faltaba a una sentencia alarmante (menuda vigilancia ésta de los tribunales sobre las agresiones al territorio), pues tras el suplicio de su lectura remata apelando a ilocalizables "principios doctrinales" para concluir en que "no se ha aportado medios de prueba adecuadamente para enervar el principio de presunción de inocencia". Y así nos luce el pelo.

Jueces y juezas ante el Poder agrario dominante[51]

Aunque la sociología indique que a una sociedad concreta, por ejemplo, la murciana, distinguida por la incompetencia y la corrupción en una parte nada desdeñable de sus políticos y altos funcionarios, deben corresponder instituciones del mismo tenor ético-social, incluida la justicia, no se trata de una ley universal; todo lo contrario, debido a ese hundimiento ético de lo político, es la institución judicial la que debe tomar la iniciativa —o hacerse eco de las demandas generalizadas de moralidad— y erigirse en institución de esperanza y corrección, es decir, verdaderamente justiciera.

Que "la justicia es igual para todos" es un enunciado esencialmente teórico, aunque plenamente exigible, y ni jueces ni fiscales pueden escapar a su alcance, que es muy serio. Y que "la justicia suele ser fuerte con el débil y débil con el fuerte" es otro enunciado, o principio, plenamente consolidado, aunque no tenga amparo —menos mal— en los textos garantistas. Pero es bien cierto que los disgustos que el pueblo llano se lleva por la desigual aplicación de ambos principios/eslóganes, son muchos y desoladores, sobre todo desde que se ha comprobado que jueces y fiscales también pueden prevaricar, tanto por acción como por omisión. Es evidente que a los funcionarios del Poder judicial, como a los del Ministerio público, hay que estar vigilándolos, advirtiéndoles y criticándoles, sin ser miserables cuando de reconocimiento y respaldo se trate, que también es un deber ciudadano principal.

Hay que decir que, concretamente en el asunto del Mar Menor, también los jueces y fiscales han estado perfecta y puntualmente informados de las agresiones sufridas por la laguna durante decenios, y de su imparable marcha hacia la irreversibilidad de los daños sufridos. Aun así, en general no se han inmutado, deparando hacia este tema una espléndida indiferencia; así que difícilmente habremos de vernos acometidos por es-

---

51 *La Opinión*, 20 de marzo de 2018.

peranzas excesivas en su intervención; el momento es llegado para que las exigencias públicas hacia ellos sean contundentes.

Y en estas, a la jueza Mirian Marín le ha caído en suerte el "asunto de los 37", es decir, la denuncia e imputación que el fiscal José Luis Díaz Manzanera ha formulado contra otros tantos sujetos físicos o jurídicos a cuento de la degradación del Mar Menor y, según las apariencias, parece un tanto asustada, quizás simplemente sobrepasada. Yo creo que debiera sentirse orgullosa de que el azar le dé la oportunidad de rendir un grandísimo servicio a la Región, y actuar en consecuencia, es decir, con diligencia, entusiasmo y, si fuera posible, redondeando el esfuerzo de la imputación del fiscal Díaz Manzanera con nuevos imputados, más precisos cargos y la reivindicación, mera pero enérgica, del marco legal vejado ya que el asunto no es para menos. Pero, bueno, será de agradecer que cumpla con lo que le toca y lo trabaje como debe, sin dilaciones ni ocurrencias escapistas para ganar tiempo hasta que —leo y me dicen— le llegue un traslado y logre zafarse del asunto; y, menos, con voluntad exculpatoria. Y si ha de faltarle el entusiasmo, que no por ello deje la jueza Marín de ser cuidadosa, evitando radicalmente que se la pueda alinear con el segundo principio, más arriba aludido, cuando lo que se espera de ella es que se ciña lealmente al primero. Aclaro que en nuestro caso el *fuerte* es el Poder agrario, o dictadura de los regantes, que ni atiende a las leyes ni respeta la salud o el medio ambiente, y que, a fuer de despótico, intimidador y antiecológico (aunque granero de votos del PP dominante) pretende a cambio inmunidad y privilegio, además de loores y reconocimiento.

También es de aplicación un tercer dicho, que "La justicia lenta no es justicia", y por eso ha hecho bien la prensa regional en llamar la atención, primero, de que pasaban los meses y la jueza Marín no daba señales de vida en la gestión del asunto encomendado, que creó la natural expectación; y luego, cuando su señoría dio señales de vida, informándonos del "troceado" de la causa en tres sectores procedimentales, reflejando el malestar general, que no ha sido gratuito ya que el propio fiscal jefe ha tenido que recurrir esa iniciativa. Un amigo mío, conocedor de ciertas y bien conocidas canalladas con el agua en nuestro salvaje Noroeste, me soltó: "Ya están los jueces otra vez haciendo como cuando la denuncia del fiscal Valerio". Y me asusté, porque lo que hubo cuando el fiscal Valerio fue un escandaloso cúmulo de decisiones judiciales incomprensibles, con el resultado de impunidad para ciertos grandes empresarios regantes de la zona.

Por todo esto, lo de pedir ayuda a la Abogacía del Estado en una acusación a un órgano del Estado como es la Confederación Hidrográfica del Segura (CHS) es una ocurrencia muy poco hábil y de escasos precedentes. Porque es seguro que esa Abogacía favorecerá a la Administración de su nivel, que es precisamente el órgano sobre el que recaen las mayores responsabilidades en el desastre del Mar Menor, y desde el que se ignora o ultraja la Ley de Aguas desde que, prácticamente, entrara en vigor; un texto que ha estado de adorno para varias generaciones de prevaricadores impenitentes y de lustre (aunque presuntos, sí, sí), volcados en bendecir miles de pozos y hectáreas ilegales aprovechando la periódica redacción de los Planes de Cuenca. Me refiero a muchos dirigentes de la CHS que, como altos funcionarios del Estado se vienen dedicando a machacar al Estado, que es titular y protector de recursos comunes y esenciales, como el agua y su estratégico ciclo de vida y futuro.

El objetivo del Poder agrario y sus numerosos y bien situados compinches es hacer realidad el tantas veces evocado dicho, aplicado a la fuga de responsabilidades, de que "entre todos la mataron... y ella sola se murió", que describe el proceso que lleva a la "inexistencia de culpables" (ahí tenemos el "caso Portmán", muestra insuperable de incompetencia del estamento judicial y de la Justicia misma), y parece que por ahí discurre la estrategia para conseguir su exculpación.

Conspiraciones de silencio, la patria y el espejo delator[52]

La imagen de Murcia se degrada cada día cuando nos miramos en el espejo. Al modo del retrato de Dorian Gray, que refleja el estado de nuestra alma, el envilecimiento de nuestra región, al que contribuimos todos en una u otra medida, se nos muestra nítido, aunque aberrante, y reproduce las miserias que acumulamos como cuerpo social en avanzado estado de corrupción. Digo que este proceso degradante nos afecta a todos, aunque a unos más que a otros, y a algunos, muchísimo más. Un criterio, entre otros, de distinción es el silencio culpable, que palpamos al encontrarnos con la trampa y el pillaje, ese que se practica entre cómplices declarados o tácitos, el convenido por conspiración ilegitima: el silencio inconfesable, en fin, que tiñe, además, de cobardía nuestra imagen tétrica.

Cuando yo acusaba al fiscal de Lorca de no perseguir la corrupción urbanística y se defendía diciendo que nadie le había planteado denuncia

52 *La Opinión*, 8 de mayo de 2018.

alguna ni su jefe le había ordenado nada al respecto, yo no podía justificarlo, y estaba seguro de que él tenía suficiente autonomía para actuar (amén de informaciones más que inquietantes, de conocimiento general). Y por eso consideré que ese silencio no servía al interés general y le protesté, recibiendo a cambio una querella airada y necia.

Cuando constatamos el flujo inmenso de denuncias hacia las Consejerías autonómicas (sobre todo la de Agricultura) y la Confederación Hidrográfica del Segura (CHS), por el desmadre imperante en la Cuenca, y la inutilidad radical del 90 por ciento de ellas, sobre las que se abate el silencio de las Administraciones, hay que señalar a esos dos organismos públicos como conscientes de conspiración.

Quiero insistir en que el panorama agrario murciano contiene numerosos crímenes contra el país, también conocido como la patria, y por eso traigo a colación a los defensores, de oficio, de la patria común y frágil, y concreto en la Guardia Civil, con su Servicio de Protección de la Naturaleza (SEPRONA). No hace falta recordar a estos servidores públicos, si atendemos a los desórdenes a la vista referentes al robo del agua pública, los pozos piratas, los regadíos ilegales o la contaminación de tierras y aguas públicas, que su papel no está resultando como se esperaría, ni brilla en exceso en una tierra donde los delincuentes prosperan en la algazara que les permiten sus redes de influencia y complicidad; que la patria es una cosa muy seria, pero ni es una bandera ni es un escudo, meros símbolos, sino la tierra y el agua, las nubes y el viento… Y nadie debe sentirse satisfecho cuando se asiste a auténticas estrategias de destrucción o humillación sobre elementos naturales como los citados, y otros más, constituyentes de verdadera patria.

Cuando se creó el SEPRONA en 1988, dentro de la Guardia Civil, para velar por la integridad de aguas, suelos y atmósfera (sagrada trilogía que es privilegiada integradora de patria), los ecologistas y la mayor parte de la opinión pública nos regocijamos y relanzamos nuestras esperanzas porque el Estado, protector y responsable, había dado un paso de gigante en sus obligaciones para con la naturaleza y el medio ambiente. Excesivas ilusiones, ya que esta situación no ha dejado de empeorar: el enemigo es demasiado poderoso y, además, tampoco va a ser vencido por las malas. Sin embargo, ha quedado a salvo el comportamiento de ese Servicio y esos agentes, en los que hay que constatar actuaciones leales y, en ocasiones, incluso heroicos: ha quedado claro que, en efecto, ecologistas y agentes del SEPRONA, tantas veces coaligados de hecho, forman parte de un selecto y esforzado grupo de patriotas.

Por eso es inaceptable que, en una región deshecha y pirateada, concretamente en el complejo tierra-agua, el trabajo del SEPRONA resulte de tan escasos resultados. Y como se conoce el esfuerzo de los agentes y su entusiasmo, así como su decepción y desánimo visto lo poco que influye su esfuerzo en el estado de nuestra naturaleza y nuestros recursos esenciales, habrá que mirar a sus mandos, jefes y responsables, que bajo ningún concepto deben conformarse a esta situación, por más que puedan apelar a un cumplimiento de obligaciones, a la cadena de mando o incluso a la indiferencia judicial. Cuando el fiscal Valerio explicaba en su —magnífica a la vez que arriesgada— imputación de los responsables de las cacicadas en el Noroeste, ya subrayaba la labor, con numerosas denuncias bien fundadas, de los miembros de la Guardería fluvial y la Guardia Civil, y explicaba el itinerario de esas denuncias cuando llegaban, por ejemplo, a la CHS: eran cuidadosamente guardadas en un cajón o archivadas, con la intención de que ni siquiera caducaran.

Digo yo que, ante la reiterada inutilidad de los esfuerzos de sus agentes, los jefes de la Guardia Civil debieran protestar enérgicamente a su mandos, y éstos a su director general y su ministro para que, enterado éste, pueda quejarse a la CHS y su ministro/ministra correspondiente, así como al Gobierno murciano; y que el presidente de Gobierno se entere del menosprecio a que se ven sometidos los agentes del SEPRONA en su trabajo, lo que supone un exacto, y nada remoto, reflejo de la opresión a que el poder agrario somete a la tierra murciana.

Esto es lo que creo que debieran hacer los mandos de la Guardia civil en Murcia, a cuenta de la frustración del SEPRONA, que no debieran soportar. Y por supuesto que no deberán recibir en sus despachos a quienes ya han sido imputados por la justicia, que tantas veces suelen pavonearse de su influencia y amistad con mandos y dirigentes, es decir, de su impunidad. Nada bueno puede esperarse de esas visitas y de esos visitantes, así que lo que estos tengan que decir que se lo cuenten a la jueza del caso cuando los convoque, pero no a los que tienen como obligación vigilarlos y denunciarlos.

Ante el espejo, las arrugas de la sociedad murciana siguen profundizándose hasta asustarnos: algunas son diabólicas y anuncio de amenaza y perdición.

La Guardia Civil y el medio ambiente (frustraciones murcianas)[53]

Sobre la inutilidad, en una medida insoportable, de las denuncias por ataques al medio ambiente y su normativa, poco hay de nuevo que añadir desde la Región de Murcia, donde un poder agrario depredador impone sus intereses y arrasa con la esencia de nuestro medio ambiente (aguas, aire, suelos). Se lleva la palma la incesante violación de la Ley de Aguas con la puesta en regadío de suelos y cultivos de secano, lo que consiente, como costumbre y práctica habitual, la Confederación Hidrográfica del Segura (CHS), que es el organismo del Estado encargado de impedirlo. Esto se comprueba cada día, no solamente en el Campo de Cartagena, con las consecuencias ya conocidas para el Mar Menor, sino un poco por toda la región y de forma creciente en el Noroeste, especialmente los municipios de Caravaca, Moratalla y Calasparra.

La dinámica de las denuncias suele iniciarse en el SEPRONA, de la Guardia Civil, en el que esforzados agentes suelen trabajar con seriedad y convicción, pese a su escasez en número y a la falta general de medios, informados y arropados, siempre, por los ecologistas. Sin embargo, muy pocas de esas denuncias —siguiendo con el asunto de los regadíos ilegales— llegan a influir en la conducta de la CHS que, o las archiva o, simplemente, las ignora. Esta práctica, la de no dar siquiera entrada a las denuncias, ya fue subrayada en el escrito de imputación que el fiscal del TSJ de Madrid, Emilio Valerio, formuló en marzo de 2004 contra empresas y políticos en relación con los abusos del agua en el Noroeste (y que acabó estrellándose contra la mala voluntad del aparato judicial, finalizando con el abandono, por dicho fiscal, de su propia carrera).

Desde el Consejo para la Defensa del Noroeste quisimos, el pasado año, desentrañar el misterio de por qué las denuncias, concretamente del SEPRONA, no suelen prosperar si van contra la CHS: es decir, si, simplemente, los mandos de la Guardia Civil filtran y bloquean algunas de las denuncias de sus agentes; o si, una vez tramitadas, llegan a la CHS pero no se registran; o si, admitidas por esta CHS, nunca se convierten en sanción o multa, con la obligación de reparar el daño y volver a la situación anterior el suelo alterado, como manda la ley.

Y como lo más directo (y leal) era pedirle una reunión al coronel de la Comandancia de Murcia, Jesús Arribas, así lo hicimos, sufriendo una

---

53 *elDiario.es*, 27 de junio de 2020.

primera decepción al ver que rehuía ese contacto, mandándonos a su segundo, el teniente coronel Diego Mercader. Lo lamentamos de verdad porque, antes y después, nos hemos reunido con el fiscal jefe, Díaz Manzanera y con el presidente del TSJ, Pascual del Riquelme, en sendas sesiones en las que la cordialidad ha sido la nota dominante, y que no alteró ni la libertad con que expusimos nuestras protestas, ni la esperada convicción de ambas personalidades de que su labor es la más adecuada y justa posible. El coronel Arribas había proclamado, en su toma de posesión, que sería "intransigente con quien se aparte de una conducta ejemplar" (prensa del 15-12-2016) lo que, pese a ser una obviedad innecesaria en boca de un funcionario policial, animaba a plantearle las cosas a la cara: pero no hubo, ya digo, ocasión de ese encuentro (que seguro que habría sido igual de cordial que los otros citados).

La reunión (23-05-2019) con el teniente coronel Mercader, que estuvo acompañado del sargento primero José Antonio Fernández, del SEPRONA, fue cordialísima, y tomaron buena nota de varias denuncias interpuestas ante el SEPRONA en enero de 2018 por el celebérrimo (y vergonzoso) asunto del Chopillo, esa finca de Moratalla a donde no llega la ley ni el orden desde hace años; denuncias de las que nada sabíamos y que sospechábamos que, como de costumbre, las habría malversado la CHS, si es que le habían llegado. Quedaron nuestros amables interlocutores en indagar e informarnos, pero ha pasado más de un año y —como nos temíamos— nada ha habido. Nuestro amigo Mercader no daba la impresión de estar muy informado de todo eso de las denuncias por regadíos ilegales, y el no menos amistoso Fernández se mantuvo en ese silencio, tan de ordenanza, que prevé el archisabido principio de que "donde hay patrón no manda marinero". Nos quejamos de varios asuntos, y helados nos quedamos cuando el teniente coronel, visiblemente abatido, nos espetó: "Es que es muy difícil luchar contra las grandes empresas y el dinero". Nos dijimos para nuestros adentros que menuda moral de victoria, pero no pudimos evitar corresponderle con nuestra mayor comprensión.

También le protestamos de la impunidad de tanto delincuente suelto: le recordamos el asalto, en 2008, a la casa de dos de nuestras compañeras en su finca, junto a la ya citada del Chopillo, que continúa impune; y del caso, mucho más cercano, de la destrucción de la duna de Calnegre por uno o más salvajes, pocos días antes de la reunión, que tenía toda la pinta de quedar también impune pese a las denuncias formuladas. Fue casualidad que conociéramos, ya en el pasillo de la Comandancia, al sargento Bonilla, responsable del Cuartel de Águilas y en cuya jurisdicción entra Calnegre, al que le preguntamos por lo de la duna: dijo que se estaba investigando, aseguró que se había aumentado la vigilancia, pero también añadió que nadie quería colaborar dando pistas, en Calnegre-Ramonete. No quisimos molestarle, pero nos quedamos con las ganas de decirle que para tres o cuatro tractores que hay en la zona, identificar las rodadas que quedaron tampoco era tan difícil; optamos por el silencio comprensivo, ya que nos pareció que vive sobrepasado por sus tareas.

En fin. Nosotros hubiéramos querido que el coronel Arribas nos contase —dada la indignante inutilidad del trabajo de sus agentes cuando de denunciar regadíos ilegales se trata— cómo ve él tan escandaloso asunto: si controla las denuncias (la proporción, de entre las formuladas) que llegan a la CHS; si conoce por qué no llegan todas; si, de las que no llegan, algunas se quedan en el propio SEPRONA; cuantas de las que llegan quedan en el cajón de abajo del todo de esa dichosa CHS, y de las que nunca más vuelve a saberse… Que nos contara, vaya, cómo ve todo esto y qué opina del mamoneo a que somete la CHS a la región entera, incluyendo a la Guardia Civil. Y le habríamos expresado nuestro estupor porque el esfuerzo de los agentes del SEPRONA no sirva de gran cosa, siendo tan necesario (y apreciado).

La habríamos hecho ver, si es que no está en esa onda, que el patriotismo más evidente, en la actualidad, es el nuestro, el de los ecologistas y defensores en general de la naturaleza, por lo que la colaboración entre la Guardia Civil y los luchadores por la tierra y sus recursos (la verdadera Patria, oigan) es obligada y tiene que dar resultados, sí o sí. Y que a ver por qué esto no funciona como debe.

Le habríamos insistido en que perseguir los delitos, es decir, los delincuentes del medio ambiente se ha convertido en el "núcleo duro" de la democracia, y mirar para otro lado, subdotar estos servicios o consentir el mamoneo de otros órganos administrativos, es conculcarla gravemente. No hay democracia que merezca ese nombre si el medio ambiente es un desastre y la delincuencia asociada queda, en lo esencial, impune. Y, por supuesto, le habríamos ofrecido nuestra colaboración de patriotas y demócratas para ayudar en la persecución de la canalla antiecológica, que tiene a nuestra región hecha unos zorros. Creemos que debiera ser ahora el coronel Arribas quien nos llame a nosotros, y ver qué se puede hacer.

En tierra de impunidad, los fiscales sacan pecho[54]

Como los políticos malos, incapaces de reconocer sus pifias, que tratan de disimularlas declarando que, en realidad, su problema es que "no han sabido explicarlo bien a la ciudadanía", el fiscal jefe del Tribunal Superior de Justicia de la Región de Murcia, don José Luis Díaz Manzanera, ha previsto una campaña de información a la opinión pública para ilustrarnos sobre qué es un fiscal y, sobre todo, dejar bien claro lo bien que lo hacen él y sus subordinados en nuestra tierra.

Y no es que yo quiera negar la mayor, que, desde mi aprecio hacia estos funcionarios, de siempre comprometida posición, no preveo nunca hacerles objeto de injusticia o invectiva gratuita alguna; pero ante quienes exigen justicia (por supuesto que es la ambiental la que más me interesa) se alza la cruda realidad de una tierra envilecida por poderes aberrantes, constituida en *agrocantón* depredador de la naturaleza y endurecida por unas instituciones que colaboran a su manera en esta situación ruin y desbocada, como sucede con la justicia, jueces y fiscales incluidos, a los que, en atención a estas circunstancias, hay que considerar aparte.

Pero cómo no expresar mi pasmo por la ocurrencia de este fiscal jefe de aprovechar esa campaña informativa para dar a conocer sus éxitos, al parecer sin precedente, y a reivindicarse como ángel de la guarda de los murcianos (¡qué fuerte!) y muy especialmente como campeón en la defensa del medio ambiente (¡hombre!). Todo logros, y ninguna humildad ni reconocimiento de su ostentosa nulidad en tantos casos y ámbitos penales, bien sea por falta de medios, por incapacidad profesional o por cobardía vulgar. La cosa tiene perendengues porque si los funcionarios gastan dinero público en hacer auto propaganda sobre las meras obligaciones de su papel público, tendríamos entre manos algo parecido al caso de corrupción llamado "Púnica", con sello murciano-cartagenero, por el que varios políticos del PP han destinado caudales públicos a autobombo y ocultación de sus miserias, acabando en los tribunales. Me pasmo, ya digo.

Es un craso error —dejando aparte la posibilidad de malversación de caudales públicos, que tendría su cosa que incurrieran en este pecadillo los mismísimos fiscales— que estos servidores públicos de la justicia crean que organizando una campaña de opinión van a mejorar su imagen, ya que para forjar imágenes y poner en su sitio a políticos y funcionarios nos bastamos y sobramos los ciudadanos de a pie, con solo

---

54 *elDiario.es*, 29 de diciembre de 2020.

mostrar un mínimo nivel de información y compromiso. Es a nosotros, a los contribuyentes ordinarios, sujetos de la soberanía nacional, a quienes nos corresponde hacer propaganda, si hay méritos apreciables, de la acción funcionarial de unos y otros, con sensatez, justicia y de nuestro propio peculio; o ajustarles las cuentas, si incurren en felonía, con el mismo derecho y también obligación.

Bien. En sus recientes declaraciones, anunciando esa campaña informativa, Díaz Manzanera ha incurrido en mucho más que desliz al sacar pecho por las actuaciones, propias y de sus ¡69 fiscales! (quién lo diría), nada menos que en medio ambiente, sobre lo que no hay más remedio que hacerle observar que puede que nuestros fiscales sean eficaces en pequeños asuntos ajenos a lo ambiental, pero en lo que se refiere a la intensa degradación de nuestra tierra, a la corrupción agraria, a la arrogancia del agropoder depredador y a la infamia del proceder de los responsables políticos de todo esto, como los de la CHS, es decir, en lo verdaderamente importante e inaplazable, su acción/inacción no es que sea manifiestamente mejorable, es que constituye una parte significativa en ese proceso de saqueo y expolio de espacios, recursos y perspectivas.

Que me perdone don José Luis, que sabe de mi aprecio personal, pero su verdadera tarea es intentar superar la incompetencia general medioambiental en que se desenvuelve su Fiscalía; y lo último que debiera permitirse, en un momento de escándalos diarios, es desafiar a la realidad y a quienes se la venimos poniendo ante los ojos. Porque nuestro fiscal y sus fiscales conocen bien todo esto: los regadíos ilegales, perpetrados cada día en violación de la Ley de Aguas y tantas veces del Código Penal; los innumerables pozos ilegales de los que se extrae, indebidamente, un recurso que la ley debiera controlar estrictamente; las exacciones de agua pública para intereses privados; la sobreexplotación de la mayoría de los acuíferos; la contaminación y envenenamiento de muchos de ellos; la destrucción de suelo y ecosistemas en espacios protegidos; los vertidos contaminantes y la basura tóxica depositados en los cauces públicos, incluido el Mar Menor (pese a la acción judicial, de la que cada vez se sabe menos), las playas y el mar litoral.

Todo esto se desarrolla ante las narices de nuestros fiscales, entre otras cosas porque la prensa (sin llegar a cansarse) y los ecologistas (sistemática y airadamente) lo señalan una y otra vez, por lo que debieran descartar toda exhibición, por carecer de fundamento y porque no van a evitar la prueba de que incumplen diariamente sus deberes. Por supuesto que tendrán a punto sus excusas, como aquella de que "no es cuestión de abrir una causa general contra la agricultura intensiva", lo que malamente puede disimular su desgana y desapego al trabajo. El gusto de la justicia por los "hechos concretos" suele ser escondrijo de indolencia, más que clave de la eficacia procedimental y penal, porque "asuntos concretos" les llegan, vaya si les llegan.

Ante esta lluvia de hechos, datos y sospechas de ilegalidad que le llegan cada día a nuestros 69 fiscales (¿de verdad son tantos?), me pregunto si es a una actitud desafiante o a un arrebato de soberbia el que Díaz Manzanera cifre en "una noticia de prensa" el pistoletazo de salida para incoar diligencias de investigación; aunque sí puede tratarse de esos asuntos en los que, aun antes de que se disipe el eco del pistoletazo, ya se ha producido su archivo. Desde que se inició este siglo, aniquilador para nuestra tierra, la prensa le viene mostrando a los fiscales una infinidad de tropelías ambientales, muchas de ellas muy graves. De lo del Mar Menor no se estremecieron y de los sucesos del Noroeste, donde se repiten varios de los mismos procesos delictivos de nuestra laguna, no quieren acusar recibo, pretendiendo que las graves acusaciones que se dirigen a los manipuladores ahí del ciclo del agua lo son sin fundamento, carecen de naturaleza penal o ¡ya fueron enjuiciados! Pero son los dos mayores problemas ambientales a los que se enfrenta nuestra región, y la Fiscalía no ha respondido a sus obligaciones: en el primero fueron los acontecimientos los que la arrastraron y el segundo no se atreve a tocarlo, pese a conocer de él.

Pero ese asunto, el del Noroeste, sigue de actualidad, ya que ni se ha investigado ni juzgado. Si la Fiscalía hiciera caso a las casi diarias advertencias y señales que se le envían sobre hechos de muy grave envergadura ambiental y (seguramente) penal, empezaría por mirarse los nuevos documentos relacionados con el Plan de Cuenca 2021-2027 de la CHS, dado que es este órgano el principal objeto de las acusaciones de tipo ambiental en esta tierra. Y se encontraría, en la revisión del Plan actual, el de 2015-2021, con el interesante dato (Anejo 2, p. 56) de que el acuífero llamado Almírez, del que se surten los pozos de la empalagosa finca del Chopillo, se nutre, anualmente, de la infiltración pluvial, con 2,1 Hm^3, y de la infiltración subterránea del embalse del Cenajo, con 15,0 Hm^3; grande sería su sorpresa al no encontrar ningún dato en la columna de "salidas subterráneas", teniendo en cuenta que son, al menos, 5 Hm^3 los que se extraen en esa dichosa finca. Si continuasen sus indagaciones con un mínimo esfuerzo, se encontrarían con el dato reciente (30-11-2020) de que en El Chopillo y por la empresa Opera Bona, se han extraído 36,6 Hm^3 que son "vertidos al río", es decir, los caudales de peaje dirigidos a las urbanizaciones y fincas del área de San Pedro-La Horadada; de paso, podrían entretenerse en buscar la cobertura legal de esos peajes (y lo mismo se encuentran con que no existe: menudo papelón).

Si mantuviesen las ganas de trabajar y de aclarar los misterios del Chopillo, hallarían que (1) la CHS miente, o más bien oculta arteramente una realidad incontrovertible, correlativa con la falsedad de que los 17,1 Hm^3 que recibe el acuífero de Almírez (p. 54 de ese mismo Anejo) van a "caudales ambientales" del Segura; (2) los pozos del Chopillo se nutren, al menos en un 28,7 por 100, del agua del Cenajo, que es pública aunque se la adjudica Opera Bona; (3) esa cifra de los 36,6 Hm^3 vertidos al río es puntual, no aclara desde cuándo se han acumulado esos caudales ni dice si el contador ha sido o no manipulado (cosa facilísima y práctica habitual). Nuestros fiscales en acción extraerían sus consecuencias provisionales y sentirían el impulso irresistible de estudiarse las historias del Chopillo, por más que (como tantos sabemos) les salga sarpullido sólo de pensarlo. Y, ya arrebatados por la emoción de la investigación, revisarían el proceloso trámite de autorización de los pozos existentes, de las transformaciones de secano en regadío (casi todas ilegales, si bien bendecidas por la infinita generosidad de la CHS) y de la burla hecha, durante 35 años, a la hidrogeología y a la ley: los sondeos del acuífero Almírez, que afloran agua del Cenajo, sólo debieran tener carácter público, siendo irregular, y supongo que ilegal, todo lo pinchado desde 1986 (cuando sólo existía un pozo de modestos caudales, ya que la finca era de secano). Por supuesto que esto es generalmente conocido y ya lo denunció en 2004 un fiscal con redaños, ajeno a esta tierra pecadora; pero aquello quedó inacabado, bloqueado y sin proceso ni sentencia, y alguna vez hay que arreglarlo, si es que creemos en la justicia y rechazamos todo tufo de impunidad.

Esperemos que todo esto alcance la categoría de "noticia de prensa" que provoque el "pistoletazo" consiguiente y marque el inicio de "diligencias de investigación", en el vigoroso, algo provocador y hasta ahora poco eficaz verbo de nuestro (siempre) respetado fiscal jefe Díaz Manzanera.

Postdata

NADA BUENO POR CONCLUIR, EN UNA REGIÓN EN LLAMAS

Creo que los textos que anteceden reflejan un estado de guerra abierta que, además, resulta interminable, dada la fortaleza de los enemigos de la tierra y el agua, de la agricultura tradicional y la alimentación de calidad y proximidad, de la ley y del orden, de la sensatez y la previsión, de la vida y del futuro. Una guerra que abarca decenas de "puntos calientes" en toda la Cuenca del Segura y especialmente en la región murciana.

Vivimos en una región en llamas, es decir, en carne viva, saturada de conflictos ambientales que reflejan, directa y vívidamente, un desorden político-institucional descomunal. Esto es debido al casi nulo interés por las Administraciones en favor del buen estado ambiental de nuestra tierra, por ignorancia supina por un parte, pero sobre todo por considerar a ese medio ambiente un estorbo en sus planes y concepto de desarrollo económico, lo que a su vez viene dado por la presión y el imperio de los poderes económicos, que tienen vía libre y se imponen con extremada facilidad en la práctica política autonómica.

Igual de miserable, si no más, es el estratégico papel desempeñado por la CHS, órgano estatal que, no obstante, muestra una carencia radical de visión global —social, económica, ecológica, ética— sobre el uso y la gestión del agua, así como de la ética necesaria para velar por el bien común, tan estrechamente ligado al agua en las tierras del Segura.

La incompetencia, la malevolencia y la pillería generalizadas que aquí se muestran, definen a esta región como un agrocantón *sin control ni rumbo, típicamente murciano, que supura toxicidad y malestar hacia dentro y hacia fuera, en un espectáculo en abierta rebeldía frente a la ley: por ejemplo, violando y humillando a la Ley de Aguas, entre otras muchas,* que es conculcada diaria y deportivamente, sobre todo, por la expansivos regadíos ilegales, lo que incluye la propia legislación autonómica y el entramado normativo municipal. Una rebeldía que —al ser el poder autonómico políticamente conservador desde 1995— se agrava sensiblemente cuando el poder nacional recae en manos de la izquierda, como sucede desde 2018, produciéndose un permanente estado de rechazo y boicoteo hacia las políticas ambientales estatales de aplicación en esta región.

Y debe concluirse, como respaldo a la definición de insostenible de este agrocantón, en que la meticulosa destrucción de nuestros recursos básicos —agua, suelos, atmósfera— debido a ese agro intensivo e implacable que se impone, condena a la esterilidad a medio plazo de nuestros suelos y campos, como resultado, tanto de la agresividad química de la agricultura y la ganadería como el acelerado agotamiento, con envenenamiento por nitratos, de los principales acuíferos. El implacable proceso —de sistemáticos crímenes contra la naturaleza— pretende no ceder en su arrolladora marcha, tanto si las aguas del Trasvase se reducen como si los acuíferos menguan o se envilecen, y cree poder mantenerse recurriendo a gigantescas plantas desaladoras que, como potentes centros productores de nuevas contaminaciones, agravarán los problemas ya existentes. Una perspectiva que incrementa la insostenibilidad de este "modelo agrario" y empuja hacia el engaño y la ficción a una opinión pública sometida a todo tipo de mentiras, trampas y espejismos.

Queda, en este panorama tan crudo, la luminosa lucha sin cuartel de la ciudadanía más inquieta y menos dispuesta a ser arrastrada hacia el desastre o a comulgar con ruedas de molino. Que es el papel, histórico, propio e irrenunciable del movimiento ecologista en esta región que, aunque con escasos medios materiales y enfrentado a la hostilidad permanente —expresa o tácita— de la mayor parte de las instituciones, acumula experiencia y sabiduría, combatiendo con tenacidad e inteligencia a esa perniciosa tropa de irresponsables, codiciosos y cada vez más ultras, a la que importa bien poco el futuro, la vida y la decencia.

ÍNDICE

Postdata

Printed in Great Britain
by Amazon

10171303R00120